# 国际贸易与直接投资统计新近研究

贾怀勤　许晓娟　等著

**图书在版编目（CIP）数据**

国际贸易与直接投资统计新近研究 / 贾怀勤等著 .
-- 北京 : 中国商务出版社 , 2020.12
ISBN 978-7-5103-3501-3

Ⅰ . ①国… Ⅱ . ①贾… ②许… Ⅲ . ①国际直接投资
—统计—研究 Ⅳ . ① F831.6

中国版本图书馆 CIP 数据核字 (2020) 第 162060 号

**国际贸易与直接投资统计新近研究**
GUOJI MAOYI YU ZHIJIE TOUZI TONGJI XINJIN YANJIU

贾怀勤　许晓娟　**等著**

**出　　版**：中国商务出版社
**地　　址**：北京市东城区安定门外大街东后巷 28 号　**邮编**：100710
**责任部门**：国际经济与贸易事业部（010-64269744　bjys@cctpress.com ）
**责任编辑**：张高平　何昕
**特约编辑**：林晓虹

**总 发 行**：中国商务出版社发行部（010-64266119　64515150 ）
**网购零售**：010-64269744
**网　　址**：http：//www.cctpress.com
**邮　　箱**：cctp@cctpress.com

**排　　版**：贺慧蓉
**印　　刷**：北京建宏印刷有限公司
**开　　本**：787 毫米 × 1092 毫米 1/16
**印　　张**：19　　　**字　　数**：273 千字
**版　　次**：2020 年 12 月第 1 版　　　**印　　次**：2020 年 12 月第 1 次印刷
**书　　号**：ISBN 978-7-5103-3501-3
**定　　价**：68.00 元

# 前　言

最近十年，中国以前所未有的深度参与到经济全球化进程中。2010 年，世界贸易组织（WTO）和中国商务部等官方组织开始倡导基于增加值的贸易核算，国际组织和美国等其他国家都对测量中国在国际贸易中的贡献非常关注。2013 年，中国成为全球第一大货物贸易国，并在随后的几年中维持着这样的国际贸易格局。不仅是货物贸易，中国在外商直接投资和对外直接投资等全球化领域也跑赢了世界上大多数国家或地区，形成了紧随美国的发展态势。中国经济的实践不仅为我们理解国际统计标准提供了现实基础，更重要的是，中国参与全球化进程而产生的新现象吸引着我们。这些新发现激励我们去思考：如何结合中国实际，让统计测度方法更好地服务于中国经济发展的需要。正是在这样的背景下，我们完成了本书 20 篇论文的收录。

中国参与全球化进程的独特历史，使中国国际贸易统计研究有了其自身独特的发展脉络。早在 1992 年，中美贸易数据的差异问题就已经受到了国家领导人的关注。此后，中美双方合作开展“货物贸易统计数据双边比对”课题，经过多轮研究，逐步厘清了两国数据差异的来源，所获得的认识对促进两国双边贸易良性发展起到了不可或缺的作用。随着外商直接投资（FDI）对全球化进程的推进，以货物贸易为核心的传统贸易统计已经不能满足各界对中国参与国际贸易现象的理解。借鉴美国等发达国家在属权贸易核算方面的经验，中国在服务贸易统计方面取得了长足性的发展。依照国际统计标准，中国从官方层面建立了国际收支统计（BOP）和外国附属机构服务统计（FATS）的二元架构。在学界，中国还开展了基于属权原则的贸易核算研究：既包括服务贸易，也包括货物贸易；既有单边贸易的研究，也有双边贸易的研究。近十年来，从国际生产和全球价值链的角度理解世界贸易受到了广泛的关注，促使国际组织和政府当局非常关注以任务贸易为对象的增加值贸易核算。这种方法在国际投入产出表的基础上，描绘了中国各产业部门对全球贸易的贡献。三次国际贸易统计研究的浪潮体现了各界对中国贸易差额成因的认识过程，为理解中国参与国际贸易提供了重要的数据支撑。本书收录的论文，详细地记载了其中的相关研究过程和结果。

2008 年以来，国际组织对国际统计标准进行修订，形成了一批新版本，包括国际货币基金组织（2009）的《国际收支与国际投资头寸统计手册（第六版）》；联合国（2011）的《国际货物贸易统计 2010：概念和定义》；经济合作与发展组织（2008）《OECD 外国直接投资基准定义（第 4 版）》；联合国、欧盟统计局、国际货币基金组织、经济合作与发展组织、世界旅游组织和世界贸易组织（2011）《国际服务贸易统计手册 2010》；联合国、欧盟、国际货币基金组织、经济合作与发展组织、世界银行（2009）《国民账户体系 2008》；等等。这些国际统计标准在近十年得到了各国政府统计部门的贯彻实施，从国际标准落实到各国实践，带来了对经典统计测度方法的反思。三次国际贸易统计研究浪潮中的研究成果都是在经典统计方法基础上的创新。这些创新性成果就像是果实，而政府统计体系则像是这些果实赖以生发的树干和根茎。这样的认识推动我们积极投入政府统计体系的建设之中。书中论文大多都有相应国际统计标准和中国政府统计体系的探讨，有的还得到了政府统计部门的采用。

直接投资是拓宽国际贸易范围的重要因素。一方面，从《服务贸易总协定》和《国际服务贸易统计手册 2010》提出 BOP+FATS 的二元统计架构开始，在国际贸易规则与统计标准上，通过境外商业存在实现的服务贸易就与跨境服务贸易共同构成了服务贸易的两个重要内容，直接投资统计构成了 FATS 统计获取国家（或地区）间关联的接口。另一方面，跨国公司在全球范围内进行布局，形成全球价值链。基于增加值的贸易核算作为测度全球价值链的重要方法，也需要以直接投资统计作为基石，才能获得复杂企业所有权关联的详细指引。因此，直接投资统计越来越成为国际贸易统计体系建设的重要基础。不仅如此，直接投资作为国际收支的一种类别，近年来呈现出离岸化、网络化和证券化等复杂的发展趋势，BOP 以资产和负债呈现直接投资的方法也受到了极大的挑战，派生出按方向区分的核算方法——外商直接投资（Inward FDI）统计和对外直接投资（Outward FDI）统计。本书收录的论文详细记载了将这种新统计方法植入政府统计体系中的思路。

随着数字技术的进步，无论是货物贸易还是服务贸易都经历着从线下到线下线上相融合的发展趋势。新的交易形式和内容带来了新的数据，也带来了对数据的需求，数字贸易被视为新一轮全球化浪潮的核心内容。国际统计标准总是建立在经济发展的经验基础上。以近十年为转折，以往中国的发展有发达经济体的经验在引领，中国国际贸易统计的发展大体遵循着跟随国际统计标准的步伐完成中国政府统计体系建设的规律。而数字贸易的发展没有成熟的国际经验，更没有成熟的国际统计标准可遵循。开发以数字贸易为对象的新贸易统计是摆在眼前的重要历史使命。本书收录了从电子商务统计到数字贸易统计的一系列相关研究成果。我们通过笔耕，力图推动中国的企业家和研究者与相关研究机构和政府部门一起，在新一轮全球化浪潮中，为中国的对外开放创造新的历史。

国际贸易和直接投资测度方法研究之所以重要，还在于它可以提升相关统计数据的质量和多样性。本书收录的论文也涉及对这些数据的开发和应用研究，量化国际贸易和直接投资对中国经济产生的深远影响。但是，相对于中国参与全球化的实践经验和政府统计体系积累的丰富数据，我们对这些数据的开发应用还是不够充分的。近十年来，中国工业企业数据库和海关统计数据库等微观企业数据已经为学界所广泛地应用。随着政府统计体系的信息化水平和管理能力的提升，依托于政府行政记录和调查体系形成的微观数据库越来越能够在保密性获得保障的前提下为研究者所应用。这种应用研究加深了对全球化和中国经济的认识，与此同时，也促使政府统计测度方法不断改进，取得进步。我们期待有更多的研究者关注政府统计数据的测度方法研究和应用开发研究，形成测度方法改进、数据质量提升和经济理论认识提升这样良性循环的生态系统，助推中国经济的发展壮大。

在本书收录的论文的写作过程中，我们得到了中国人民大学高敏雪教授，三峡学院杨贵中教授，对外经济贸易大学刘立新教授，广东财经大学张芳副教授，北京服装学院智冬晓副教授，延安大学徐礼志副教授，对外经济贸易大学博士吴珍倩、硕士刘楠、刘学薇、王启明、尚慧子、王行夷和惠婕的支持，他们为完成这些论文做出了贡献。感谢商务部外国投资司、商务部服务贸易司、商务部研究院等单位在研究过程中提供的支持和帮助。感谢中国商务出版社张高平、何昕、林晓虹等为出版本书所作的努力。书中论文大多是已发表的论文，经过了同行评议和杂志社把关，有的还获得过省部级奖励。受限于我们的精力和能力，书中仍可能有错误和疏漏之处，还望读者多多批评指正。

贾怀勤　许晓娟<br>2020 年 10 月于惠园

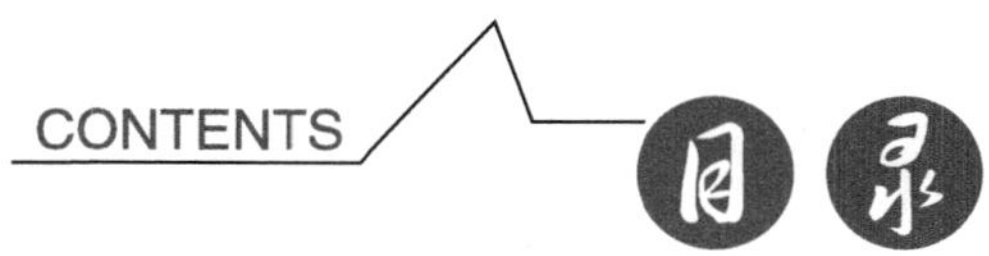

# 论双边贸易平衡测度三法

## ——兼论国际贸易统计核算的创新与守成

贾怀勤

**摘　要：** 自20世纪90年代初以来，中美双边贸易平衡的方法可以概括为数据比对法、属权核算法和增加值核算法，本文阐述它们的要义，比较它们功能的不同。针对21世纪第2个十年最初两年学术圈在提倡增加值核算法时有人提出贸易统计“改革”的不当主张，本文强调海关统计作为货物贸易统计的基础地位不容动摇，任何后期核算都必须建立在海关统计守城的基础上。

## 一、有关概念

### （一）贸易平衡与贸易差额

贸易平衡和贸易差额是同一概念的两种中文表述，在英文中都写为trade balance。当编报国的出口大于进口时，谓之曰顺差，英文给balance加一修饰语favorable，或者写作surplus；当编报国的出口小于进口时，谓之曰逆差，英文给balance加另一修饰语unfavorable，或者写作deficit。使用贸易差额一词，侧重于刻画编报国进口与出口的绝对相差幅度；使用贸易平衡一词，侧重于刻画编报国与其贸易伙伴国之间的贸易大致平衡或不平衡状况。

贸易平衡又分为编报国与整个外部世界（the rest of the world）的贸易平衡和编报国与特定伙伴国的贸易平衡，后者被称为双边贸易平衡。中美两国关于双边贸易数据的争议和辨析，在20世纪90年代早期，多使用贸易差额一词，关注进出口相抵，是顺差还是逆差，规模有多大；后来双方越来越关注两国间的整体经贸关系失衡态势，多使用“贸易平衡”一词。

### （二）统计与核算

本文对于统计与核算的关系有不同的理解，将两者视为前后相继的两项工作。贸易数据的统计指国家统计机构按国际通行的指标体系和方法，采集和整理、发布数据。贸易数据的核算指从官方发布的数据出发，使用包括账户平衡法、投入产出法、抽样估计法等各种统计分析方法和计量经济方法，对编报国与外部世界特别是与特定伙伴国的贸易平衡状态和规模进行计量。贸易数据的统计与核算的关系，是贸易数据基本产品的生产与基本产品之上深加工的关系，前者必须由官方统计机构操作，而深加工可以由官方统计机构本身、官方统计机构中的个人（不代表官方机构）、非官方组织或个人开展。

## 二、质疑现行国际贸易统计

2011年1月18日，在胡锦涛访问白宫前夕，美国《福布斯》双周刊网站发表查尔斯·卡德莱茨署名文章说，就美方提出的促人民币升值以改善贸易平衡而言，“奥巴马政府的弱势美元政策基于其官方贸易数据，而这些数据严重歪曲了两国间的双边贸易平衡”。他引用世贸组织时任总干事帕斯卡尔·拉米的话，根据世贸组织专家做出的一系列估计，美中贸易逆差“至少减半”。1月25日，英国《金融时报》发表拉米本人的文章，文章指出，“所谓的‘中国制造’的商品的确是在中国组装的，但其价值还来自组装前的许多国家”“把商品的市场价值归于最后一个生产国，会扭曲双边贸易不平衡的真实经济因素”。

这并非拉米首次如是说，有关这方面的言论至少可以追溯到 8 个月前他在法国经济学院（Paris School of Economics）的一次讲演。此次讲演后不久，2010 年 6 月 3 日，中国《经济观察报》（Economic Observer）刊登该报记者对拉米采访稿，拉米说："在当今生产碎片化前提下，如果贸易仅按总流量测度，它提供的图景不能全面反映商品是在哪里生产的……使用增加值来测度贸易流量，将为我们展现今日全球化中生产和贸易如何进行的更为准确的图景。"拉米透露，世贸组织和其他机构一起正在"探索如何按增加值来测度贸易流量"。至于 WTO 与哪个组织合作，拉米所称的增加值测度贸易的方法如何使用，美中贸易逆差如何减半，依据何在，彼时不得而知。一年以后的 2011 年 6 月，WTO 与 IDE-JETRO（The Institute of Developing Economies - Japanese External Trade Organization）合作编写的《东亚的贸易模型和全球价值链——从货品的贸易到任务的贸易》一书新鲜出炉，为拉米的惊世之论作了最好的诠释。

最权威的全球性贸易组织的掌门人，指责现行国际贸易统计扭曲双边贸易平衡状况，这是呼吁对国际贸易统计方法进行改革的非常重要的信号。而 18 年前，中国政府负责国际贸易的最高部门官员，时任经贸部部长李岚清就提出过类似主张。

中美两国的贸易平衡是典型的双边贸易平衡问题。国内外质疑现行国际贸易统计方法，发端于中美贸易差额的辨析。中国被美方指责对其有越来越大的贸易顺差，面临美方先是要求单方面开放市场，继而要求人民币对美元汇率升值的巨大压力，因而中国对中美贸易差额辨析的动力远大于美国。

1993 年 3 月"两会"期间，李岚清同志以八届人大代表、经贸部部长身份就国际贸易统计方法不合理问题两次发表公开谈话。3 月 18 日，《人民日报》刊载记者专访李岚清同志的文章。他指出，"目前一些西方主要贸易伙伴抱怨对中国贸易存在较大逆差""这显然是不符合实际的。这主要是由于现行的国际贸易统计方法不合理所引起的"。3 月 20 日，《人民日报》又刊发了李岚清同志在新闻发布会上答记者问，再次抨击“目前国际上通行的原产地原则的贸易统计方法”，号召教授、专家深入研究这个问题，研究出合理的统计方法，将来到国际社会上提出中国的正确主张。

《东亚的贸易模型和全球价值链——从货品的贸易到任务的贸易》一书提出，21 世纪新的贸易格局与以往不同之处在于由货品贸易（trade in goods）发展到任务贸易（trade in tasks）。各国在全球生产碎片化中各自分担生产最终产品的一部分“任务”。中间货品和服务在成为最终产品的一部分之前从一个经济体流动到另一个经济体。比较优势论，作为国际贸易经典理论，在这样的贸易新格局中，得到新的应用——国家通过国际贸易获利，不是根据其整体比较优势，而依据其在全球价值链上的“任务优势”。在考察进口和出口贸易时，需要摈弃“我们”和“他们”的传统思维，产品不再是“日本制造”“法国制造”，而是“世界制造”。东亚已成为这种全球制造和国际贸易新模式的核心。该书对中国、中国香港、中国台北、印尼、菲律宾、越南、韩国、新加坡和日本 9 个经济体以及它们与美国的经贸关系进行了研究。

该书正文共 10 章。第一章作为全书总纲，指出国际贸易演进到“全球制造”新阶段，其根本特征在全球范围内是生产过程的地域性碎化和供应链的形成，其典型是以“东亚工厂”为一方和以美国需求为另一方的贸易模式。第二章到第五章主要论证新型贸易模式的基础，包括出口加工区的重要作用，运输、通讯和其他商业服务对全球网络的支撑，关税对发展出口加工和外包等的保护和引导作用，外国直接投资的促进作用。第六章到第八章“中间货物贸易的地理流向”，主要考察这一新型贸易模式的运作。

第九章“垂直贸易和增加值贸易：趋向国际贸易新测度”，抨击“原产国”原则和贸易总额指标业已过时，提出使用国际投入产出（IIO）法，把出口中的进口内容剔除掉，测算出双边贸易的增加值，以增加值来测度双边贸易不平衡。在全球贸易平衡不受影响的前提下，各对贸易当事国之间（例如中美之间）的贸易不平衡大为缩小。

第十章“经济增长的跨地域溢出：中国全球制造的地区影响”，是一个专门讨论这一新型贸易模式对中国各地区发展不平衡影响的专题。这对中国转变经济发展方式，实现国内各地区平衡发展，并对全球经济平衡做出贡献，具有很强的参考价值。

《东亚的贸易模型和全球价值链——从货品的贸易到任务的贸易》一书引用了大量数据，既有宏观经济和贸易统计数据，也有跨国公司生产和外包数据，为其论点提供了充分的支持。所绘制的图解，清晰而形象地展示了文字所述内容。书中使用条形图对2000年、2005年和2008年三个年份的不同口径的美中贸易逆差进行对比（见本文图1，原书序号图9，本文只是摘录），足见双边贸易差额被夸大之甚。就2005年而言，按包括加工贸易在内的增加值核算的美中贸易逆差（1010亿美元）比传统口径的逆差（2180亿美元）减少53%，这是因为从传统数据中减除了中国出口的进口成分，这些成分产自日本、韩国和马来西亚等。

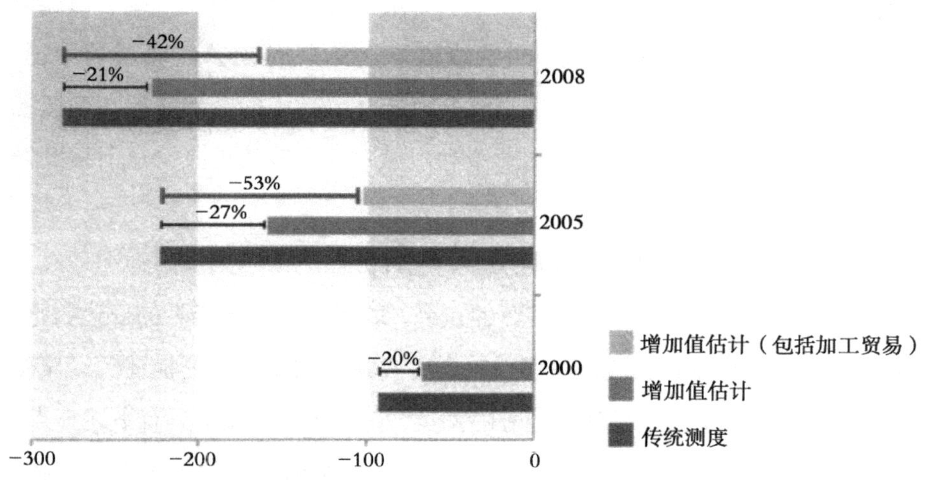


**图1　美中贸易逆差：传统测度与增加值（VA）对比（单位：十亿美元）**

注：2000年中国加工贸易数据缺失。
资料来源：根据联合国商品贸易数据统计库估计。

## 三、双边贸易平衡研究方法

前后20年，从中国经贸部部长到世贸总干事，质疑现行贸易统计方法，由中国自身关心的问题发展到全球瞩目的问题，这其中意义如何？两位领导人背后的专家学者开展了哪些研究，其成果怎样支撑领导人的表态？

### （一）经贸政策论与统计平衡论

海内外对于中美贸易不平衡原因和取得平衡途径的讨论，首先有经贸政策论与统计平衡论之分野。经贸政策论以宏观经济和贸易政策为出发点和落脚点，主要表现为美中双方在宏观经济和贸易政策上的攻防，美方认为造成美国对华贸易逆差的症结在于中国的贸易壁垒、出口补贴、人民币汇率等，中方则针对以上问题进行解释，驳斥美方的指责不实，并且反过来批评美国的高技术出口限制。中国方面经贸政策论者还深入剖析了两国的宏观经济，指出美国采取“双赤字”政策在全球经贸交往中给自己谋取最大利益，而中国的加工贸易和外商投资企业贸易所造成的“顺差留中国，美国赢大利、中国获小利”是其走向开放经济进程中的必然阶段。两国的经贸政策论者都呼吁对方在贸易政策和金融政策上改弦更张，从而缓和乃至改变贸易不平衡局面。

统计平衡论从现有贸易数据采集和统计方法的缺陷出发，力图通过改进贸易数据采集的方式和统计核算的口径，取得更为接近实际的双边数据，缩小现有贸易差额的规模，还世人一个“真实”的双边贸易描述。经贸政策论与统计平衡论并不是截然划分的两类，它们之间的关系具有下述特点：

第一，它们是相辅相成的关系，分别从不同角度诠释中美贸易平衡问题的成因并提出解决之道。后者侧重于剖析经济体自身的行为方式，而前者侧重于测度经济体行为的方法和指标体系。这好比企业战略管理者致力于企业战略设计和治理机制变革，以谋求企业更好地实现其目标，而会计和财务管理者致力于完善和改革企业的会计和财务制度，使会计和财务信息更能准确和全面地描述企业的运营状况，以期有效地支持管理决策。

第二，两种研究思路是你中有我、我中有你、互相渗透的关系，其差别只是侧重点不同而已。统计方法论的研究也从宏观经济和贸易政策方面分析问题[①]，经贸政策论的研究也认为贸易统计方法是造成双边数据差异的重要原因，并力图通过数据调整说明问题[②]。

### （二）贸易平衡研究三法综述

中外关于中美贸易平衡辨析的研究，从其认识途径或研究着眼点看，可以分为三种：

1. **数据比对法**（data conciliation approach）

现行国际贸易统计方法主要基于联合国统计司发布的《国际货物贸易统计：概念和定义》（IMTS）[③]，它规定国际贸易统计测度“引起国际间物质资源量增加或减少的货物流动”，通过海关采集数据，以原产国和最终运抵国为进出口伙伴国。统计技术途径就是完全遵从IMTS的方法，尊重两个伙伴国官方的数据采集和整理成果，从数据采集和整理技术角度逐一比照两国的实施细节，从而找到两国关于双边贸易差额不一致的技术性原因。

2. **综合平衡法**（comprehensive balancing approach）

贸易的综合平衡也可以称为属权贸易平衡核算，其要义是：不仅核算两国间货物贸易，也要核算两国间服务贸易；不仅核算跨境贸易，还得核算通过双方在对方设立的附属机构所进行的就地销售。图2通过4个象限展示属权贸易平衡核算范畴的构成。传统的或跨境的货物贸易在第Ⅰ象限，其统计遵从IMTS。传统的或跨境的服务贸易在第Ⅱ象限，国际收支经常项目对跨境的货物贸易和服务贸易进行核算，遵从《国际收支手册》（最新

① 贾怀勤：“中美两国贸易政策对双边贸易平衡影响之辨析”，《国际贸易问题》2004年第4期；贾怀勤：“美国经济运行特征与美国对华贸易逆差”，《国际商务研究》2004年第6期。

② 铁流、李秉祥：“中美贸易摩擦的原因及其解决对策”，《管理世界》2004年第9期；杨汝岱：“中美贸易逆差根本不应成为问题”，《国际经济评论》2007年第7–8期。

③ International Merchandise Trade Statistics：Concepts and Definitions. 1970年首次发布。

版本是 BPM6）。外国附属机构所生产的服务在东道国的销售在第Ⅲ象限，WTO 按 GATS 口径统计国际服务贸易，它包括第Ⅱ、Ⅲ象限，遵从《国际服务贸易统计手册》（最新版本是 MSITS2010）。综合平衡核算还应包括外国附属机构所生产的货物在东道国的销售，它在第Ⅳ象限，目前尚无国际通行的统计方法。

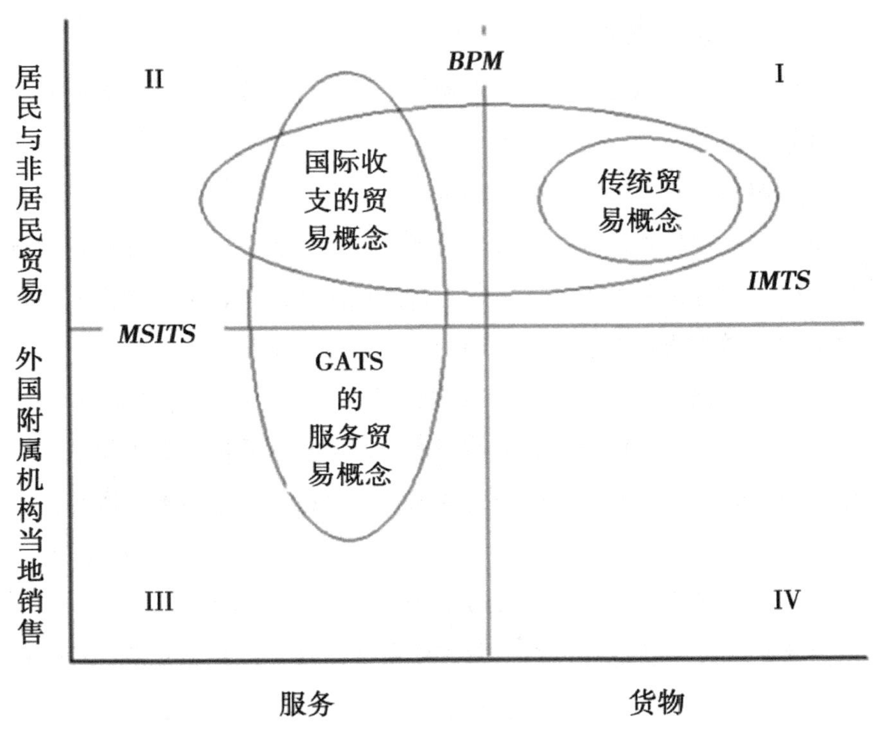


**图 2　双边贸易综合平衡核算体系的构成**

3. ***增加值估计法***（value-added estimating approach）

此途径重点在第Ⅰ象限进行贸易额的调整。随着经济全球化，跨国公司在全球贸易中扮演越来越重要的角色，生产的碎化盛行，垂直分工、水平分工深化，加工贸易正在全球货物流动中占有越来越大的比重，一件制成品安排在多国生产部件，最后在一国组装。在产品最终成型前，零、部件频繁跨越国境流动。按现行的统计方法测度跨境货物的总价值，就会不断重复计量产品所含零、部件价值；直到最后成型出口，将累计的总价值加在这个“原产国”头上。这显然是不合理的。于是有人提出改行测度进出口货物的增加值，以避免重复计算，夸大“原产国”的出口额。

### （三）中美贸易差额双边数据比对

1994—1995 年，中美经贸联委会下设贸易统计工作小组就 1992—1993 年间货物贸易统计数据进行比对研究，达成了共识。2007—2009 年，两国有关方面开展第二轮比对，具体针对 2000 年、2004 年和 2006 年的数据，取得了新的重要共识。

联合研究提出了东向贸易和西向贸易的概念，这是一对超脱于以各自国家为主体的中性概念，分别对应于两国官方的进（出）口。在此基础上，对直接贸易、间接贸易（又分经香港转口和经其他第三地转口）、各自关境辖区范围、数据采集时滞等具体技术环节一一比对。笔者使用双方达成的《中美货物贸易统计差异研究报告》[①] 中原表的数据进行计算，得出美国官方对华贸易逆差夸大 32% 的结论。

### （四）综合贸易平衡研究

早期统计方法论者都是从数据比对路径切入，当数据协调对比有了一定的进展后，一些研究者意识到现行贸易统计的严重局限性，走向了综合平衡的思路，而另外一些研究者则将数据协调研究推向深化和细化。

1997 年下半年，外经贸部组织一批学者研究中美经贸关系，形成一批成果，提交到哈佛大学“中国融入世界经济”国际研讨会上，其中包括笔者与另外三位同事合作的《经济全球化与原产地统计》。该文研究分析了在中国融入经济全球化过程中，外商投资企业的贸易和加工贸易对中国经济发展的作用，同时也分析了“三资”企业贸易和加工贸易当中各方的利得与统计数据的背离状况。鉴于此，该文在国内首次指出，基于原产国标

① 贾怀勤：“中美贸易数据差异核对研究：回顾与展望”，《国际贸易》2008 年第 11 期。

准的现行贸易统计不能真实反映当事国利得，主张建立一套与经济全球化相适应的、既涵盖货物贸易又涵盖服务贸易、既测度跨境交易又测度外国附属机构就地采购与销售的综合国际贸易统计方法。

与此同时，为了寻求GATS生效和世贸组织等国际组织研究国际服务贸易统计制度的对策，外经贸部联合国家统计局、国家外汇管理局组团出国考察服务贸易统计。以此为契机，国内开始了外国附属机构服务贸易的研究。2002年《国际服务贸易统计手册》发布后，国内积极应对，除了推出一批新研究成果外，商务部服务贸易司建立，颁布统计制度，开始建立中国的国际服务贸易统计数据体系。

2006年是综合贸易平衡研究得以深化的一年。是年，中国统计学会原会长李德水呼吁建立基于所有权的贸易统计。与此同时，笔者明确提出在地贸易统计与属权贸易统计这一基本对立观念，论证了全球化如何颠覆现行贸易统计方法，呼吁转行新的属权贸易统计——包括外国附属机构就地销售的广义贸易统计。

对外经济贸易大学孙华妤、许亦平（2006）和许亦平、林桂军（2007）借鉴美国商务部BEA等属权贸易统计成果开展研究。BEA自1995年有连续成果发布，但是他们做的只是美国与外部世界的属权贸易平衡核算（孙—许—林论文称其为“两国模型”）。孙—许—林在其基础上开发出中国与美国属权贸易平衡核算（因为必须考虑到中美以外的第三方存在，孙—许—林论文称其为“三国模型”）。由只含有编报国和其外部世界的简单属权贸易平衡核算，发展到含有世界其余部分的编报国和特定伙伴国的复杂属权贸易平衡核算，这是模型的创新。并且，他们对2003年中美贸易平衡进行实证，发现中国对美货物贸易顺差只有118.7亿美元，相当于中国海关统计的跨境贸易差额586.1的20.2%。

中国人民大学高敏雪等和中国社会科学院世界经济研究所何新华等也对属权基础上的货物贸易平衡进行了深入研究，形成了较有影响的成果。但是他们做的都是中国与外部世界的货物贸易平衡核算。

### （五）增加值估计研究

2008年金融危机引发全球经济危机后，贸易的不平衡引起了广泛注意，不平衡的测度逐渐成为以世贸组织为首的一些专家的研究课题。关于这方面的研究先是通过个案研究取得深刻的感性认识。如果说20世纪90年代中期的芭比娃娃曾是抨击现行贸易统计方法的典型案例的话，那么iPhone案例则更能说明问题。

T. Corcoran于2010年4月挑开了iPhone是“中国制造”还是“世界制造”的话题，此后不断被媒体转载或为研究者引用。苹果公司的iPhone在美国海关的进口值是每只178.96美元。其生产链跨越多国，根据亚洲开发银行研究院Yuqing Xing和Neal Detert的研究，中国工人只为iPhone贡献了6.5美元增值，其余都是别的国家贡献：闪存（24美元）和屏幕（35美元）是在日本生产的，占比33%；信息处理器及其相关零件是韩国造的（23美元），占比12.9%；全球定位系统微电脑、摄像机、WiFi无线产品等是德国制造（30美元），占比16.8%；蓝牙、录音零件和3G技术产品是美国制造的（12美元），占比6.7%。其他材料如塑料、铝，各种软件的许可证和专利，等等，合起来48.46美元。

**表1　美国自中国进口iPhone的价值构成**

| 按国别分解 | 金额（美元） | 占比（%） |
| --- | --- | --- |
| 总值 | 178.96 | 100.0 |
| 其中：中国组装 | 6.50 | 3.6 |
| 日本生产 | 59.00 | 33.0 |
| 德国生产 | 30.00 | 16.8 |
| 韩国生产 | 23.00 | 12.9 |
| 美国生产 | 12.00 | 6.7 |
| 其他 | 48.46 | 27.1 |

资料来源：根据《东亚的贸易模型和全球价值链——从货品的贸易到任务的贸易》图10“2009年对美iPhone贸易不平衡”制表。

一个可供考虑的方法是从现行贸易统计中获取中间产品贸易统计，用贸易总流量减去中间产品流量，估计贸易品增加值。然而他们发现采集货物统计数据时对中间产品和最终产品的划分有很大的主观随意性，而且服务贸易统计中并没有中间产品和最终产品的划分，遂转向对贸易增加值间接估计的方法。

将国民核算数据和双边货物和服务贸易数据纳入一个称为国际投入产出表的系统表格，它能够辨识中间产品在国家间和产业间的来源和用途，经过复杂的矩阵运算最后求得编报国出口的增加值占总值的比率。这种方法所得结果因具体因素不同：如不同的数据库投入，不同的运算方法论，相关的假定前提和数据调整。

2010 年 6 月，世贸组织的 Andreas Maurer 和 Christophe Degain 在一份工作论文中给出了他们的美中贸易增加值估计研究的结果，将调整后的美国对华出口、进口和逆差额与官方发布的相应数据进行对比。由于 BPM6 规定加工货物的进出境从货物贸易中调出，按收取的加工费计入服务贸易出口，所以该对比研究又分 BPM5 和 BPM6 两种口径。在后一种对比中，增加值估计法使得官方贸易差额缩减的幅度更大，达到 42%（见表 2）。

**表 2　2008 年美中贸易逆差：现行统计与按增加值调整后的数据对照**

单位：亿美元或 %

| 项目 | | 行序 | 对加工货物不做调整 | 对加工货物进行调整 |
|---|---|---|---|---|
| 不做调整 | 对加工货物 | （1） | 710 | 710 |
| | 进行调整 | （2） | 3560 | 3560 |
| | 贸易逆差 | （3）=（2）—（1） | 2850 | 2850 |
| 出口中美国本国成分占比 | | （4） | 84% | 84% |
| 进口中中国本国成分占比 | | （5） | 80% | 63% |
| 按增加值调整后 | 美国对华出口 | （6）=（1）×（4） | 600 | 600 |
| | 美国自华进口 | （7）=（2）×（5） | 2850 | 2240 |
| | 贸易逆差 | （8）=（7）—（6） | 2250 | 1650 |
| 逆差调减幅度 | | （9）=〔（7）-（8）〕÷（7）×100% | 21% | 42% |

资料来源：根据 Andreas Maurer 和 Christophe Degain 论文表 5 改制。

中美贸易平衡问题既是经济统计领域的问题，更是由其背后的经济原因决定的，是中国这个最大的发展中国家建设开放经济和美国这个最大的发达国家在全球经济中追求最大经济利益互动的结果。经贸政策论是行动的平衡，是贸易管理当局首要考虑的，但制订和采取什么政策需要以客观、全面、准确的统计数据和分析为依据。统计平衡论和增加值估计法既是对行为结果平衡的描述，又是经贸政策论的行为的出发依据。数据协调法虽然在一定程度上有助于解释中美贸易不平衡的原因，但是随着中国进一步深入融入全球经济，其作用日益受到局限。为了全面核算双边贸易流量和利得，综合平衡法和增加值估计法应运而生。

## 四、国际贸易统计核算的创新与守成

### （一）属权核算和增加值核算与通关统计的关系

属权核算着眼点是贸易环节，侧重交易对象的属权转移和相应的支付；增加值核算着眼点是生产环节，侧重增值链条上相关方贡献。属权核算使用账户综合平衡方法，增加值核算使用投入产出法。它们的核算结果很难一致，各自有其研究价值。

上述两法都是从某一个考察角度对“被歪曲的”双边贸易差额给予修正，从另一个方面说，它们都是以传统贸易统计——通关统计为基础数据，再附加其他来源数据，通过各种换算、推算乃至假定，演绎出一个新的贸易平衡。在充分肯定属权核算和增加值核算的创新意义的同时，也必须指出：就属权核算和增加值核算的方法而言，国际组织将来是否会出台可以让各经济体施行的指导性文件，现在看来可能性不大。《OECD 经济全球化指标手册》提议成员国以美国核算为核算范本编报基于属权的贸易平衡，而美国也只是核算其与“整个外部世界”的贸易平衡，远非与特定伙伴国的贸易平衡。至于增加值核算，WTO 和 IDE-JETRO 的观点仅具科学研究的意义。

在一定意义上，属权核算和增加值核算是“流”，而通关统计是“源”。

凡事都要从源头抓起。欲保障贸易差额核算的正确性，首先要保障通关统计的准确性。世界各国通关统计的基本制度是联合国统计委员会制定的《国际货物贸易统计：概念和定义》，它对国际货物贸易统计的范畴、货物分类、货量计量、货值计量、伙伴国归属等基本统计项目都做出明确的规定，其中首要的是统计范畴。做出这些规定，即考虑到经济分析的需要，也顾及通关时海关当局对统计项目进行判定和计量的可行性。按着这些规定进行通关统计，可以保障不同经济体、不同时间对通关货物基本属性有比较一致和可比性的记录。政府其他部门和研究机构，依据通关统计进行“深加工”，可以导出更有意义的结论。属权核算和增加值核算即属于这样的“深加工”。当然，属权核算和增加值核算并非以通关统计为其数据“深加工”唯一源头。

### （二）2008 年前后几部涉贸统计指导文件的创新与守成

2008 年前后，国际上几个基本统计制度都进行了新一轮修订，以使其更好地测度经济全球化条件的经贸活动。先是出台了《国民核算体系2008》（System of National Accounts2008 —2008 SNA），同年还出台了《国际收支手册（第 6 版）》（Balance of Payments Manual Sixth Edition——BPM6）。2010 年出台了《国际服务贸易统计手册》（Manual on Statistics of International Trade in Services 2010—— MSITS 2010）和《国际货物贸易统计：概念和定义》（International Merchandise Trade Statistics： Concepts and Definitions 2010—— IMTS 2010）。这些统计制度的修订，是联合国统计司、WTO、IMF、欧盟统计局等多个国际组织协同努力的结果，其修改过程是在专家撰稿的基础上，广泛征求成员方的意见，数易其稿。

2008 SNA 和 BPM6，在涉贸统计方面，奉行居民与非居民的交易原则，强调以货物的属权变更为国际贸易统计标准。BPM6 与 BPM5 相比，在贸易项目下的主要调整是：

（1）加工贸易：由货物贸易调整到服务贸易项下。

（2）转卖交易：由服务贸易调整到货物贸易项下。

MSITS 2010 也随着 2008 SNA 和 BPM6 的调整而调整。与另外几个制度相比，IMTS 2010 颇有些“不识时务”，仍然坚持以“物质资源跨境流动”为统计范畴，不因为国际生产和贸易的全球化而改变。它将货物贸易统计的范畴规定为“记录因进入（进口）或离开（出口）一国的经济领土从而引起的该国物质资源存量增加或减少的全部货物”[①]。这条原则自 1970 年第一版，经 1998 年修订版，再到 2010 版，一以贯之。

IMTS 2010 关于国际货物贸易统计范畴这条规定的关键词是：货物、物质资源和经济领土。

关于货物，IMTS 2010 的 1.5 段指出：参照 2008SNA，货物是存有需求的实物性的生产结果，其所有权能够确定且可以通过参与市场交易使之由一个转移到另一个机构性单位，还包括可以跨境实现实物流动的储存在实物介质中的知识嵌入型产品。

关于物质资源，IMTS 2010 的 1.6 段指出：存在于一国经济领土上的物质资源，无论其属于该国居民还是非居民。引起经济领土上物质资源存量变化的货物跨境流动，即作为国际货物贸易给予记录，在这个意义上不以货物归属为标准。

关于经济领土，IMTS 2010 的 1.7 段指出：一国经济领土含有实际坐落和法律管辖双重含义。由一国居民所拥有并处于该国管辖下的，存在于该国地理领土之外的任何器具和装置，无论其移动与否，都按该国经济领土对待。例如钻井平台、船舶、飞行器、航天器等。

关于属权变更，不作为国际货物贸易统计的一般原则，而只是对某些特例适用，如船舶和飞行器（具体见 1.29 段），卫星及其发射（具体见 1.33 段），输电线路、油气管道和海底电缆（具体见 1.36 段）和移动设备。

对照前列两点，IMTS 的做法仍然是：

（1）加工贸易：将加工货物的原材料和制成品分别计入货物进出口，不考虑属权变更与否。

① UN. IMTS 1993，IMTS 2010。

（2）转卖交易：不予统计，因为它根本没有引起报告国境内物质资源存量的增减。

国际上几个基本统计制度的修订引起了中国国内经贸统计学术界和相关政府机构的重视。当时，国内外关于贸易的属权核算主张呼声很高，海关数据何去何从？笔者在一篇论文[①] 中建议有关方面对这个问题分别采取下述做法：海关——为方便货物出入境管理，继续使用原来的条目框架，即在“加工贸易”项下，分“来料加工”和“进料加工”；国际收支表编制部门——完全按照 BPM6 标准表式编列数据。这与后来颁行的 IMTS 2010 的精神是完全一致的。

通关统计坚持资源跨境原则的这种守成是非常必要的，非此就不能提供坚实的、国际可比的货物贸易统计数据，无论是增加值核算还是属权核算，没有这样的数据都只是空中楼阁，其创新就失去了作用。

### （三）两点思考

其一，在这个一切似乎都在快速变化的世界，人们疾呼创新。创新在技术领域是永恒定律。然而在社会领域，守成与创新同样重要。一个组织、一个体系，如果不能对其基本价值守成，那么就不再是它自己了。

其二，中国已成为世界第二贸易大国。中国应该对世界贸易的平衡发展做出更大的贡献，也应该对国际贸易统计核算的理论和方法开发做出应有的贡献。尽管国内专家学者对该领域问题有一些研究，政府各部门也分别应国际组织要求对相关统计制度的修订提出了反馈意见，但是并没有形成一个统一或协调的立场，主动发出一个响亮的声音。为了做到这一点，除了各方面专家学者的努力之外，政府主管部门的组织和协调至关重要。

---

① 贾怀勤：“制造还是服务——评《国际收支手册》修订对中国贸易平衡的影响”，《国际贸易》2008 年第 11 期。

# 电子商务统计及其与国际贸易统计的交叉[①]

贾怀勤　吴珍倩

摘　要：本文首先对国内外电子商务统计研究进行回顾和总结，接着从国际贸易统计的视角审视电子商务统计问题，分析电子商务交易额统计与国际贸易统计的异同点，根据最新一轮修订的国际贸易统计手册精神，提出试开展中国国际贸易中电子商务统计的建议。本文所研究的电子商务与国际贸易交叉，包括货物交易和服务交易的跨境电商，这个研究领域与后来出现的广义数字贸易高度吻合。

## 一、关于电子商务统计的研究辨析

1998年，中国互联网络信息中心（CNNIC）开始进行“中国互联网络发展状况统计调查”，标志我国电子商务统计活动的开端。2001年，“CII电子商务指数研究与测算”课题组发布其成果《关于电子商务水平测度的研究》，揭开了我国对电子商务调查开展系统研究的帷幕。10多年来，学术界和业界陆续开展了许多电子商务统计的实践探索与研究工作，推动了我国电子商务的业务发展和理论创新，也缩小了我国与发达国家在此领域的差距。

---

① 本文发表在《中国电子商务》2011年第9期。

据笔者对 1998 年以来有关电子商务统计的学术研究成果的不完全归纳，国内在此问题上存在两个基本共识和一个聚焦。王军（2002）发现，电子商务统计有三个根本问题有待解决：一是电子商务的定义，二是建立一个什么样的指标体系，三是怎样搜集和由谁来搜集这方面的资料。在这当中，前两个问题就体现了“两个基本共识”和“一个聚焦”。

**共识一：电子商务的定义**

“CII 电子商务指数研究与测算”课题组称其所说电子商务概念，“是指交易双方通过计算机网络所进行的所有交易活动，即通过交易发生实物性商品（如服装、有色金属）所有权的转移，或实现了服务性商品（如金融服务、网络信息咨询服务等）的有偿使用（提供）。考虑到中国电子商务发展的现状，一个交易无论采用何种支付手段，只要其成交是通过信息网络实现的，均将其视为电子商务，其成交额即为电子商务交易额”。这个表述可以作为中国学术界和业界关于电子商务定义的共识。

事实上，以上定义参照了发达国家的标准。1998 年，OECD 在加拿大渥太华展开关于电子商务的部长级会议，会议责成加拿大统计局和产业部完成此项工作。加拿大方面对当时有关的几个概念进行了界定（见图 1），确定了电子商务的范畴，后来获得 OECD 的认同。

美国作为电子商务应用最早和具有很大影响力的国家，其商务部普查局给电子商务下了一个狭义的定义：指企业、家庭、个人、政府以及其他公共或私人机构之间通过以计算机为媒介的网络进行的产品或服务的买卖活动。产品或服务的买卖是通过网络预订的，但支付和最终交付则既可以在网上完成，也可以在网下完成。

国内外给电子商务所下定义，对交易标的、网络手段和交易链三项要素做出明确规定。

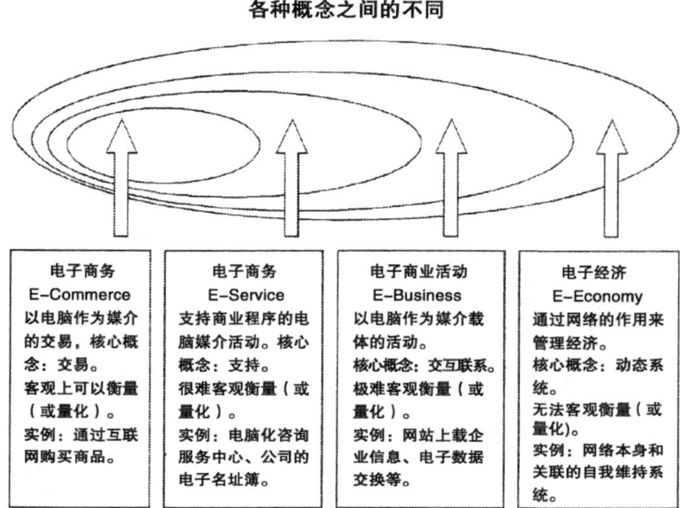


**图 1　有关电子商务的几个概念范畴**

资料来源："电子商务统计及其应用研究"课题组：加拿大电子商务统计及其应用（上），《中国统计》2002 年第 7 期。

（1）交易标的：包括实物性产品和服务性产品，服务产品包括非金融服务和金融服务，但后者不包括金融产品交易。

（2）网络手段：排除非计算机的电讯媒介载体和内网（Intranet）。

（3）交易链：强调以在网上达成交易为标准，不一定要网上支付。

### 共识二：中国尚未建立电子商务的正式官方调查统计体系

2002 年，"电子商务统计及其应用研究"课题组称，"到目前为止，中国还没有正式的、全面的、有关电子商务的官方统计调查"[①]。2008 年，曾经参加国务院信息化办公室《中国电子商务发展指标体系研究》的刘敏、陈正仍然强调，"中国还没有建立正式全面的（电子商务）官方统计体系"[②]。

2011 年 4 月，亚太经济合作组织（APEC）电子商务工商联盟秘书处（该

① "电子商务统计及其应用研究"课题组："中国电子商务统计及其应用（上）"，《中国统计》2002 年第 12 期。

② 刘敏、陈正："电子商务发展测度指标体系研究"，《统计与信息论坛》2008 年第 7 期。

组织由中国商务部电子商务中心官员担任秘书长），在北京亦庄召开“中国电子商务指数专家论证会”。与会专家对中国迄今尚未建立正式全面的电子商务官方统计体系的状况表示极大关注。

显然，这是一个无奈的“共识”。2005年春，曾有国家某业务主管部门称即将建成国家的电子商务统计体系。但是，至今仍没有见到任何成熟的统计制度出台，可见此项工作难度之大，其背后则是电子商务统计理论之困乏和所涉部门的协调之复杂。

**一个聚焦：电子商务水平测度抑或电子商务业绩统计?**

关于电子商务的调查统计对象，戴梦和司有和（2010）直截了当地提出“究竟是测绩效还测水平？”尽管他们是针对酒店的电子商务说的，也具有一般意义①。测绩效指测度电子商务的业绩和效果、效益。而测水平指使用指数刻画电子商务的设施、技术、人员、环境等开展电子商务的硬、软综合条件。为此，需要了解电子商务成熟度模型。

电子商务成熟度模型，是由加拿大学者提出的，目前在国际上被普遍认可的用来衡量电子商务总体发展阶段的一个有效模型。该模型认为，在不同国家和地区，电子商务的发展水平是不同的。电子商务发展被分为准备（Readiness）、起步（Intensity）和成熟（Impact）三个阶段，也可以译为准备阶段、密度阶段和影响阶段。在准备阶段，国家和地区需要准备电子商务的支撑技术；在起步阶段，信息与通信技术被越来越多地应用于电子商务活动；在成熟阶段，电子商务已经能够为社会创造新的价值。

笔者以为，从纵向发展看，在准备阶段，只测水平即可。进入起步阶段，则需要在测水平的同时关注交易额统计。而在成熟阶段，则不仅要测水平、统计交易额，还要关注电子商务的宏观效益和企业效益。

① 戴梦、司有和：“酒店电子商务水平测度指标体系的设计”，《企业管理》2010年第5期。

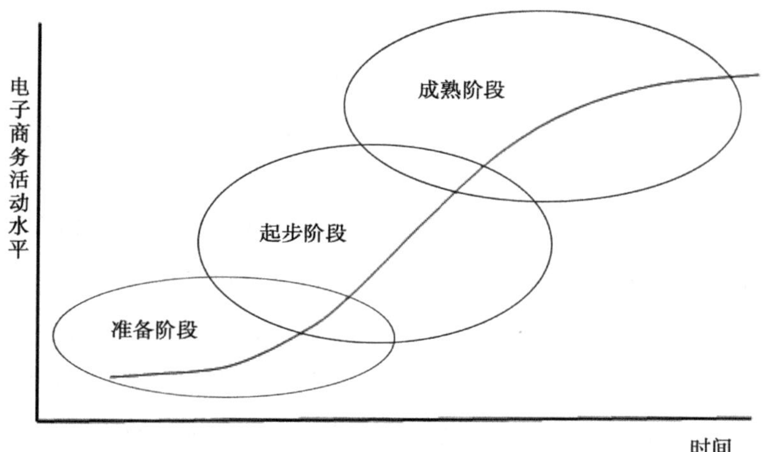


**图 2　电子商务成熟度模型**

资料来源：加拿大产业部提交给 OECD 电子商务定义和测度工作坊，1999 年 4 月。

测度电子商务发展水平，需要一套能够反映发展水平的指标体系，最后合成电子商务发展指数。将一个国家不同时期发展水平所连成的曲线与电子商务成熟度模型相对照，以此判断该国电子商务发展所处的阶段。

“中国互联网络发展状况统计调查”侧重调查中国电子商务的发展环境和人们对电子商务应用的主观意愿，重点发布中国网民人数、网民分布、上网计算机数、信息流量分布、域名注册等方面情况的统计信息。这样的调查活动与中国电子商务处于起步阶段的实际情况是相吻合的。

《关于电子商务水平测度的研究》设计的指数体系包括三层 9 大类 32 个具体指标，并对全国及 12 个地区 1999 年 5 月 30 日至 2000 年 5 月 30 日电子商务的分类指数和总指数进行了初步测算。其中既包括电子商务交易类和效益类数据，也包括电子商务基础设施、政策环境、用户满意度和安全类数据。

商务部继承原国家经贸委的内贸管理机关组织的电子商务调查，编写了 3 部《中国电子商务报告》，侧重从企业角度全面了解中国的互联网应用状况和电子商务发展水平。

赛迪公司的《企业电子商务发展现状调查》，目的也是从企业角度了解中国电子商务的现状，重点调查了 B2B 和 B2C 两种电子商务模式，指标体系设计中包括了 B2B 和 B2C 的销售额数据。

以上三个调查活动是与中国电子商务进入起步阶段的实际情况相吻合的。

从横向看，不同的管理部门对电子商务统计会有不同的侧重。信息化主管部门更关注电子商务的技术水平、基础设施建设和人员电子商务知识的普及、用户满意度等“水平”指标。商务主管部门要推进电子商务，必然也关注“水平”指标，但更应以交易额为首要关注对象。综合经济管理部门以研究电子商务对经济推动的效益为重点。从统计的角度来看，交易额不仅易量化、可比较，而且更能直接地反映电子商务的发展水平。美国是世界上开展电子商务最早的国家之一，电子商务统计工作开展得比较早。美国商务部普查局，将电子商务交易额作为第一优先测度的指标，将认识和测度电子商务过程作为第二优先考虑的问题[①]。中国商务部也应该以电子商务交易额为其电子商务统计工作重点。商务部主编的《中国电子商务报告》（2008—2009），内容主要涵盖了电子商务发展环境、应用状况和电子商务交易额等方面，但没有关于货物与服务的具体分类和统计。关于交易额的统计，是取采购额和销售额两个指标的平均值。在计算方法上，只是分别统计了大中型企业电子商务交易额、中小型企业电子商务交易额和网络购物交易额，并把这三者进行加总。

## 二、电子商务交易额统计与国际贸易统计的交叉

“电子商务统计及其应用研究”课题组指出：全球商务性是电子商务的突出特征之一[②]。它打破了区域与国别的界限，开辟了巨大的网上商业市场。电子商务的出现从一开始就具有国际贸易的性质。作为测度电子商

① “电子商务统计及其应用研究”课题组：“美国电子商务统计”，《中国统计》2003 年第 7 期。

② “电子商务统计及其应用研究”课题组：“中国电子商务统计及其应用（上）”，《中国统计》2002 年第 12 期。

务业绩规模的交易额统计，也就必然与国际贸易统计有交叉领域。

对有关电子商务统计的文献的不完全搜索发现，直接论述电子商务交易额统计与国际贸易统计的研究成果较为罕见。“电子商务统计及其应用研究”课题组按开展电子交易的范围，将电子商务分为本地电子商务、远程国内电子商务和全球电子商务，指出全球电子商务涉及交易各方的相关系统，如买卖方国家的进出口企业、海关、银行、金融、税务、保险等系统。这种业务内容繁杂，数据往来频繁，要求电子商务系统严格、准确、安全、可靠。全球电子商务涉及的统计问题也具有与本地电子商务和远程国内电子商务不同的特点。

电子商务统计不区分交易双方的居民身份，也不区分交易标的是否跨境流动，它涵盖了国内贸易和国际贸易。国际贸易既可以通过传统方式进行，也可以通过网络媒介开展。传统的国际贸易统计，无论是就货物贸易而言，还是就服务贸易而言，都不单独考虑电子商务手段。在电子商务出现之后的一段时间里，尽管国际贸易和电子商务存在着交叉，但两者都没有对如何测度通过电子商务手段实现的国际贸易给予关注。

到 21 世纪第一个十年终了，随着经济全球化的深化和电子商务的普遍开展，国际贸易中的电子商务统计终于被国际贸易统计所关注。各有关国际组织颁行的《国际服务贸易统计手册》（Manual on Statistics of International Trade in Services 2010——MSITS 2010）和《国际货物贸易统计：概念和定义》（International Merchandise Trade Statistics: Concepts and Definitions 2010—— IMTS 2010）都有专门阐述电子商务统计问题。

IMTS 2010 的 1.5 段指出：货物是存有需求的实物性的生产结果，其所有权能够确定且可以通过参与市场交易使之由一个转移到另一个机构性单位，还包括可以跨境实现实物流动的储存在实物介质中的知识嵌入型产品。IMTS 2010 将国际货物贸易统计的范畴规定为：“记录因进入（进口）或离开（出口）一国的经济领土从而引起的该国物质资源存量增加或减少的全部货物。”

对于电子商务中的货物，IMTS 2010 的 1.34 段有专门规定：指由于完全或在显著意义上使用电子手段（即通过互联网订购和支付）进行交易，结果导致跨境移动的货物。这类货物属于国际货物贸易统计的进口和出口范畴。

当然，国际组织承认对电子商务中的货物进行统计，具有很大的挑战性。因此，IMTS 2010 未将这方面的统计列为“必做动作”，而是“选做动作”，鼓励各国投入精力开发数据采集和／或估算程序。

MSITS 2010 在 3.50 段写道：电子商务（至少部分通过电子手段进行的商务），是使用电子手段，诸如互联网或其他电脑媒介网络，订购和／或提交产品的方法。

国际贸易中，一笔电子商务交易究竟是按货物贸易记录，还是按服务贸易记录，可以按图 3 所示进行区分。

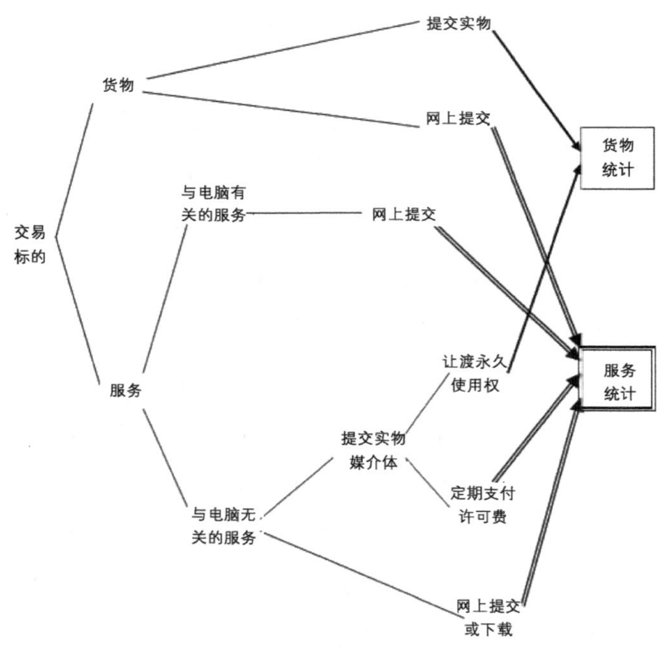


**图 3　电子商务货物统计与服务统计归属**

资料来源：根据联合国经社理事会 2011 年 3 月 18 日《全球化对国贸核算的影响》第 13 章“电子商务”的文字精神绘制。

将《中国电子商务报告 2008—2009》（以下简称“报告”）与国际贸易统计有关手册（以下简称“手册”）相对照，可以发现两者的异同点。

IMTS 2010 要求必须是“通过互联网订购和支付”才属于国际货物贸易中的电子商务，这一规定若放松一下，即不再强调“通过互联网支付”，就与 MSITS 2010 有了共同点，而这也是报告的精神——以网络为电子商务的交易平台，但不强调必须通过网络结算。

报告与手册的不同在于：第一，手册明确区分货物与服务两个方面。而报告虽然在概念上包括货物和服务的交易，但实际调查统计的基本是货物及其附属服务，并未包括其他许多类型的服务；第二，手册对出口和进口分别统计，而报告的交易额分为电子商务采购额和销售额两个指标，取其平均值；第三，手册要求确定贸易伙伴国，而报告对此不予考虑。

## 三、关于试开展中国国际贸易中电子商务统计的建议

鉴于中国官方统计工作集中与分散相结合的体制特点，国家商务主管部门应主要组织好电子商务交易额统计工作，并着手进行电子商务进出口额的统计。

建议国家商务主管部门以现有的研究和调查成果为基础，整合全部有关司局的统计资源，响应国际组织的号召，“投入精力开发数据采集和／或估算程序”。目前某个司建有针对货物进出口线上企业的进出口景气数据直报系统，另有一个司有服务贸易统计直调系统，他们可以在现有调查问卷中加入有关电子商务统计的问题，了解企业和各地方使用电子商务开展货物进出口和服务贸易的情况，采集他们在货物／服务的出口／进口中，通过电子商务手段实现的交易所占比率。将采集到的数据汇总，即可估算全国货物／服务贸易中电子商务的出口／进口额。

## 参考文献

[1] 戴梦、司有和："酒店电子商务水平测度指标体系的设计"，《企业管理》2010 年第 5 期。

[2] 中华人民共和国商务部：《中国电子商务报告》（2006—2009），清华大学出版社，2009 年版。

[3] 戢运丽："对我国电子商务统计的思考"，《物流经济》2008 年第 1 期。

[4] 刘敏、陈正："电子商务发展测度指标体系研究"，《统计与信息论坛》2008 年第 7 期。

[5] 贾怀勤、王海涛："对建立我国电子商务统计的思考"，《中国统计》2008 年第 8 期。

[6] 国家统计局国际统计信息中心课题组：电子商务统计及其调查方案研究报告，2005 年 12 月。

[7] 王珏辉、赵英才：电子商务发展基础指数及其测算——以深圳为例，第三届中美电子商务高级论坛论文集，南开大学，2006 年 6 月。

[8]"电子商务统计及其应用研究"课题组："美国电子商务统计"，《中国统计》2003 年第 7 期。

[9]"电子商务统计及其应用研究"课题组："中国电子商务统计及其应用（上）"，《中国统计》2002 年第 12 期。

[10] "电子商务统计及其应用研究"课题组："中国电子商务统计及其应用（下）"，《中国统计》2003 年第 1 期。

[11]"电子商务统计及其应用研究"课题组："加拿大电子商务统计及其应用（上）"，《中国统计》2002 年第 7 期。

[12]"电子商务统计及其应用研究"课题组："加拿大电子商务统计及其应用（下）"，《中国统计》2002 年第 8 期。

[13] 王军："怎样建立电子商务统计"，《北京统计》2002 年第 1 期。

[14]"CII 电子商务指数研究与测算"课题组："关于电子商务水平测度的研究"，《统计研究》2001 年第 12 期。

# 新贸易测度与现行统计概念异同之探讨和建议[①]

贾怀勤

**摘　要：** 本文将新贸易测度代表性文献所用增加值的概念与 SNA 增加值概念相对照，指出两者既有一致性的一面，又有不一致的一面，因此提出对新贸易测度所用增加值表述和缩略符号的建议。针对新贸易测度增加值的对应称谓混乱不一的状况，本文也提出了科学、划一的英文和汉译文。

近年来，针对全球价值链背景下如何正确测度国家间贸易贡献的问题，一些专家提出增加值贸易（trade in value added，TiVA）新测度方法，得到世贸组织和经合组织的认同，并由它们大力提倡，中国国内也加紧了此方面的研究。这一新测度对贸易统计和竞争力研究乃至国际贸易谈判，无疑具有很重要的意义，值得下大力气研究。但也需要指出，从研究到实际统计应用，还有一系列的问题需要解决。问题之一就是新测度所使用的统计概念与目前国际通行的统计概念是否具有一致性，这其中首要的问题是新测度所用增加值与 SNA 的增加值异同问题和贸易增加值对应概念的称谓问题。本文仅就这两个问题进行探讨，并给出相关建议。

国际学者对增加值贸易测度较为有代表性的文献是世贸组织和日本

① 本文写于 2011 年 12 月。

亚洲经济研究院[①] 的《贸易模型与东亚全球价值链》（2010）和 Robert Koopman，William Powers，Zhi Wang 和 Shangjin Wei 的《正本清源：厘清全球生产价值链迷踪》（2010）[②] 。尽管世贸组织和经合组织的许多官员，包括时任总干事拉米，多次对这个问题发表过讲演和谈话，我们还是以上述两篇文献为讨论基础。为方便起见，本文以下部分将它们分别按作者缩写称为 IDE-JETRO 成果和 KPWW 成果。

## 一、关于增加值的含义

将基于海关数据的出口值按价值链分解为最终产品出口国的增加值、发生在不同国家的前若干道工序的增加值，以便辨明参与生产链活动的若干国家对最终产品贸易的贡献，是贸易新测度研究的出发点和归宿。“增加值”乃是整个研究头号关键词。那么，它与国民核算体系（SNA）所用的“增加值”在概念上是否完全一致？

### （一）SNA 的增加值含义和进出口贸易与国民经济关系的核算

#### 1. SNA 的增加值含义

增加值核算是对生产过程及其成果的核算，这是 SNA 的核心。产品被区分为中间品和最终产品。从生产成果角度说，增加值对应于最终产品，即从总产出中扣除中间投入所得余值。从生产过程角度说，生产要素作用到原材料或零部件（中间品）之上，形成产出品，增加值所对应的就是各种生产要素的投入。国内生产总值乃是三大产业部门增加值的总和。

① 该机构全称是日本贸易振兴机构发展中经济体研究院。英文是 The Institute of Developing Economies-Japanese External Trade Organization，缩写为 IDE-JETRO。中文通常简称为日本亚洲经济研究院。该书英文标题是 Trade Pattern and Global Value Chain in East Asia —— From Trade in Merchandise to Trade in Tasks。英文本 2011 年 6 月问世，中译本 2011 年 10 月问世。

② 该文英文标题是 GIVE CREDT WHERE CREDIT IS DUE：TARCING VALUE ADDED IN GLOBAL PRODUCTION CHAIN。四位作者名字缩写为 KPWW。

### 2. 支出法 GDP 恒等式和进出口贸易与国民经济关系的核算

SNA 认为，一个国家生产的产出，表现为两种使用：中间使用和最终使用。中间使用是在生产过程中的投入。从总产出中减去中间使用，剩余部分有三个去向，即投资、消费和出口。投资、消费和出口合称为最终使用。但是，对于一个开放的经济体来说，其投资、消费和出口，并不全部都是本国常住单位生产的，其中有一部分来自国外。为了反映国内生产的总值，必须将进口从投资、消费和出口之和中扣除。基于这一点，支出法的恒等式定为：

GDP = 最终消费 + 固定资本形成总额 +（出口 − 进口）

= 最终消费 + 固定资本形成总额 + 净出口

在考察对外贸易对国民经济的作用时，可以基于这个恒等式，进一步计算出对外贸易依存度和对外贸易对 GDP 的拉动作用。目前国内官方出版物就是根据这个公式的计算结果发布信息，许多论文也是基于此式分析对外贸易对国民经济的贡献。

### 3. 对消费、投资和出口三项用途中进口成分的抵扣

有学者认为简单地根据上式测度对外贸易对国民经济的作用不妥，因为无论是最终消费还是固定资本形成，都含有进口成分，而出口中也含有进口成分，这反映在投入产出表中（见表 1）。因此，进口成分的抵扣不应是从投资、消费和出口之和中扣除，而应是从投资、消费和出口中分别扣除。

**表 1　投入产出表式**

| | | | 中间使用 | 最终使用 | | | 总产出 |
|---|---|---|---|---|---|---|---|
| | | | $n$ 个部门 | 消费 | 投资 | 出口 | |
| 中间投入 | 本国产品 | $n$ 个部门 | 对本国产品的中间消耗，分部门 $n \times n$ | 对本国产品的消费 | 由本国产品形成的固定资产和存货 | 本国产品的出口 | 本国总产出 |
| | 进口品 | $n$ 个部门 | 对进口品的中间消耗，分部门 $n \times n$ | 对进口品的消费 | 由进口品形成的固定资产和存货 | 进口品的出口 | 本国总进口 |
| 最初投入 | 固定资产折旧劳动报酬营业余额 | | | | | | |
| 总投入 | | | | | | | |

注：本表根据高敏雪《国民经济核算原理与中国实践》绘制。

为此，杨宝明（2012）[①] 主张将上述支出法恒等式进一步写成：

GDP =（最终消费 — 用于消费的进口）+（固定资本形成总额 — 用于投资的进口）+（出口 — 用于出口的进口）

= 最终消费的增加值 + 固定资本形成总额的增加值 + 出口的增加值

杨宝明运用他的公式分析近年内需和外需、消费与投资对经济及其发展的贡献。其中“总消费”与“总投资”数据来自《中国统计年鉴》支出法 GDP 构成的数据；“出口”与“出口中的进口价值”数据来自商务部发布的进出口分贸易方式统计中的“出口总额”与“加工贸易进口”；“进口消费”与“进口投资”数据通过对进口商品的 BEC 分类数据的加工取得。

① 杨宝明：论内需外需的概念与计算，《对外经贸统计》2012 年第 1 期。

## （二）贸易新测度的增加值含义

IDE-JETRO 成果认为：“从方法论角度看，它（指贸易新测度的增加值——本文作者注）与从 SNA 导出的部门增加值概念并无多少差别，后者指由一个产业产出的最终价值，扣除其生产过程中购自其他产业或进口的货物和服务。”① 请注意，他们没有说两者一点差别都没有。那么，它们的差别在哪呢？该书接着写道：“任何出口的国内成分包括出口产业部门的直接价值，再加上生产过程融进的其他产业部门的增加值。此外，需要做一些调整来测度进口投入的国内成分（复进口）。”

KPWW 成果从进口国的角度看待出口的增加值，其成果表明：“一国向世界出口的价值由下列五部分组成：⑴被直接进口国吸收的、存在于最终出口货物和服务中的国内增加值；⑵被直接进口国作为投入、用来生产其国内需求产品的、存在于出口中间品中的国内增加值；⑶被直接进口国作为投入、用来生产其供应第三国需求产品的、存在于中间出口品中的国内增加值（间接国内增加值）；⑷被直接进口国作为投入、用来生产产品返回出口国的、存在于中间出口品中的国内增加值（折返的国内增加值）；⑸出口货值中包含的来自外国的增加值。”

综上可知：GDP 支出法恒等式（及杨宝明改算式）的“出口”和“进口”都是基于通关数据的货值。而贸易新测度将进口货值一方面按有用途分解为本国消费（最终消费和投资）和用于出口，另一方面按来源分解为国外成分和折返的本国成分；对于出口货值，一方面按来源分解为本国价值和投入中间品所含外国价值，另一方面按进口国的用途分解为用于直接进口国消费（最终消费和投资）的部分、用于生产投入销往第三国的部分，和用于生产投入返销出口国的部分。从总产出中扣除进口的做法，GDP 支出法恒等式（及杨宝明改算式）是只扣除直接进口，贸易新测度是对直接进口和间接进口一并扣除。于是我们可以说，贸易新测度的增加值与 SNA

① 《贸易模型与东亚全球价值链》第Ⅸ章专栏 2。

增加值在概念上既有一致性的一面，又有不一致的一面。

## 二、关于新测度增加值的对应概念称谓

在前面的讨论中，本文使用了“基于通关数据的出口值”和“出口货值”的提法。现就有关条目问题进行讨论。

出口增加值不刻画出口货物的通关时的货值——按国际规定以 FOB 计价，只刻画在中间品之上新增的价值。对于这个 FOB 货值，在英文表述和汉译环节都存在不同的称谓。

IDE-JETRO 成果对于 FOB 货值间或使用了以下三种表述：gross value，total value 和 entire（commercial）value。KPWW 成果倒是自始至终只称其为 gross value。然而对 gross value 一词的汉译是其说不一。某美籍华裔专家在使用汉语的一次讲座中①，对 gross value 一词的汉语表述就使用“总值”和“粗值”。笔者认为，名称不确定可能会影响到实质性问题的理解和沟通，现在到了统一称谓的时候了。

### （一）关于新测度增加值对应条目的英文词选择

就英文而言，笔者倾向 entire value，它指一笔出口货物的全部价值。

1. *为什么不是* total value？

total value 在统计学中有对某一范畴中多个个体测度值加总的意思。在贸易统计中，常见的是 total exports，total imports，total exports and imports 或 total value of foreign trade，分别指出口总值、进口总值、进出口总值或对外贸易（总）值。将 total value 用来指一笔出口货物的全部价值，显然不妥。

2. *为什么不是* gross value？

gross 在 GDP 中的含义，“毛”的意思更甚于“总”的意思。这正如经营管理中 gross profit（毛利）对应于“纯利”，海关报关时的 gross weight（毛重）对应于“净重”。GDP“毛”在计算时没有扣除设备折旧。中间投入是在生

① 中国商务部政研室小型研讨会，北京，2011 年 10 月 18 日。

产中一次性进入产出的价值，从总产出扣除中间投入，得到的就是 GDP。如果再扣除分次转移的固定资本消耗，剩余的价值称为国内生产净值（Net Domestic Product）。细究起来，将 GDP 译为“国内生产毛值”较“国内生产总值”更贴近原意，只是后者在中国大陆已然约定俗成了，不宜再变更。

贸易新测度使用 gross value 来指 FOB 货值，就事论事来说是对的，指的是含有中间投入价值的货物毛值。但考虑到 SNA 中 gross 指已经扣除了中间投入的增加值，这么称谓就混淆了含义，显得不妥了。

### （二）关于新测度增加值对应条目的中文表述

笔者主张用“全值”作为新测度增加值对应条目的中文表述，其英文是 entire value。中国早在改革开放初期的 20 世纪 80 年代，原“进出口业务统计制度”就有这个用法。当时加工贸易业务刚刚在中国大陆开展，该制度规定：对进料加工，原材料、零部件进口时做全值统计，加工和组装的产品出口时也做全值统计；对来料加工，只将中方收到的工缴费计入出口。

将新测度增加值对应条目的中文表述，使用“粗值”，意思没错，但不雅。使用“总值”，意思偏了。称为“净值”，简直是太离谱了，完全不能接受[①]。李昕（2012）对笔者使用“全值”的建议做出呼应，这是 WTO“全球制造倡议”发起一年多以来第一篇公开发表的关于增加值贸易统计的论文。

## 三、建议

IDE-JETRO 成果和 KPWW 成果都承认贸易增加值测度方法是对现行统计方法的补充。WTO 权威人士[②] 也持此议。中国商务部时任部长兼国际

---

① 2012 年 10 月 19 日，中国商务部和 WTO 联合举办的全球价值链国际研讨会上，同声传译译员将 gross value 译为“净值”。

② WTO 统计与信息司司长 Andreas Maurer 在中国商务部和 WTO 联合举办的全球制造和增加值统计国际研讨会上的专家讲演，成都，2011 年 9 月 20 日。

贸易谈判代表高虎城也以“补充”给新测度与现行统计的关系定位① 。既然“补充”成为多数共识，就应该注意新测度与现行统计制度和方法的衔接，在概念上保持一致性，以便使新测度方法的研究和未来实际应用具有更坚实的基础。

为此，提出如下建议：

1. 为体现贸易新测度的增加值与 SNA 的增加值在概念上的一致性和口径上的差异，对前者使用完整表述，英文写作 Value added in new trade measurement，代表符号给 VA 加写下标“-INDIM”，表示减去间接进口（indirect imports），记为 VA-INDIM。

2. 在与贸易新测度增加值对照时，使用“全值（entire value）”指通关统计的货值。

## 参考文献

[1] WTO，IDE-JETRO. Trade Pattern and Global Value Chain in East Asia--From Trade in Merchandise to Trade in Tasks. WTO website，2011，6.

[2] Robert Koopman，William Powers，Zhi Wang and Shangjin Wei. GIVE CREDT WHERE CREDIT IS DUE：TARCING VALUE ADDED IN GLOBAL PRODUCTION CHAIN. NBER working paper series，Sept. 2010.

[3] 贾怀勤：“中国贸易统计如何应对国际化挑战——将增加值引入贸易统计：改革还是改进？”《统计研究》2012 年第 3 期。

[4] 杨宝明：“论内需外需的概念与计算”，《对外经贸统计》2012 年第 1 期。

[5] 李昕：“贸易总额和贸易顺差的全值统计法与增加值统计法对比”，《统计研究》2012 年第 10 期。

① 高虎城在中国商务部和 WTO 联合举办的全球价值链国际研讨会开幕式上讲话，北京，2012 年 9 月 19 日。

# 沿边省（区）与邻近国家的贸易：概念和实证

## ——以新疆与中亚五国的贸易为研究关注点①

吴珍倩　贾怀勤

**摘　要：**中国的外向型经济建设是一个渐次展开的过程。就地域开放而言，有沿海地区开放和沿边地区开放。沿边地区开放经过了边境贸易、沿边省（区）与邻近国家贸易（可简称"边省贸易"）、丝绸之路经济带建设三个阶段。边省贸易承前启后，为中国与欧亚大陆国家共同繁荣丝绸之路经济带，进行了可贵的先导性和探索性工作。本文首先明确边境贸易的概念，然后对其进行总括研究，再重点实证新疆与中亚五国的贸易，最后提出四点对策建议。

我国陆地边界线全长约22000多公里，同朝鲜、俄罗斯、蒙古、哈萨克斯坦、吉尔吉斯斯坦、塔吉克斯坦、阿富汗、巴基斯坦、印度、尼泊尔、不丹、缅甸、老挝和越南14个国家接壤。历史上，我国与邻国就有边民互市传统。改革开放以来，我国与这些邻国的边境贸易有了较大的发展，也逐步走向规范。

边境贸易（border trade），作为对外贸易的一种特殊形式，因其在边境地区经济、社会以及政治中的影响力而备受研究者的关注。众多研究者

① 本文发表在《国际商务》2013年第3期。

从边境贸易的发展历程和现状出发，从制度、政策、产业结构、企业发展战略等角度讨论目前我国边境贸易发展中存在的诸多问题，并提出相应的政策建议。同时也有不少研究者利用统计数据对边境贸易与边境地区经济之间的相互关系进行了实证分析。然而目前各种研究中所提及的边境贸易，有的已经不是传统意义上的边境贸易。学术界对于边境贸易的界定也欠缺共识，导致边境贸易的概念不清，统计数据口径不一，不同的研究成果之间缺乏可比性。

## 一、文献回顾：从边境贸易概念宽化说起

关于边境贸易的概念，国际组织和中国政府都有较为明确的定义。国际上通常对边境贸易的理解是：指毗邻两国边境地区的居民和企业，在距边境线两边各 15 公里以内地带从事的贸易活动。中国政府对边境贸易先后有过两个文件，文对边境贸易的概念有所规范。1984 年，国务院颁布的《边境小额贸易暂行管理办法》，取消了对边境贸易品种和金额的限制，实行“五自原则”[①]，允许边境外的企业“挂靠”。1996 年国务院颁发的《关于边境贸易有关问题的通知》中规定边境贸易包括边民互市、边境小额贸易和边境地区对外经济合作，限定了边境贸易的主体、地理范围、金额、产品以及形式。将国际组织和中国政府的规定相对照，两者共同点是：从事边境贸易的主体须是边境地区的居民和企业，而边境地区限于由边境线向两国延伸一定宽度的带状地域。

国内专门研究边境贸易的著述不多，除教科书外，笔者以“边境贸易”为主题词，在知网上共搜到 12 篇论文。从研究主体看，这些论文多是从某一省（区）的角度出发研究边境贸易，也有文章从全国角度研究边境贸易，如：梁鲜桃（2005）归纳说，“我国的边境贸易走过了一条从有边到无边、又恢复到有边的过程”。常文娟（2010）的论文也属于这种情况。从研究

① 五自原则：自找货源、自找销路、自行谈判、自行平衡、自负盈亏。

方法看，有的仅做定性研究，多数做的是描述性定量研究，少数做了推断性定量研究。

这里关注的是关于边境贸易的概念。这些论文中一部分基本沿用国际组织和中国政府给边境贸易所下的定义，但另有一部分将边境贸易的概念宽化了，即扩展到所研究省（自治区，下简称“区”）全域的对毗邻国家的进出口贸易。

前者如：曾庆均（2004）的论文、常文娟（2010）的论文，还有周攀攀（2011）指出新疆边境地区与毗邻国家的贸易，主要包括边境小额贸易、边民互市贸易和旅游购物三种形式。再有如张振强、韦兰英、阮陆宁（2010）的论文和周叮波（2012）的论文。这些论文的区别不止对边境贸易概念，而是统计主体——有的以全省（区）为研究单位，有的以沿边的地（市）为研究单位。

后者如：范旭越、冷迪、赵文（2012）的论文，以“黑龙江省对俄边境贸易问题探析”为题，但在文中却论说“黑龙江省对俄进出口总额”。再如张振强、韦兰英（2010）的论文和刘娟娟（2010）的论文，没有交代清楚他们所说的边境贸易的概念，有宽化之嫌。

由上可知，部分学者将边境贸易的概念予以宽化，突破了贸易主体和边境带状区域的规定。他们针对这样的“宽化的边境贸易”做研究，在业务上有必要性。因为我国沿边省（区）与其邻近国家的贸易，一方面是这些省（区）对外贸易的重要组成部分；另一方面，对于中国“睦邻、安邻、富邻”的外交政策，这部分贸易也具有特殊的意义。但是在学术上，必须要厘清概念，不能含混。就“边境贸易”这个概念而言，不能忽窄忽宽。

本文主张：边境贸易的概念严格遵照国际组织和中国政府的规定；对于将边境贸易宽化的贸易概念，定义为“沿边省（区）与其邻近国家的贸易”（Bordering Provinces’ Trade with the Neighboring and Nearer Countries）。之所以不用“毗邻国家”，是因为笔者想将那些与中国不接壤，但也是近邻，同时又与接壤国家属于同一集团的国家考虑在内。例如，我国的南邻，除越南、老挝和缅甸之外，还有其他七个东盟国家。又如我国的西邻，除阿富汗、巴基斯坦、塔吉克斯坦、吉尔吉斯斯坦和哈萨克斯坦之外，还有乌兹别克斯坦和土库曼斯坦。本文重点关注的是新疆与中亚五国（five countries in the Central Asia –CA5）的贸易，在研究中将之与广西与东盟十国（ten countries of ASEAN – ASEAN10）的贸易做对比。

## 二、沿边省（区）与邻近国家的贸易的总括分析

本节在整体上分析2000年以来中国沿边省（区）与邻近国家的贸易的态势和趋势。为方便起见，在图表中对一些名词使用英文缩写：（1）沿边省（区）与其邻近国家的贸易，可以简称为“边省贸易”。其进出口总额英文缩写为“BPT2NC”，其中出口缩写为“BPX2NC”，进口缩写为“BPM2NC”。（2）中国（全国）与邻近国家的贸易（All China's Trade with the Neighboring and Nearer Countries）进出口总额英文缩写为“ACT2NC”，其中出口缩写为“ACX2NC”，进口缩写为“ACM2NC”。（3）中国（全国）对外贸易（All China's Foreign Trade）进出口总额英文缩写为“ACFT”，其中出口缩写为“ACX”，进口缩写为“ACM”。

### （一）沿边8省（区）与邻近国家贸易的规模与趋势

2000年以来，沿边8省（区）与邻近国家的贸易规模整体呈向上发展趋势，其间由于受到全球金融危机的影响，出现了2008年的拐点，2009年的回落以及2010年的回升。相对进口贸易，出口贸易发展更为迅速。图1显示了2000至2011年，沿边8省（区）与邻近国家的进出口总额、出口总额以及进口总额的走势。2011年进出口总额出现的跳跃式增长（与2010年相比增长了115.24%），主要是由于黑龙江从俄罗斯的进口大幅增长所造成。2011年，黑龙江从俄罗斯进口增长114.48亿美元，占全年沿边省（区）对邻国进口增长额的69.9%。

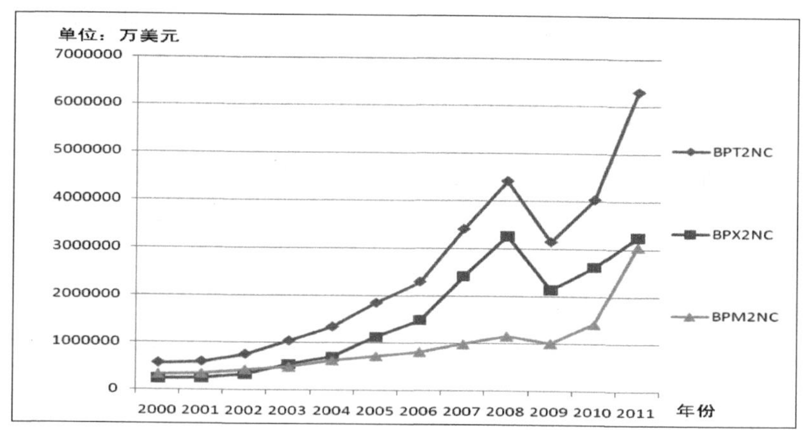


**图 1　沿边 8 省（区）与邻近国家贸易**

资料来源：中国海关总署统计司。

从各沿边省（区）与其邻近国家贸易情况来看，2011 年出口规模最大的是新疆，其次是广西，之后依次是黑龙江、云南、辽宁、内蒙古、吉林和西藏。从图 2 可看到，新疆对邻近国家的出口贸易在 2003 年以后一直处在沿边 8 省（区）的领先位置。广西从 2008 年开始迅速发展，其出口额超过了云南，又在 2009 年超过了黑龙江，跃居沿边 8 省（区）对邻国出口规模的第二位。黑龙江的出口规模在 2008 年和 2009 年出现下滑，尤其是 2009 年，之后也只是缓慢回升。

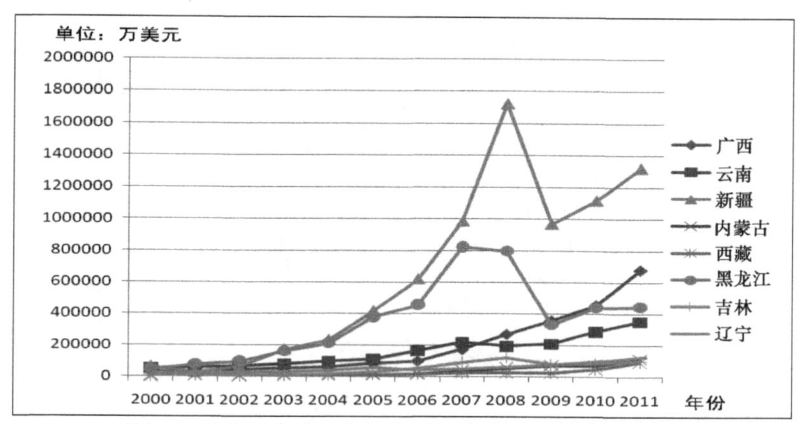


**图 2　沿边 8 省（区）与邻近国家出口贸易走势比较**

资料来源：中国海关总署统计司。

沿边8省（区）对邻国进口规模最大是黑龙江，其次是内蒙古，之后依次是新疆、广西、云南、辽宁、吉林和西藏。如图3所示，进口贸易走势普遍呈现平稳增长的态势。黑龙江2011年的进口规模出现猛烈增长，是因为之前所提到的黑龙江从俄罗斯的进口大幅增加所造成。

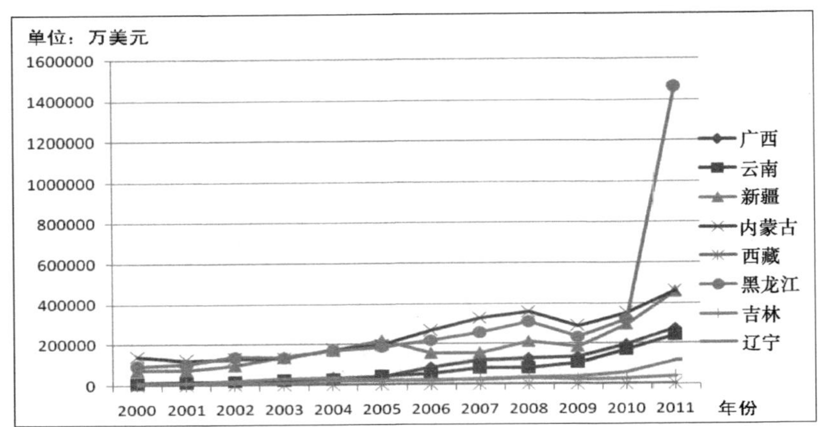


**图3　沿边8省（区）与邻近国家进口贸易走势比较**

资料来源：中国海关总署统计司。

以2011年为例，各沿边省（区）与邻近国家贸易在沿边8省（区）与邻近国家总体贸易中的比重情况如图4、图5所示。

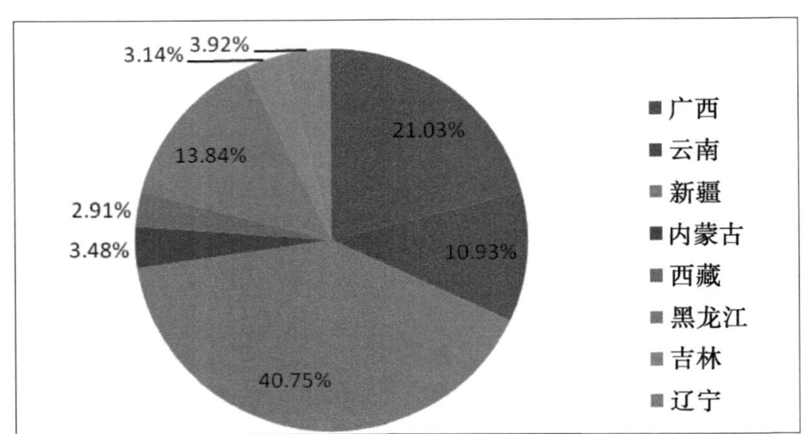


**图4　沿边8省（区）与邻近国家出口贸易中各沿边省（区）所占份额**

资料来源：中国海关总署统计司。

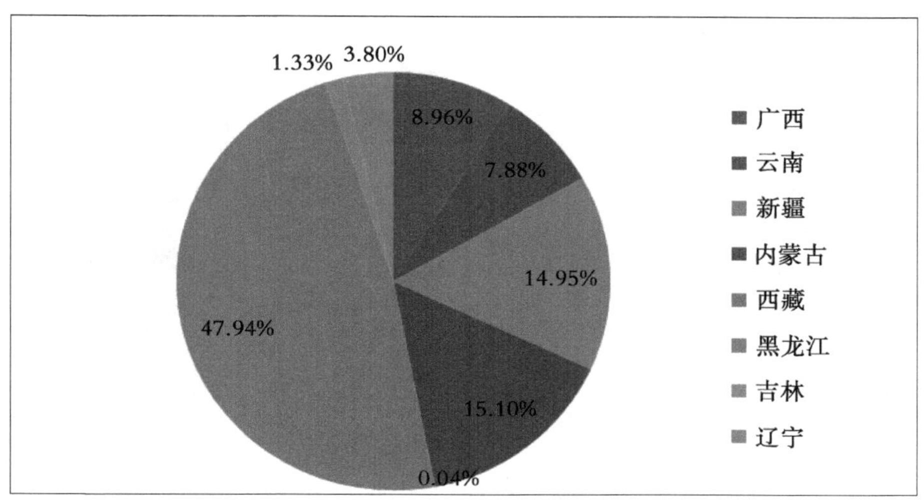


**图 5　沿边 8 省（区）与邻近国家进口贸易中各沿边省（区）所占份额**

资料来源：中国海关总署统计司。

从 2000 至 2010 年贸易规模的平均增长速度来看，新疆、广西和内蒙古对邻近国家出口的平均增长速度最快，分别为 33.33%、30.74% 和 28.52%；辽宁、云南、广西从邻近国家进口的平均增长速度最快，分别为 45.57%、34.61% 和 31.05%①。

## （二）中国与邻近国家贸易的规模与趋势

2000 年以来，中国与邻近国家贸易规模快速增大。2008 年，中国与邻近国家的进出口总额达到了历史最高值，3812.82 亿美元。受金融危机的影响，2009 年的进出口总额、出口额和进口额均出现负增长，但 2010 年又恢复到快速的增长态势中，如图 6 所示。

① 由于西藏 2000 年数据与其他年份相比差距过大（2000 年出口额仅占 2001 年出口额的 0.066%，进口额为 0），因此西藏与邻近国家贸易平均增长速度只取 2001 年到 2010 年的数据。

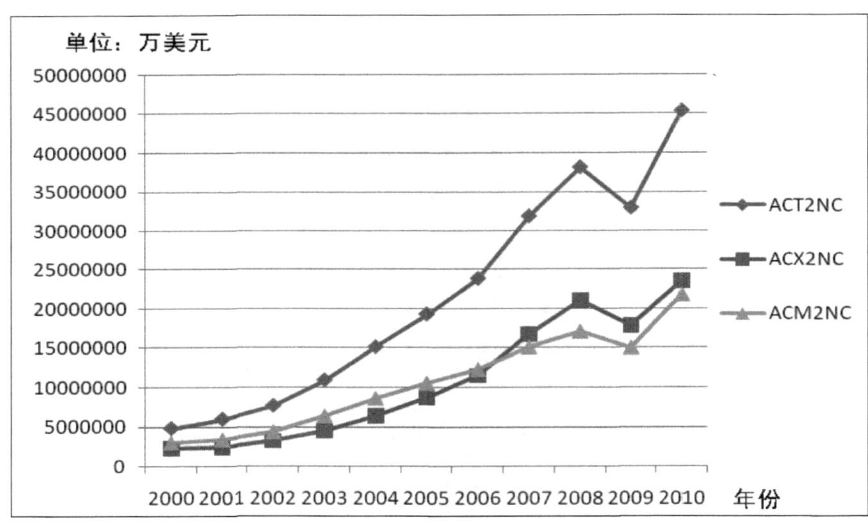


**图6　中国与邻近国家贸易**

资料来源：中国海关总署统计司。

中国与邻近国家的进出口额占中国总体进出口总额的比重逐年上升，从2000年的10.21%上升到2010年的15.24%。其中出口额比重从9.33%上升到14.92%，进口额比重从13.73%上升到15.61%。图7显示了中国与邻近国家进出口贸易占中国总体进出口贸易比重的走势和变化。

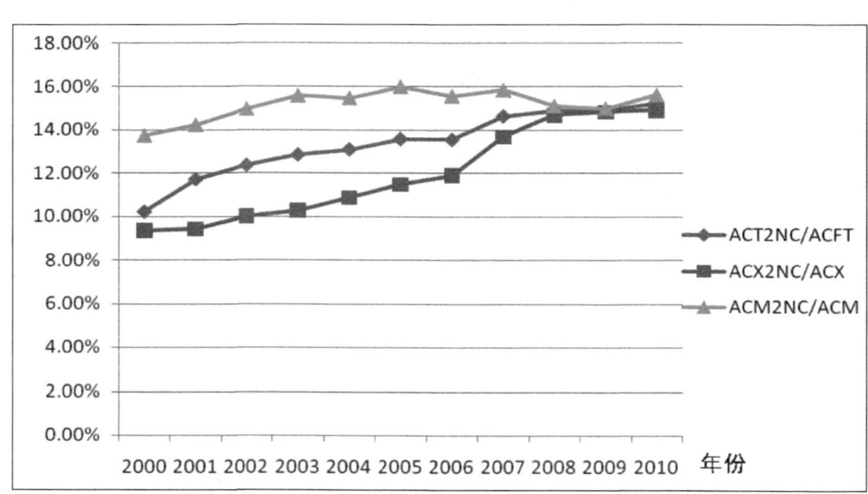


**图7　中国与邻近国家贸易占中国对外贸易比重走势**

资料来源：中国海关总署统计司。

### （三）沿边8省（区）与邻近国家贸易在总体贸易中比重的变化

从2000年至2010年，BPT2NC占ACT2NC的比重基本保持平稳。2004年达到最低值8.81%，2008年达到最高值11.58%。其中出口比重呈现小幅波动，略微上升的趋势，从2000年的9.99%到2010年的11.12%，其间2008年达到最高值15.51%。进口比重则逐年下降，从2000年的10.84%下降到2010年的6.51%。具体数据如表1所示。图8显示了BPT2NC占ACT2NCB比重的变化趋势。

**表1 中国对邻近国家贸易中沿边省（区）的占比**

单位：%

| 年份 | 进出口额中的占比 | 进口额中的占比 | 出口额中的占比 |
|---|---|---|---|
| 2000 | 11.71 | 9.99 | 10.84 |
| 2001 | 9.96 | 9.87 | 10.03 |
| 2002 | 9.82 | 9.84 | 9.80 |
| 2003 | 9.46 | 12.02 | 7.67 |
| 2004 | 8.81 | 10.85 | 7.30 |
| 2005 | 9.56 | 12.77 | 6.90 |
| 2006 | 9.64 | 12.84 | 6.64 |
| 2007 | 10.69 | 14.45 | 6.54 |
| 2008 | 11.58 | 15.51 | 6.75 |
| 2009 | 9.56 | 11.97 | 6.71 |
| 2010 | 8.90 | 11.12 | 6.51 |

资料来源：中国海关总署统计司。

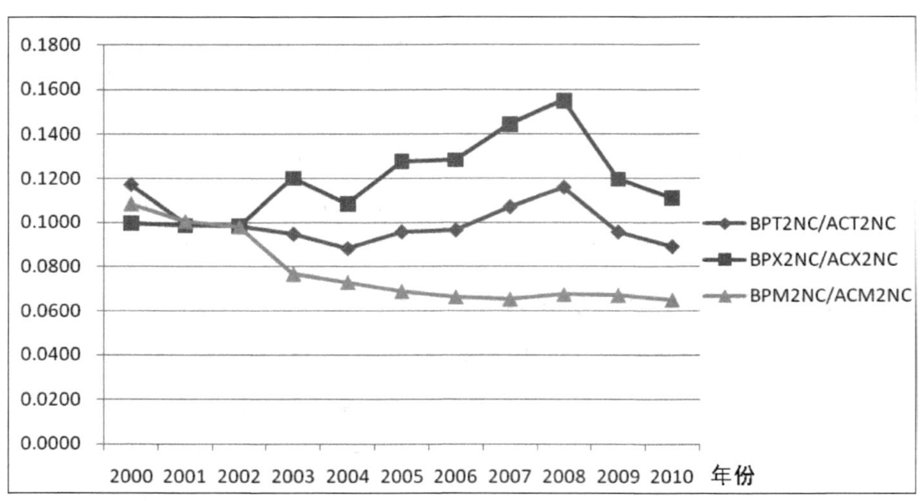


**图 8　沿边 8 省（区）与邻近国家贸易占中国与邻近国家贸易比重走势**

资料来源：中国海关总署统计司。

## 三、新疆与中亚 5 国贸易实证分析

本部分聚焦于新疆与中亚 5 国的贸易分析，首先说明两点：

第一，新疆的邻近国家除了中亚 5 国外，还有蒙古、巴基斯坦和阿富汗三国，但是在新疆与邻近国家的贸易中，蒙、巴、阿三国仅占 2% 左右，约 98% 是与中亚 5 国发生的，因此本文对新疆的分析只讨论与中亚 5 国的贸易。

第二，将新疆与中亚 5 国的贸易与广西与东盟 10 国贸易做对比。这两者对比的基础在于：这两个自治区与邻近国家的出口贸易都表现突出；它们都是少数民族自治区，且境内民族与境外民族习俗相同、文化相近，联系紧密；它们的境外贸易对象都是一个多国构成的地理次区域。

新疆拥有全国最长的边境线和最多的口岸，拥有独特的地理优势和资源。2000 年新疆与邻近国家出口总额就已位居沿边 8 省（区）第二，2003 年超过黑龙江位居第一，并保持至今。广西与东盟 10 国的出口贸易从 2005 年开始快速上升，2011 年跃居第二位，仅次于新疆。2004 年，第一届中国—东盟博览会在广西举行，之后每年都由广西承办。2005年7月，中国—东盟全面启动降税计划。2006年又逢中国—东盟友好合作年。广西与东盟的贸易在一个良好的平台中快速发展。值得注意的是，2009年受金融危机的影响，广西的货物出口总额与2008年相比增长速度为–27.44%[①]，而同年广西对东盟出口额增长速度为32.83%。

### （一）中亚5国贸易对新疆经济的贡献作用分析

本部分从GDP恒等式角度分别计算了沿边8省与邻近国家、新疆与中亚、广西与东盟净出口对生产总值的贡献率和拉动系数，计算公式分别为：

净出口＝出口—进口

贡献率＝对邻近国家净出口增加值／生产总值增加值

拉动系数＝生产总值增长速度＊贡献率

按上述公式计算出三组净出口对生产总值的贡献率和拉动作用，即沿边8省与邻近国家、新疆与中亚、广西与东盟净出口对生产总值的贡献率和拉动系数，见表2，并用图9和图10分别展示。

**表2　与邻近国家贸易净出口对生产总值的贡献率与拉动系数**

单位：%

| 年份 | 沿边8省（区）整体 | | 新疆 | | 广西 | |
|---|---|---|---|---|---|---|
| | 贡献率 | 拉动系数 | 贡献率 | 拉动系数 | 贡献率 | 拉动系数 |
| 2001 | 0.11 | 0.01 | –22.44 | –2.10 | –3.02 | –0.34 |
| 2002 | –0.59 | –0.05 | 3.85 | 0.31 | 5.30 | 0.57 |
| 2003 | 5.18 | 0.66 | 15.37 | 2.61 | 0.58 | 0.07 |
| 2004 | 0.36 | 0.06 | 10.25 | 1.75 | –0.08 | –0.02 |
| 2005 | 5.14 | 1.01 | 22.67 | 4.33 | 1.99 | 0.40 |
| 2006 | 3.51 | 0.71 | 41.33 | 8.33 | –3.00 | –0.59 |
| 2007 | 6.20 | 1.65 | 43.86 | 9.34 | 2.43 | 0.70 |

① 计算此数据所使用的广西货物出口额选取的是按境内目的地和货源地分类的地区货物出口额。

续　表

| 年份 | 沿边 8 省（区）整体 | | 新疆 | | 广西 | |
|---|---|---|---|---|---|---|
| | 贡献率 | 拉动系数 | 贡献率 | 拉动系数 | 贡献率 | 拉动系数 |
| 2008 | 3.47 | 1.16 | 48.33 | 14.50 | 3.67 | 1.17 |
| 2009 | −10.89 | −1.26 | −293.60 | −11.60 | 6.57 | 0.81 |
| 2010 | 0.39 | 0.09 | 1.64 | 0.46 | 1.31 | 0.32 |

资料来源：中国海关总署统计司；中国国家统计局。

从三组数据看，都有升降反复，特别是在个别年份出现负贡献率和负拉动系数。我们重点关注新疆情况。新疆与中亚 5 国净出口对新疆生产总值的贡献率从 2001 年的 –22.44% 一路上升到 2008 年的 48.33%，2009 年猛然出现 –293.6% 的极值，2010 年回升到 1.64%；与之相应的是，新疆与中亚 5 国净出口的拉动系数从 2001 年的 –2.10% 一路上升到 2008 年的 14.5%，在 2009 年下降到 –11.6%，2010 年回升至 0.46%。究其原因，主要是由于中亚国家受到了金融危机的影响，导致新疆对中亚 5 国的出口大幅下降，与 2008 年下降了 43.41%，从而出现负贡献率。

将 2001—2010 年这 10 年综合起来看：若去掉最高值和最低值，取其变通平均数，则无论是净出口贡献率还是拉动系数，新疆都远高于广西和 8 个沿边省（区），这凸显与中亚 5 国贸易对新疆地区生产总值的重要性。

**表 3　2001—2010 年与邻近国家贸易净出口对生产总值的贡献率与拉动系数的变通平均数**

单位：%

| 沿边 8 省（区）整体 | | 新疆 | | 广西 | |
|---|---|---|---|---|---|
| 贡献率 | 拉动系数 | 贡献率 | 拉动系数 | 贡献率 | 拉动系数 |
| 2.53 | 0.46 | 14.57 | 3.13 | 1.53 | 0.31 |

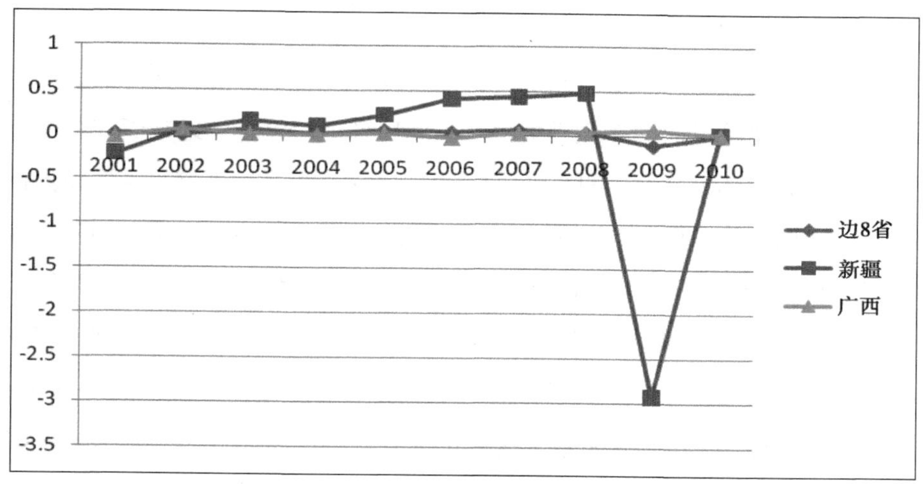


**图 9　沿边省（区）与邻近国家净出口对生产总值贡献率**

资料来源：中国海关总署统计司；中国国家统计局。

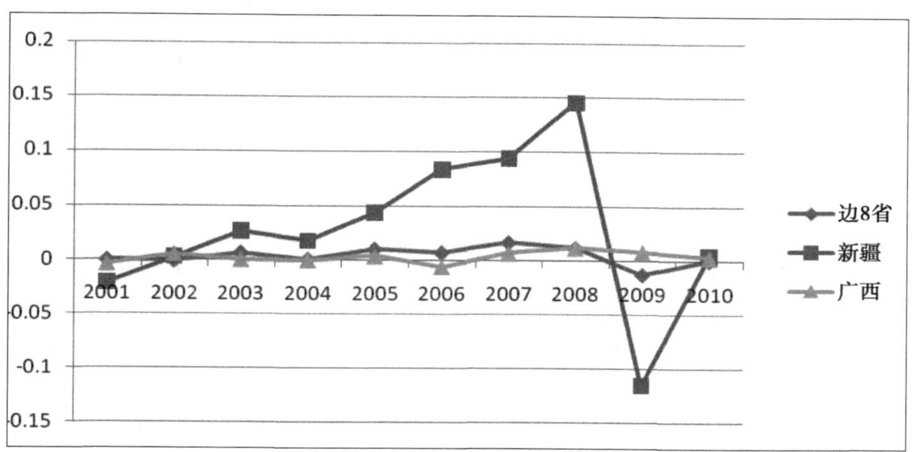


**图 10　沿边省（区）与邻近国家净出口对生产总值拉动系数**

资料来源：中国海关总署统计司；中国国家统计局。

### （二）中亚 5 国贸易对新疆

本部分运用计量经济学方法，集中考察沿边省（区）与邻近国家出口、进口贸易对沿边省（区）生产总值的影响，分沿边 8 省（区）、新疆、广西三部分分别进行分析，并对新疆和广西两地进行比较。

1. **方法选择**

为了消除或减少可能存在的异方差现象，对各变量取自然对数。考虑到涉及的变量都是时间序列数据，从时间序列图可以直观地判断三个变量取自然对数后都不是稳定的变量，如图 11 所示，不适于直接采用回归分析的方法，因此先采用 ADF 单位根检验法判断变量的稳定性，再对同阶单整变量做协整分析。对于不同阶单整的变量，采用平稳化后的变量进行回归分析。ADF 单位根检验过程中，变量是否存在截距项和趋势项根据时间序列图判定，滞后阶数准则和最大滞后阶数分别选择 Eviews 默认的 Scharzhe 准则和 2。此外，由于现有数据跨越的时间长度只有 10 年，而 Granger 因果分析法更适于分析变量之间的长期关系，因此本文不适于使用该方法。

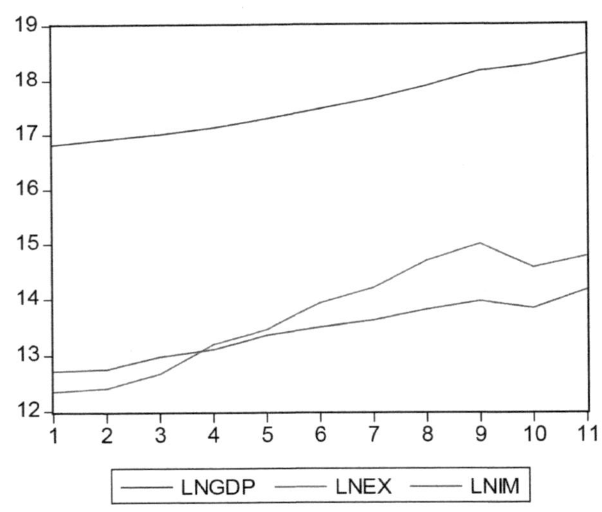


**图 11　沿边 8 省（区）生产总值、BPX2NT、BPM2NC 取对数时间序列图**

2. **VAR 模型的建立和检验**

**沿边 8 省（区）**

对 LNGDP,LNEX 和 LNIM 进行 ADF 单位根检验的结果如表 4 所示。LNGDP 和 LNEX 为二阶单整序列（用 I（2）表示，以下同），LNIM 为 I（1）。基于只有同阶单整的变量才能做协整分析的原则，对 LNGDP 和 LNEX 做协整分析。得到协整回归模型如下：

$$LNGDP = 3.61 + 0.49{\star}LNEX$$

调整后判定系数 0.91，表明方程拟合效果很好，但残差序列检验显示该方程残差不是零阶单整①，即残差不稳定，说明该方程是一个伪回归的结果。事实上当使用非限制性向量自回归模型（unrestricted VAR）分析时，会得到 LNGDP 与滞后 1 期的 LNEX 存在稳定关系的结果（如图 12 所示，所有根的模都小于 1），但 LNEX 对 LNGDP 的回归系数不显著。这恰恰与之前所述的沿边 8 省（区）净出口对生产总值贡献率和拉动系数不高，但比较稳定相符。除了 2009 年的奇异值，贡献率在 –0.59% 到 6.2% 之间，拉动系数在 –0.05% 到 1.65% 之间。说明就沿边 8 省（区）整体而言，与邻近国家的出口贸易对沿边省（区）的生产总值存在一定的影响，但影响力不显著。

**表 4　沿边 8 省（区）ADF 单位根检验结果**

| 变量 | 检验选项 | AFD 统计值 | 临界值（10% 显著性水平） | 结论 |
|---|---|---|---|---|
| LNGDP | C,T | –2.46452 | –3.460791 | 不平稳 |
| △ LNGDP | C,N | –2.295217 | –2.771129 | 不平稳 |
| △△ LNGDP | C,N | –3.881749 | –2.801384 | 平稳 |
| LNEX | C,T | –1.015304 | –3.460791 | 不平稳 |
| △ LNEX | C,N | –2.605812 | –2.771129 | 不平稳 |
| △△ LNEX | C,N | –3.813738 | –2.801384 | 平稳 |
| LNIM | C,T | –2.745039 | –3.460791 | 不平稳 |
| △ LNIM | C,N | –4.612498 | –2.771129 | 平稳 |

注：（1）表中△表示一阶差分，△△表示二阶差分。
（2）C 表示有常数项，T 表示有趋势项，N 表示没有趋势项。
（3）滞后阶数准则和最大滞后阶数都是 Scharzhe 和 2（以下同）。

① 10% 显著性水平下，T 统计量 =–0.515953，统计量临界值 =–3.460791，不能拒绝 μ 有单位根的原假设。

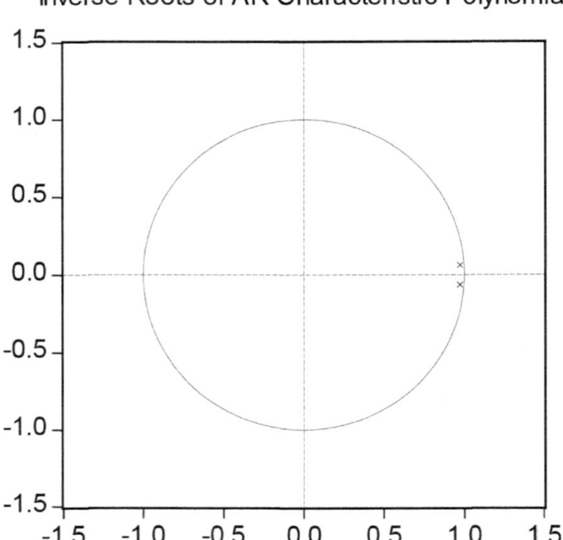


**图 12　包含 LNGDP 与 LNEX 两个变量 VAR 模型的 AR 根图**

**新疆**

对新疆做 ADF 单位根检验结果如表 5 所示。变量 LNGDP，LNEX 和 LNIM 都是 I（1）。对这三个变量做协整分析，得到协整回归模型如下：

$$LNGDP = 0.21{*}LNEX + 0.44{*}LNIM$$

模型系数具有显著性，调整后判定系数为 0.89，模型拟合效果较好。残差序列为 I（0）[①]，即残差项平稳，变量之间存在协整关系，说明它们之间存在长期稳定关系，并且 LNGDP 关于 LNEX 的长期弹性为 0.21，关于 LNIM 的长期弹性为 0.44。与此同时，模型的系数具有显著性，说明就新疆而言，与邻近国家的进口和出口对当地的生产总值具有显著的正向影响。从净出口贡献率和拉动系数也能看出，新疆与邻近国家贸易对生产总值具有较大的影响力。

① 10% 显著性水平下，T 统计量 =−3.507194，统计量临界值 =−2.771129，拒绝 μ 有单位根的原假设。

**表 5　新疆 ADF 单位根检验结果**

| 变量 | 检验选项 | ADF 统计值 | 临界值（10%显著性水平） | 结论 |
|---|---|---|---|---|
| LNGDP | C,T | –3.19365 | –3.46079 | 不平稳 |
| △ LNGDP | C,N | –3.85608 | –2.77113 | 平稳 |
| LNEX | C,T | –1.85627 | –3.46079 | 不平稳 |
| △ LNEX | C,N | –3.77706 | –2.77113 | 平稳 |
| LNIM | C,T | –1.93772 | –3.46079 | 不平稳 |
| △ LNIM | C,N | –3.10201 | –2.77113 | 平稳 |

对表中内容所做注释同表 4。

**广西**

对广西做 ADF 单位根检验结果如表 6 所示。变量 LNGDP 为 I（0），LNEX 和 LNIM 都是 I（1）。三个变量不是同阶单整序列。选取平稳变量 LNGDP、△ LNEX 和△ LNIM 做回归分析得到具体模型如下：

$$LNGDP = 12.93^{\star}\ \triangle\ LNEX + 12.63^{\star}\ \triangle\ LNIM$$

模型系数显著，残差项稳定①，但是调整后的判定系数很低。反映出广西与邻近国家的进出口贸易对当地生产总值存在稳定的影响，但影响力不大。

**表 6　广西 ADF 单位根检验结果**

| 变量 | 检验选项 | ADF 统计值 | 临界值（10%显著性水平） | 结论 |
|---|---|---|---|---|
| LNGDP | C,T | –3.8691 | –3.5905 | 平稳 |
| LNEX | C,T | –1.14184 | –3.51505 | 不平稳 |
| △ LNEX | C,N | –5.10756 | –2.77113 | 平稳 |
| LNIM | C,T | –2.7262 | –3.51505 | 不平稳 |
| △ LNIM | C,N | –3.07626 | –2.77113 | 平稳 |

对表中内容所做注释同表 4。

① 10%显著性水平下，T 统计量 =–3.215622，统计量临界值 =–2.801384，拒绝 μ 有单位根的原假设。

**小结**

通过对沿边8省（区）、新疆、广西的分析，可看到整体上沿边省（区）与邻近国家的贸易对当地生产总值会有一定影响，但影响力有限。但是将各沿边省（区）单拿出来分析，则会另有发现。新疆的生产总值受到其与邻近国家贸易的影响较大，广西则很小。这与本节第一小节关于净出口对生产总值的贡献率和拉动系数的发现是一致的。

总之，为了推动新疆经济又好又快地发展，需要更加重视新疆对中亚5国的贸易，使之保持一定速度上的稳健提升。

## 四、对策建议

本文写作期间，恰逢第三次全国对口支援新疆工作会议和上海合作组织北京峰会两个重要事件。新疆既是推进西部大开发、扩大内需的重要区域，也是向西开放、稳定外需的桥头堡。将新疆对中亚五国经贸联系放在西部大开发和上合组织背景下研究，更具显著意义。

基于前面研究，笔者提出四点建议，以期进一步搞好新疆与中亚国家贸易，从而将发展新疆地域经济和稳定外需更好地结合起来，将西部大开发与中国向西开放更好地结合起来。

1. 充分发挥新疆的资源优势和产业优势，更加重视其区位优势，使两者叠加形成新疆发展和开拓中亚乃至亚欧大陆市场的更大优势。经过数十年的发展，新疆依托其能源资源和农业资源，形成了石油、煤炭、化工、纺织、食品和畜产品加工等优势和特色产业。做大做强这些产业，可以进一步扩大新疆与中亚的贸易。有些资源，例如能源和原材料，是新疆有中亚也有的，新疆的加工能力增大后，可以扩大自中亚的进口，经过加工再供应中国内地需求。有些商品，例如纺织服装、食品、日用轻工业产品、机械，是中亚自身不足需要从中国进口的，新疆可以在进一步提高产品质量后扩大向它们出口。

进一步发挥新疆的区位优势，把新疆建设成中国向西出口商品中转集散地、进口能源资源的国际大通道和区域性国际商贸中心，逐步将乌洽会打造成向西开放的重要经贸交流平台。推动新疆与中亚的经济技术合作，以投资和合作项目带动货物进出口。

2. 做好东部产业转移的承接。随着西部大开发战略的实施，国内产业呈现梯度转移趋势。新疆应该从各方面提高承接东部产业转移的能力，打造成中国向西出口商品加工基地。承接转移需要做好如下几方面工作：（1）各级党政机关和干部进一步提高开放意识，既要向国外开放，也要向国内开放。（2）营造安全稳定的社会环境。（3）通过教育和培训提高人力资源素质。各援疆省市通过帮助对口地（州、市）建设基础工程、惠民工程，建立起长期的联系，推动企业特别是民间资本到新疆投资，使东部产业向新疆转移。

3. 在中国—中亚—俄罗斯三边格局中发展新疆与中亚经贸合作。中亚国家与俄罗斯在经济和人文方面有挥之不去的深层次的联系。俄罗斯通过独联体、集安组织和俄白哈关税联盟等各种组织拉住包括中亚 5 国在内的独联体成员国。目前，中亚国家的对俄贸易大于对华贸易，说明俄罗斯对其影响力大于中国。中国在发展对中亚国家经贸时，无论是市场调研，还是战略布局，都必须考虑到俄罗斯的存在，这是一种互补加竞争的复杂关系。在中国、中亚国家和俄罗斯的三边关系框架中研究和把握中国与中亚国家的经贸合作。深入研究俄白哈关税同盟的进展情况和其对中国与中亚国家经贸关系的影响。在上合组织框架内，推动贸易投资便利化进程和金融合作。

4. 注重对中亚国家中俄罗斯因素的研究，打造独具特色的新疆经贸管理教育。新疆与中亚有跨境民族，语言和风俗相同，这有利于开展边境贸易。但站在新疆与中亚开展大经贸的高度看，这远远不够。这是因为：第一，开展经贸的中方主体不是边民，而是在新疆的企业，包括新疆本地企业，也包括内地在疆企业。第二，中亚国家背后强烈的俄罗斯因素。前面已经指出了俄罗斯与中国、中亚构成的三边关系。还应注意的是俄语和俄罗斯文化在中亚国家的地位和作用。

中亚国家的官员和商人的管理风格和思考问题方式深受俄罗斯影响。俄罗斯虽然早已“转轨”，也引入了西方政府管理和市场经济的许多要素，但并非全盘欧美化了，它还有一些独特的东西。这也反过来体现在其高校的经贸管理教育中。这套东西对俄罗斯和中亚国家的影响不可低估。

国内研究中国对独联体国家经贸关系和商务运作，不能简单照搬西方那一套。新疆高校中亚经贸研究，既要熟悉中国主要从国际政治角度研究俄罗斯及独联体的社会科学方法，也要熟悉西方的经济管理研究方法，把二者结合起来，才能取得切合实际的成果。

再次拿新疆—中亚5国经贸与广西—东盟10国经贸做对比。两者都存在跨境民族、语言风俗相同的方面，但是东盟背后不存在一个俄罗斯式的“老大哥”因素。因此对广西（还有云南）而言，无论是开展对东盟国家经贸业务，还是其高校举办对东盟经贸专业人才培养，都不必考虑“老大哥”因素的影响。

总之，新疆高校办好特色经贸管理教育，要熟悉俄罗斯同类高校的学科特点，不能简单照搬内地经贸教育。

## 参考文献

[1] 周攀攀：“新疆边境贸易发展研究”，《合作经济与科技》2011年第1期。

[2] 刘东旭：“边境贸易促进新疆经济增长的实证研究”，《对外经贸》2012年第2期。

[3] 吴宏伟：“中国与中亚五国的贸易关系”，《俄罗斯中亚东欧市场》2011年第6期。

[4] 常文娟：“关于边境贸易的重新思考”，《统计与决策》2010年第6期。

[5] 胡超：“改革开放以来我国民族地区边境贸易发展的演变轨迹与启示”，《国际贸易问题》2009年第6期。

[6] 王海燕：“中国新疆在中国与中亚诸国经贸合作中的定位”，《俄罗斯中亚东欧市场》2006年第2期。

# 外国直接投资影响下中国货物贸易平衡评估（2006—2010）①

许晓娟　高敏雪

摘　要：本文全面收集了分布在国家统计局、商务部等政府部门的数据，在所有权贸易统计的框架下，引入外商直接投资企业和境外中资企业贸易活动，分步骤、分口径对2006—2010年中国对外贸易状况进行了科学测算，从而评估中国贸易平衡状况。本文的研究结果描绘了与传统对外贸易统计体系不同的图景，传统跨境贸易统计低估了中国进口和出口的规模，却高估了中国的贸易差额，这种偏误在金融危机发生之后变得更加严重。

经济全球化的基本特征之一是投资贸易一体化。通过外国直接投资（FDI），投资母国的生产能力被延伸到投资东道国，使得企业之间（甚至企业内部）的产业分工链条演变为国际间产业分工，结果是带动了国际贸易的大幅度增长。由此就提出以下问题：如何看待FDI所引致的国际贸易？投资对贸易的影响是否导致传统以跨境为基本特征的国际贸易统计体系失去了其原本具有的意义？如何才能真实反映国际间贸易关系？中国近年来遭遇了上述问题的极大困扰。与长达30余年的经济高速增长相伴随，

---

① 本文发表在《经济管理》2013年第8期，是国家自然科学基金项目（71103035）、对外经济贸易大学校级科研课题（10QD35）、对外经济贸易大学创新团队项目（CXTD4-07）。

中国深入地介入了国际直接投资过程：一方面，中国持续、大量引入外资，在国内形成了规模非常显著的外商投资企业；另一方面近年开始推进“走出去”战略，开始在境外投资形成境外中资企业。两方面合起来，国际直接投资对中国对外贸易产生了重大影响：由外商投资企业实现的进出口在中国对外贸易进出口中已经占据非常显著的份额，境外中资企业对于中国对外贸易进出口的影响也在逐渐显现。海关数据表明，从2000年到2009年，外资企业顺差在中国货物贸易顺差中的比重从64%提升到84%，其中超过一半要归功于外商独资企业。

本文以下借鉴国际研究前沿开发的方法，以中国为对象，探索将FDI影响纳入对外贸易统计体系的估算方法，显现近年间中国对外贸易状况的真实图景，分析不同力量间的对比关系以及对对外贸易的影响程度。这不仅关系到对中国对外贸易规模和平衡状况的总体认识，还会在一定程度上影响到中国对外双边关系或多边关系的具体判断。在金融危机及其后续效应背景下，中国对外贸易当前面临巨大挑战，相信我们的估算结果将为多方位认识当前形势并形成对策提供帮助。

## 一、文献综述

测度对外贸易及其平衡状况的主要方法是基于常住性建立的统计体系。这是由联合国《国民经济核算体系2008》(SNA2008)、国际货币基金组织《国际收支和投资头寸统计体系》（BPM6，2008）以及联合国《国际商品贸易统计》（IMTS2，1998）所规定的方法，各国要据此采集对外贸易统计数据并对外发布。这种方法主要按照经济单位的常住地确定其国别属性，一国的对外贸易大多要以跨越国境为标志，因此可以简称为跨境贸易统计。在此统计体系下，外商投资企业与内资企业一样被视为东道国的常住单位，因此，FDI对国际贸易的影响被淹没在东道国的各项经济指标之中无法显现。

伴随FDI规模及其对国际贸易影响的扩大，国际上出现另一种测度对外贸易及其平衡状况的方法：基于所有权建立的贸易统计体系。这种方法的主要特点是按照经济单位之所有者来确定该单位的国别属性，以此与跨境贸易相区别。举例来说，在中国境内的美资企业，按照常住性原则应该作为中国经济的组成部分，但按照所有者原则，则应将其视为“美国人”，不属于中国经济。相对应地，该企业与国外其他单位（包括其母公司或同属一个母公司的子公司）之间发生的贸易往来，按照跨境贸易统计，应属于中国对外贸易，但如果基于所有权做统计，这些贸易往来并不属于中国对外贸易，反倒是这些企业在中国当地的购买和销售活动才构成中国对外贸易的组成部分。可以看出，如果将按此方法测算的结果与基于常住原则测算的结果加以比较，即可显示 FDI 对一国国际贸易的影响。

这种方法最初讨论的范围只涉及美国国内各州的统计核算问题。20 世纪末，面对跨国公司、服务贸易的迅速发展和美国长期高额国际收支赤字状况，美国开始对外发布基于“所有权”的国际收支框架，以此补充基于常住性的国际收支平衡表所不能提供的外商直接投资企业销售和进出口等信息（Landefeld，Whichand 和 Lowe（1993）；Whichand 和 Lowe（1995））。甚至曾有人主张，基于所有权的指标应当作为国民经济核算和对外贸易统计的核心，因为正是投资人而不是其所投资的实物资本才是产出的决定力量（Baldwin，Lipsey 和 David，1998，p.2）。

这种方法在国际组织制定的统计规范中也有体现。2002 年，联合国统计委员会正式通过《国际服务贸易统计手册》（MSITS）文本，外商直接投资企业在东道国提供服务被作为“外国商业存在”纳入国际服务贸易统计体系，形成了国际服务贸易统计的二元结构（即 BOP 跨境贸易统计 + 外国附属机构活动统计）。这标志着基于所有权进行服务贸易统计得到国际认可。进一步地，基于所有权的统计理念是否可以延伸到货物贸易以及整个国际收支统计？从最近修订的 SNA2008 和 BPM6 来看，尽管这些国际统计标准仍然延续了基于常住性的统计框架，但却“鼓励各国基于所有权编制其经常账户，以弥补现有统计体系的不足”。

中国的国民经济核算体系、国际收支统计体系和海关统计体系都属于基于常住性的统计体系，发布的对外贸易统计数据覆盖了中国与其他国家和地区之间的跨境贸易，近十年间中国对外贸易呈井喷式增长，对外贸易顺差大幅增加，都是跨境贸易统计结果。

但是，有关中国对外贸易其他测算方法的研究一直没有停止过。一类研究主要围绕中美贸易差额问题。起初，这些研究主要从中美两国贸易统计数据的差异来源着手，分析外商直接投资、转口贸易、计价方法、时滞等原因所带来的影响（沈国兵，2005；万光彩和刘丽，2007）。经过讨论，外商直接投资被认为是影响中美双边贸易差额最重要的因素。许亦平，林桂军和孙华妤（2010）在美国基于所有权的经常账户框架基础上，他们认为中国对美国的贸易顺差大部分来源于非美国的外商直接投资。

另一类研究是直接讨论基于所有权构建中国对外贸易统计的必要性和可行性（李月芬（2006）；贾怀勤（2006）；吴海英（2006）；孙华妤和许亦平（2006）），并开始进行数据调整估算，其中包括：姚枝仲和刘仕国（2006）在跨境贸易的基础上，扣减在华外商直接投资企业的跨境贸易，再加上中国本土企业与在华外企的贸易，估算了 1998、1999、2002 和 2004 年中国与其他国家国民贸易总额，包括出口、进口和差额；刘萍和宋玉华（2007）在跨境贸易的基础上，逐步考虑服务贸易、外商直接投资企业进出口、转口贸易和计价方式，得到五个口径 1984—2005 年中国贸易差额；高敏雪和许晓娟（2010）对估算方法的统计原理进行了细致的论证，并对外商直接投资企业设定不同的统计口径，初步估计出 2007 年基于所有权的货物贸易差额。这些研究为编制中国基于所有权的贸易统计数据都进行了有益的探索，但受相关数据匮乏限制，并没有就基于所有权原则的中国对外贸易给出完备的调整和估算结果，尤其没有形成连续的时间序列。

本文以下将延续作者此前针对基于所有权进行对外贸易统计所进行的系统讨论（高敏雪和许晓娟，2010），以跨境贸易统计结果为起点，综合运用来自海关统计、国际收支统计、外商投资企业统计、对外直接投资统计以及投入产出表等多方面数据，按照所有权原则重新评估近年中国货物贸易规模和平衡状况。以下第三部分给出数据条件和估算方法，第四部分对2006—2010年中国货物贸易状况进行评估和分析，最后进行总结。

## 二、方法与数据估算

### （一）方法与步骤

基本方法是以基于常住地原则（简称“属地原则”）的跨境贸易统计结果为起点，综合考虑外国来华直接投资（内向FDI）所形成的在华外商投资企业和中国对外直接投资（外向FDI）所形成的在外中资企业的影响，估算基于所有权原则（简称“属权原则”）的中国对外贸易规模和平衡差额。

具体而言，整个估算过程包含四个步骤的调整：第一步是扣除外商直接投资企业的出口和进口；第二步是加入外商直接投资企业的销售和购买；第三步是扣除境外中资企业从中国的进口和出口；第四步是加入境外中资企业的销售和购买。

### （二）外商投资企业的识别方法及不同重估口径

按照现行FDI统计标准，站在东道国角度，外商投资企业（或称外国附属机构）的识别是以外国投资者（非常住机构）拥有该企业10%以上股权或表决权为标准的，这是有关外商投资企业的最宽泛统计口径。但是，之所以能够基于所有权原则将外商投资企业作为“外国人”处理，前提是外国投资者对该外商投资企业具有控制力，以此为标准考量，外商独资企业最符合假设条件，它是衡量具有控制力的外商投资企业的最严格统计口径。在最严格统计口径和最宽泛统计口径之间的，是国际服务贸易统计确认外国附属机构的标准，即以绝对控股为标志，统计范围限于投资者拥有该企业50%以上股权或表决权的外商投资企业。本文在识别内向外商直接投资企业时，同时按照上述三种口径设置识别标准并进行数据调整，其中，口径1针对外商独资企业做调整，得到的重估结果最为保守；口径3针对全部外商直接投资企业做调整，得到的重估结果具有一定的夸大成分；口径 2 是针对被外资绝对控股的直接投资企业做调整，重估结果相对比较折中（受数据可得性限制，无法直接取得相关数据，该口径是按照全部外商独资企业与合资企业的一半相加估算得到的）。通过三种口径下重估结果的对照和比较，可以就内向 FDI 对中国对外贸易及其平衡差额的影响形成比较深入的认识。

需要说明的是，受数据可得性限制，针对外向 FDI 所形成的在外中资企业无法参照上述区分出三种口径，而是直接取最宽泛口径进行估算。

**（三）数据和估算方法**

中国跨境货物进口与出口是估算的起点，数据来源于国家外汇管理局发布的国际收支平衡表。

第一步调整需要在华外商直接投资企业的跨境进口和出口统计，数据来自海关统计。

第二步调整需要在华外商直接投资企业的在中国当地的销售额和购买额。其中，在中国当地的销售额基于外资工业企业主营业务收入扣除外商投资企业的出口来估算；在中国当地的购买额按照高敏雪和许晓娟（2010）提出的方法估算：先利用投入产出表确定相关行业的中间投入率，近似作为外资企业的中间投入率，然后基于外资企业主营业务收入和相应的中间投入率估算外资企业的购买额，最后从中扣除外商投资企业的进口。相关数据来自《中国贸易外经统计年鉴》和 2007 年中国投入产出表。

第三步调整需要境外中资企业与中国之间的跨境货物进口和出口统计，采用商务部公开发布的通过境外中资企业实现的进口和出口（非金融业）数据代替。其中，境外中资企业从中国的进口对应通过境外中资企业实现的出口，境外中资企业对中国的出口对应通过境外中资企业实现的进口；通过境外中资企业实现的进口和出口（非金融业）和非金融业境外中资企业销售收入来自商务部《中国对外直接投资统计公报》。

第四步调整需要境外中资企业在境外的销售额和购买额。其中，境外销售额基于商务部发布的非金融业境外中资企业销售收入数据扣减对国内的出口估算，境外购买额的估算方法与外资企业在中国当地购买额相同，但计算的基础是非金融业境外中资企业的销售收入。

2006 年以来，《中国贸易外经统计年鉴》开始区分企业登记注册类型发布规模以上工业企业主营业务收入数据，该指标最新可得数据是2010年。BPM6 出台后，中国国际收支平衡表数据进行了修订，历史数据最早修订到 2005 年，最新可得数据是 2011 年。2006 年开始，商务部《中国对外直接投资统计公报》开始发布境外中资企业销售收入和通过境外中资企业实现的出口和进口数据，最新可得数据是 2010 年。综合以上，本文针对对外货物贸易进行重估的时间是 2006—2010 年。

整个调整过程及其结果的数据见表 1。

## 三、重估前后数据比较：中国对外货物贸易的不同图景

### （一）重估前后数据结果的比较：FDI 对中国对外货物贸易的影响有多大

以下运用表 1 提供的数据对重估前后的数据做比较分析。通过比较，可以从不同的角度显示中国对外货物贸易发展状况，也可以显示出 FDI 对中国对外货物贸易的影响程度。

#### 1. 跨境出口与基于所有权的出口比较

如表2所示，对于出口，从2006年到2010年，如果不考虑价格变化因素，中国出口以年平均 13.01% 的速度增长，基于所有权估算的出口平均增长速度高于跨境出口的平均增长速度。按照口径 1，基于所有权的出口平均每年增长约 23.26%；按照口径 2，平均每年增长约 25.00%；按照口径 3，平均每年增长约 26.55%；年平均增长率则分别相差了 78.76%、92.13% 和 104.05%。2006 年，基于所有权的出口与跨境出口之间的差异并不算大，随着时间的推移，跨境出口与基于所有权的出口之间的差异逐渐增大。2010 年，按照口径 1、口径 2 和口径 3，差异率分别上升到 26.33%、

**表 1　从跨境贸易到基于所有权的贸易调整过程**

单位：亿美元

| | | 口径 1 独资企业 | | | | | 口径 2 控股企业 | | | | | 口径 3 全部外资企业 | | | | |
|---|---|---|---|---|---|---|---|---|---|---|---|---|---|---|---|---|
| | | 2006 | 2007 | 2008 | 2009 | 2010 | 2006 | 2007 | 2008 | 2009 | 2010 | 2006 | 2007 | 2008 | 2009 | 2010 |
| 跨境贸易 | 出口 | 9697 | 12200 | 14346 | 12038 | 15814 | 9697 | 12200 | 14346 | 12038 | 15814 | 9697 | 12200 | 14346 | 12038 | 15814 |
| | 进口 | 7519 | 9046 | 10739 | 9543 | 13272 | 7519 | 9046 | 10739 | 9543 | 13272 | 7519 | 9046 | 10739 | 9543 | 13272 |
| | 差额 | 2178 | 3154 | 3607 | 2495 | 2542 | 2178 | 3154 | 3607 | 2495 | 2542 | 2178 | 3154 | 3607 | 2495 | 2542 |
| 外资企业跨境贸易（－） | 出口 | 3823 | 4785 | 5454 | 4752 | 6082 | 4642 | 5779 | 6588 | 5664 | 7270 | 5638 | 6954 | 7905 | 6721 | 8622 |
| | 进口 | 3270 | 3960 | 4293 | 3799 | 5212 | 3948 | 4735 | 5200 | 4594 | 6261 | 4725 | 5598 | 6194 | 5454 | 7549 |
| | 差额 | 553 | 825 | 1161 | 953 | 870 | 694 | 1044 | 1388 | 1070 | 1009 | 913 | 1356 | 1711 | 1267 | 1073 |
| 外资企业购销（＋） | 出口 | 961 | 1662 | 3178 | 3855 | 4509 | 2008 | 3233 | 5220 | 6193 | 7406 | 3557 | 5544 | 8058 | 9396 | 11272 |
| | 进口 | 2517 | 3542 | 5612 | 6586 | 8317 | 4283 | 6024 | 8846 | 10315 | 12975 | 6773 | 9550 | 13205 | 15276 | 19257 |
| | 差额 | –1556 | –1880 | –2434 | –2731 | –3808 | –2275 | –2791 | –3626 | –4121 | –5568 | –3216 | –4006 | –5148 | –5880 | –7985 |
| 中资企业跨境贸易（－） | 出口 | 164 | 247 | 321 | 505 | 426 | 164 | 247 | 321 | 505 | 426 | 164 | 247 | 321 | 505 | 426 |
| | 进口 | 761 | 942 | 1471 | 1131 | 941 | 761 | 942 | 1471 | 1131 | 941 | 761 | 942 | 1471 | 1131 | 941 |
| | 差额 | –597 | –695 | –1150 | –626 | –515 | –597 | –695 | –1150 | –626 | –515 | –597 | –695 | –1150 | –626 | –515 |
| 中资企业购销（＋） | 出口 | 1985 | 2434 | 3872 | 3289 | 6163 | 1985 | 2434 | 3872 | 3289 | 6163 | 1985 | 2434 | 3872 | 3289 | 6163 |
| | 进口 | 1668 | 2032 | 3286 | 2479 | 4370 | 1668 | 2032 | 3286 | 2479 | 4370 | 1668 | 2032 | 3286 | 2479 | 4370 |
| | 差额 | 317 | 402 | 586 | 810 | 1793 | 317 | 402 | 586 | 810 | 1793 | 317 | 402 | 586 | 810 | 1793 |
| 基于所有权的对外贸易 | 出口 | 8656 | 11264 | 15621 | 13925 | 19978 | 8884 | 11841 | 16530 | 15352 | 21687 | 9437 | 12977 | 18050 | 17497 | 24201 |
| | 进口 | 7673 | 9718 | 13873 | 13678 | 19806 | 8762 | 11425 | 16201 | 16612 | 23414 | 10474 | 14088 | 19565 | 20713 | 28409 |
| | 差额 | 982 | 1545 | 1748 | 247 | 172 | 123 | 416 | 328 | –1260 | –1727 | –1037 | –1111 | –1516 | –3216 | –4208 |

注：资料来源和计算方法如正文第二部分所述。

37.14% 和 53.04%。从三个不同口径的对比来看，口径 1 是对基于所有权的出口规模的较保守估计，口径 2 和口径 3 分别是对基于所有权的出口规模的较中性估计和较夸张估计，口径 1 与口径 2 和口径 3 之间的差异较大。按照口径 1，2006 年跨境出口存在高估，而 2008 年之后则存在低估，而按照口径 2 和口径 3，2006—2010 年，跨境出口均存在高估。

**表 2　跨境出口与基于所有权的出口比较**

单位：亿美元，%

| 年份 | | 2006 | 2007 | 2008 | 2009 | 2010 | 年平均增长率 |
|---|---|---|---|---|---|---|---|
| 跨境出口 | | 9697 | 12200 | 14346 | 12038 | 15814 | 13.01 |
| 基于所有权的出口 | 口径 1 | 8656 | 11264 | 15621 | 13925 | 19978 | 23.26 |
| | 口径 2 | 8884 | 11841 | 16530 | 15352 | 21687 | 25.00 |
| | 口径 3 | 9437 | 12977 | 18050 | 17497 | 24201 | 26.55 |
| 差异率 | 口径 1 | −10.74 | −7.67 | 8.89 | 15.68 | 26.33 | 78.76 |
| | 口径 2 | −8.38 | −2.94 | 15.22 | 27.53 | 37.14 | 92.13 |
| | 口径 3 | −2.68 | 6.37 | 25.82 | 45.35 | 53.04 | 104.05 |

注：根据表 1 计算而得。

2. **跨境进口与基于所有权的进口比较**

如表 3 所示，2006 年到 2010 年，中国进口以年平均 15.26% 的速度增长，基于所有权估算的进口平均增长速度也高于跨境进口的平均增长速度。如表 2 所示，按照口径 1，基于所有权的出口平均每年增长约 26.75%；按照口径 2，平均每年增长约 27.86%；按照口径 3，平均每年增长约 28.33%，年平均增长率则分别相差了 75.27%、82.49% 和 85.61%。与进口相似，随着时间的推移，跨境进口与基于所有权的进口之间的差异逐渐增大，2010 年，按照口径 1、口径 2 和口径 3，差异率分别上升到 49.23%、76.42% 和 114.05%。从三个不同口径的对比来看，与出口不同，口径 3 与口径 1 和口径 2 之间的差异较大。但无论以哪个口径来看，跨境进口都表现为低估了中国出口，并且低估程度在逐渐扩大。

**表 3　跨境进口与基于所有权的进口比较**

单位：亿美元，%

| 年份 | | 2006 | 2007 | 2008 | 2009 | 2010 | 年平均增长率 |
|---|---|---|---|---|---|---|---|
| 跨境进口 | | 7519 | 9046 | 10739 | 9543 | 13272 | 15.26 |
| 基于所有权的进口 | 口径 1 | 7673 | 9718 | 13873 | 13678 | 19806 | 26.75 |
| 基于所有权的进口 | 口径 2 | 8762 | 11425 | 16201 | 16612 | 23414 | 27.86 |
| | 口径 3 | 10474 | 14088 | 19565 | 20713 | 28409 | 28.33 |
| 差异率 | 口径 1 | 2.05 | 7.43 | 29.18 | 43.33 | 49.23 | 75.27 |
| | 口径 2 | 16.53 | 26.30 | 50.86 | 74.08 | 76.42 | 82.49 |
| | 口径 3 | 39.30 | 55.74 | 82.19 | 117.05 | 114.05 | 85.61 |

注：根据表 1 计算而得。

### 3. 跨境贸易差额与基于所有权的贸易差额比较

中国跨境货物贸易差额可以分为两个阶段：第一个阶段是 2006—2008 年，货物贸易差额表现为稳定增长；第二阶段是 2009—2010 年，货物贸易差额降低到比 2006 年略高的水平，并且这两年变化不大。按照基于所有权的货物贸易差额来看，口径 1 的表现与跨境货物贸易差额非常相似，但从规模上低于跨境贸易差额，这种差异在 2009—2010 年更大，基于所有权的贸易顺差已经不足跨境贸易顺差的一半，分别为 247 亿美元和 172 亿美元。而口径 2 和口径 3 的表现则不同于跨境货物贸易差额。按照口径 2，2006—2008 年中国货物贸易呈顺差，但差额不到跨境贸易顺差的一半，而 2009—2010 年，中国货物贸易已经呈现为逆差，并且逆差规模在增大。按照口径 3，2006—2010 年中国货物贸易并不像跨境贸易那样呈现为顺差，而是逆差，2006—2008 年，逆差规模较小，低于 450 亿美元，并逐步减小，而 2009—2010 年，逆差规模迅速扩大，分别达到 –3216 亿美元和 –4208 亿美元，逆差规模甚至高于跨境贸易所呈现的顺差规模。

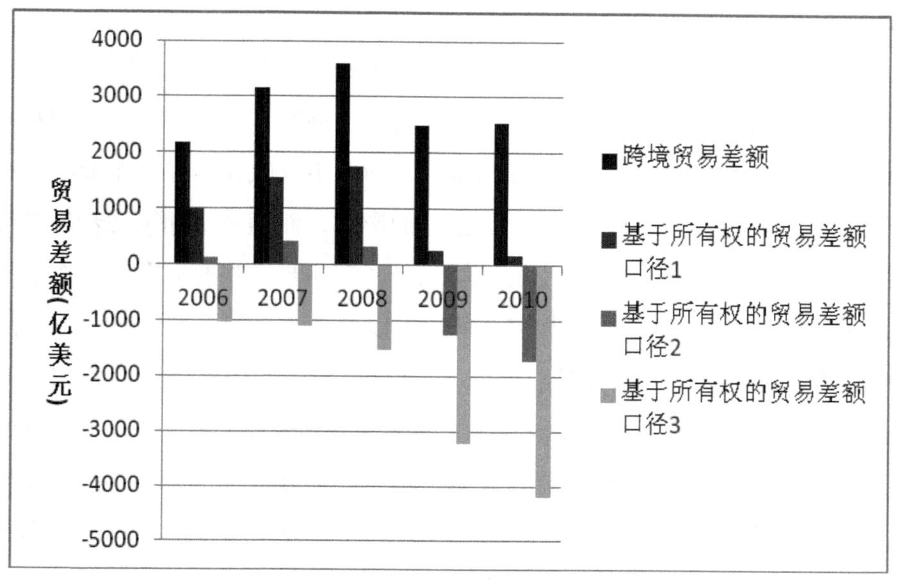


**图 1　2006—2010 年中国跨境贸易差额与基于所有权的贸易差额**

注：根据表 1 数据绘制。

将以上重估结果与此前相关研究的结论（姚枝仲和刘仕国，2006；刘萍和宋玉华，2007；高敏雪和许晓娟，2010）进行比较，大体显示出，以 2008 年为界，前几年的估算结果与此前研究有大体相同的结论，但后几年的估算结果则呈现出不同的格局。以出口为例，2006 年数据显示出中国跨境出口存在高估（与此前研究结论相同），但 2008—2010 年间中国的跨境出口却在 FDI 各种力量的交叉影响下有可能存在低估。之所以呈现这样的结果，其中除统计方法、数据获得性等因素外，主要原因可能要归结于此次金融危机的影响。就是说，在金融危机发生及后续期间，FDI 对中国国际货物贸易的影响方向及其程度在发生变化。

### （二）差异来源分析：FDI 影响中国对外货物贸易的不同力量对比

在展示了重估前后数据的差异之后，接下来要对形成差异的原因进行分析，揭示在其背后存在的 FDI 影响中国对外货物贸易之不同力量的对比关系。

1. 基于常住性与基于所有权的货物贸易差额之差异来源分析

基于常住性与基于所有权进行货物贸易差额统计，主要经历了四步调整，这是产生二者统计数据差异的来源，前两步反映在华外资企业活动所产生的影响，后两步反映境外中资企业的影响，而第一步和第三步反映商业存在参与跨境贸易产生的影响，第二步和第四步反映商业存在在东道国境内购销活动产生的影响。如表 3 所示，以口径 1 为例，2010 年，基于所有权的贸易顺差比跨境贸易顺差低 2370 亿美元，其中外资企业净出口与境外中资企业对华净进口差异扩大，抵减后贡献了 –355 亿美元，而外资企业在华净购买与境外中资企业在东道国净销售之差异进一步扩大，抵减后贡献了 –2015 亿美元，从而形成了约 2370 亿美元的差异。我们可以从两对关系中进一步评估引起二者差异的来源和力量对比，第一对关系，可以观察是在华外资企业的贸易活动影响大，还是境外中资企业的贸易活动影响大；第二对关系，可以观察是商业存在的跨境贸易影响大还是商业存在在当地的购销影响大。

**表 3　跨境贸易与基于所有权的贸易之差异来源**

单位：亿美元

| 年份 | 2006 | 2007 | 2008 | 2009 | 2010 |
|---|---|---|---|---|---|
| 跨境贸易差额 | 2178 | 3154 | 3607 | 2495 | 2542 |
| 基于所有权的贸易差额 – 口径 1 | 1579 | 2240 | 2898 | 873 | 687 |
| 基于所有权的贸易差额 – 口径 2 | 720 | 1111 | 1478 | –634 | –1212 |
| 基于所有权的贸易差额 – 口径 3 | –440 | –416 | –366 | –2590 | –3693 |
| 外资企业净出口 – 口径 1（–） | 553 | 825 | 1161 | 953 | 870 |
| 外资企业净出口 – 口径 2（–） | 694 | 1044 | 1388 | 1070 | 1009 |
| 外资企业净出口 – 口径 3（–） | 913 | 1356 | 1711 | 1267 | 1073 |
| 外资企业净购买 – 口径 1（+） | –1556 | –1880 | –2434 | –2731 | –3808 |
| 外资企业净购买 – 口径 2（+） | –2275 | –2791 | –3626 | –4121 | –5568 |

续 表

| 年份 | 2006 | 2007 | 2008 | 2009 | 2010 |
|---|---|---|---|---|---|
| 外资企业净购买 – 口径 3（+） | –3216 | –4006 | –5148 | –5880 | –7985 |
| 境外中资企业对华净进口（–） | –597 | –695 | –1150 | –626 | –515 |
| 境外中资企业在东道国净销售（+） | 317 | 402 | 586 | 810 | 1793 |

注：根据表 1 计算而得。

2. 在华外商直接投资企业与中国对外直接投资企业的对比

在华外商直接投资企业的跨境出口高于其跨境进口，与此同时，在华外商直接投资企业在中国的销售相当于中国的进口，而其购买相当于中国的出口，而销售一般大于购买。因此，外商直接投资企业的贸易活动越利好，中国跨境贸易的水分也越高，通过基于所有权的贸易差额方法计算挤出的水分也越多。能够与之制衡的是境外中资企业，它们从中国进口的规模高于对中国出口的规模。另外，境外中资企业的销售相当于中国的出口，购买相当于中国的进口，前者通常也高于后者。因此，境外中资企业的贸易活动利好，注入基于所有权的跨境贸易顺差越多。以口径 1 为例，如图 2 所示，2006—2010 年，中国跨境贸易与基于所有权的贸易差额之间的差异由在华外商直接投资企业引起的占大约 70%，由境外中资企业引起的差异占大约 30%。

3. 外国商业存在跨境贸易与其在东道国购销量的对比

中国外资企业跨境贸易表现为出口高于进口，而中国境外中资企业表现为对母国出口高于进口，两种倾向相互抵减的结果决定了跨境贸易与基于所有权的贸易差额之间的差异。另一方面，中国外资企业的销售额高于购买额，而境外中资企业的销售额也高于购买额，如果中国外资企业的净销售高于境外中资企业的净销售，那么基于所有权的贸易差额将进一步降低，反之亦然。如图 3 所示，以口径 1 为例，2010 年，由中国境内的外资企业和境外中资企业产生的中国跨境贸易解释了传统跨境贸易与所有权贸易差额之间差异的 15%，而它们在各自东道国的销售则解释了 85%。

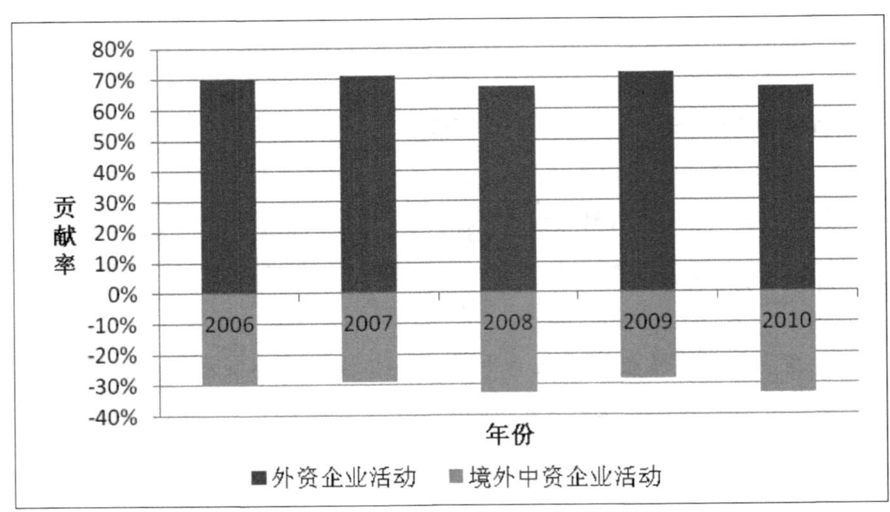


**图 2　差异来源之在华外资企业与境外中资企业影响对比**

注：根据表 1 数据绘制。

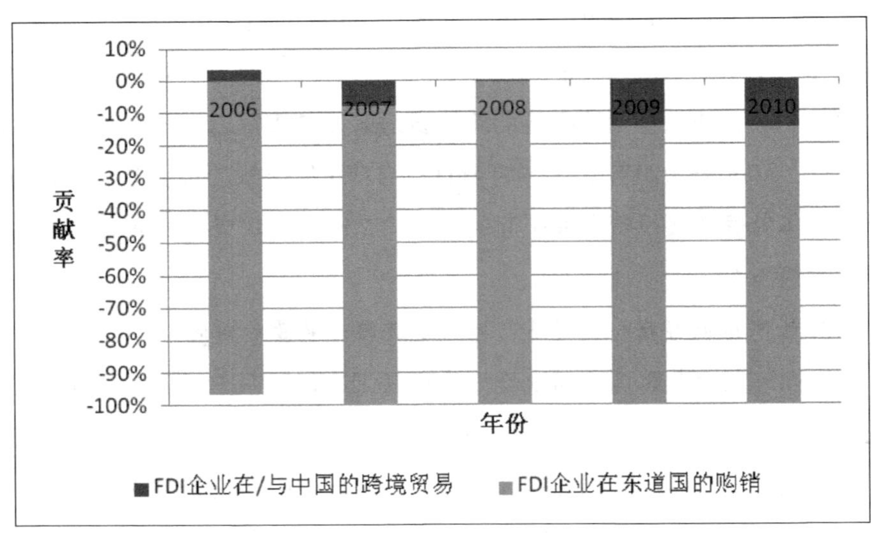


**图 3　差异来源之商业存在跨境贸易与商业存在在东道国购销活动影响对比**

注：根据表 1 数据绘制。

## 四、结论

本文以上基于所有权原则对2006—2010年间的中国对外货物贸易数据进行了重估，并对重估前后的数据结果进行了系统的比较分析。对此次重估工作加以总结，其贡献在于：第一，以更完备的数据分步骤、分口径展现出数据调整重估过程及其相关数据结果，为评价FDI对中国对外贸易的影响提供多层次的数据论证；第二，不是仅就一年做尝试性调整，而是给出从2006年到2010年的时序数据，由此可以为动态观察中国对外贸易及其平衡状况提供依据；第三，综合运用调整过程及最终结果的数据结果，针对FDI对中国对外贸易产生影响的不同力量进行系统分析，为深入探索中国对外贸易发展路径提供了依据。

根据本文的估算结果，围绕中国对外货物贸易得到了以下基本结论。第一，与金融危机发生前的研究不同，本文应用更丰富的境外中资企业数据对2006—2010年进行估算，结果显示，中国跨境进口和出口规模低于基于所有权的跨境进口和出口，就是说，跨境贸易统计在一定意义上低估了中国对世界贸易的贡献。第二，虽然本文所应用的数据更加丰富，但针对2006—2010年重估得到了与此前研究相同的结论，即中国跨境贸易差额仍然高于基于所有权的贸易差额，说明如果考虑FDI的影响，中国对外货物贸易的竞争力并不像跨境贸易数据显示的那样大。第三，金融危机发生之后，跨境贸易统计数据与基于所有权的贸易统计数据之间的差异增大了许多，近年来中国在货物贸易平衡方面的表现已经发生明显变化，基于所有权的贸易统计数据显示出，中国或许已经不再是国际贸易高顺差国，而且还要对可能出现的贸易逆差具有心理准备。

限于数据可得性，本文关于中国货物进出口贸易统计的调整试算仍然有待改进。但可以肯定的是，只有将FDI与对外贸易衔接起来，才能从本质上公允地评价中国对外贸易的整体状况。

## 参考文献

[1] Baldwin, Lipsey and David. Geography and Ownership as Bases for Economic Accounting. The University of Chicago Press, 1998.

[2] IMF. Balance of Payments and Investment Position Manual ( Sixth Edition). 2008.

[3] Steven Landefeld, Obie Whichard, Jeffrey Lowe, Alternative Framework for U.S. International Transactions. Survey of Current Business. 1993, (12).

[4] UN etc. System of National Accounts 2008. 2008.

[5] UN. International Merchandise Trade Statistics: Concepts and Definitions. 2010.

[6] UN etc. 2010 Manual on Statistics of International Trade in Services. 2012.

[7] Obie Whichard and Jeffrey Lowe, An Ownership-Based Disaggregation of the U.S. Current Account: 1982-93. Survey of Current Business. 1995, (10).

[8] Yiping Xu, Guijun Lin, Huayu Sun, Accounting for the China-US Trade Imbalance: An Ownership-Based Approach. Review of International Economics, 2010, 18(3).

[9] 高敏雪、许晓娟："将外国商业存在引入国际贸易统计——针对中国对外贸易统计的研究与数据重估"，《统计研究》2010 年第 12 期。

[10] 贾怀勤："在地贸易统计还是属权贸易统计？——FDI 对传统贸易统计的颠覆及其对策"，《统计研究》2006 年第 2 期。

[11] 李月芬："中国亟待建立一个以所有权为基础的贸易差额统计体系"，《国际经济评论》2006 年第 1 期。

[12] 沈国兵："贸易统计差异与中美贸易平衡问题"，《经济研究》2005 年第 6 期。

[13] 孙华好、许亦平："贸易差额的衡量：基于所有权还是所在地"，《国际贸易问题》2006 年第 5 期。

[14] 万光彩、刘丽："'原产地'统计原则、'所有权'统计原则与中美贸易不平衡"，《财贸经济》2007 年第 1 期。

[15] 吴海英："基于所有权的美国经常项目"，《国际经济评论》2006 年第 10 期。

[16] 姚枝仲、刘仕国："中国国民对外贸易差额"，《国际经济评论》2006 年第 9 期。

# “走出去”为何能拉动出口？[①]

许晓娟　张芳

**摘　要：**本文从统计核算的基本原理出发，分析了“走出去”带动出口的机理，并在此基础上通过整合商务部、海关总署、国家外汇管理局，以及国家统计局的相关数据，调查重点企业等方式对中国对外承包工程和对外直接投资带动出口的规模进行了实际测算。本文的创新之处体现在，将国际贸易统计标准的最新进展与中国改革开放实践相结合，提供了“走出去”带动出口的经验证据。

## 一、引言

中国经济的外部失衡主要表现为长期的经常项目顺差和资本与金融账户顺差，并由此导致政府长期持有巨额的外汇储备，这种持续的外部失衡使得贸易摩擦和汇率压力成为影响中国经济稳定的重要因素（郭树清 2007）[1]。要改变中国“双顺差”的国际收支失衡结构，需要从战略上明确结构调整的基本方向，从策略上寻找解决关键问题的突破口。在国家层面，“走出去”战略与国际收支密切相关，比较显而易见的关系是对外直接投资可以影响资本与金融账户顺差，2008 年中国对外直接投资突破 500 亿美元，已经达到 2003 年中国实际利用外资的水平，构成了影响中国国

① 本文发表在《科学决策》2013 年第 4 期，是国家自然科学基金项目（71103035）。

际收支的一般力量。但是，“走出去”对国际收支平衡的影响是一个复杂的问题，其中“走出去”与出口的关系仍然没有得到广泛的讨论，这样，实施“走出去”战略在解决中国经济外部失衡中的意义如何就很难说明。

从政府管理实践出发，孙利国和杨秋波（2011）[2]、刁春和（2009）[3]和刑厚媛（2009）[4]认为，对外承包工程能够带动国产机电产品出口。张瑞莲（2012）[5]、湛泳和李礼（2006）[6]认为，我国对外劳务合作促进了出口。但这些研究只限于初步描述，并没有针对有关对外承包工程、以及相关联的出口的统计数据做全面测算，没有给出系统的定量分析结果。外国直接投资的贸易效应是重要的理论问题，但大量实证研究集中在外国直接投资与东道国出口之间是替代关系还是互补关系方面，有关对外直接投资与投资母国出口之间关系的研究则相对匮乏。针对中国的若干项研究初步表明，中国的对外直接投资促进了中国出口的增长（刘龚和张纪凤和黄萍2013[7]；吕计跃 2012[8]；张春萍 2012[9]；李晓峰 2011[10]；项本武 2009[11]；刘龚和张宗斌 2007[12]）。然而，这些研究只是就对外直接投资与出口之间的关系做了计量经济意义上的验证，并没有对“走出去”带动出口的核算机理进行全面分析，由此难以为国家制定相应政策提供具体指导。

鉴于此，本文立足“走出去”研究测算对外贸出口的影响。我们希望解决近年没有深层涉及的问题：“走出去”战略对于外贸出口产生影响的机理何在，“走出去”各项业务对出口的拉动作用到底有多大。下文首先对“走出去”和出口予以定义，将其间关系具体化，显示“走出去”带动出口的机理；进而分别就对外承包工程和对外直接投资讨论其与外贸出口的关系，并依据基础统计数据具体测算其对于出口的拉动作用。

## 二、“走出去”带动出口的核算机理

### （一）“走出去”的概念界定

广义上，“走出去”涉及多个方面，产品的流出，包括货物和服务的流出；资本的流出，包括致力于长期投资的直接投资、长期借贷和致力于短期投资的证券投资等；劳动的流出，包括致力于长期合作的移民和致力于短期合作的劳务合作等。除经济往来外，“走出去”还可以从社会往来的角度，涵盖文化输出等。

狭义上，“走出去”是中国改革开放实践过程中的一个国家战略，于2001年被写入《十五规划纲要》，2006年《十一五规划纲要》再次明晰了实施“走出去”战略的具体任务。作为国家战略的“走出去”包括两方面的内容：一是对外直接投资和跨国经营，二是对外承包和劳务合作。二者相比，更加注重对外直接投资和跨国经营。

随着“走出去”战略的实施，政府针对“走出去”相关业务的量化管理越来越重要，为此商务部陆续出台了《对外直接投资统计制度》《对外承包工程业务统计制度》和《对外劳务合作和境外就业业务统计制度》。这些调查和数据搜集工作，确定了“走出去”所包括的统计内容：对外直接投资、对外承包工程和对外劳务合作。

### （二）出口的概念界定

传统上，一国的出口是指该国对国外输出货物服务的经济行为。根据国际货币基金组织（IMF）《国际收支与国际投资头寸手册》（BPM6）[13]和联合国《2008国民账户体系》（2008SNA）[14]，国际往来是指一国常住单位（resident，或称居民）与其非常住单位（或称非居民，即国外）之间的经济交易，其中构成常住单位的必要条件之一是存在于该国经济领土之上①。按照这样的“常住性”原则或“所在地”原则，国际贸易通常要跨越国界，由此被简称为跨境贸易。通常所称外贸出口，就是指此类跨境出口，国际收支统计和海关统计发布的外贸出口数据都属于跨境出口。

在全球化深入发展的背景下，外国直接投资的迅速发展对传统跨境贸

① 具体表述是：如果一个单位在一个经济体的经济领土范围内并具有经济利益中心，就可以视为常住单位，其中，所谓经济领土，是指该经济体之政府所管辖的地域范围，及其在国外的领土飞地；所谓具有经济利益中心，是指具有一定的场所如住房、厂房或其他建筑物，从事一定规模的经济活动并超过一定的时期。

易产生了重要影响。一方面，直接投资对跨境贸易具有替代作用，从出口角度看，到国外投资设厂就地生产就地满足需求，可以替代原来对该国的出口；另一方面，直接投资对跨境贸易也可能产生引致作用，即在其设厂过程中以及此后的生产经营过程中，会作为国外需求，拉动国内对这些境外企业之间的贸易——这些企业已经属于国外的一部分。进一步看，这些所有权属于国内但地处境外的企业，通过在当地或者与第三国之间的购销行为，还会产生跨境贸易无法覆盖的贸易行为，即通过“外国商业存在”实现的对外贸易。

现行外贸统计和国际收支统计记录的主要是跨境贸易，但考虑到这些境外企业的所有权性质，以及这些境外企业与原来的跨境贸易所具有的显著关联，《国际服务贸易统计手册》（MSITS）[15]已经开始修改补充现行的跨境贸易统计定义，承认“通过外国商业存在实现的国际贸易”，就是说，可以按照所有权原则，将这些在境外投资企业作为母国经济的一部分（东道国的“外国人”）处理，将这些境外企业在当地以及与第三国之间发生的贸易，作为投资国的对外贸易处理。本文将此类通过“外国商业存在”实现的出口称为“延伸出口”，因为它是通过投资就地生产、延长了原来的贸易链条而发生的出口①。

### （三）“走出去”带动出口的机制

从“走出去”的统计内容出发，我们从对外承包工程、对外直接投资和对外劳务合作三方面简述其对出口的带动机制。

#### 1. 对外承包工程与外贸出口

对外承包工程活动常常是围绕建设项目发生的一揽子经济活动，比如其典型的“建设、运营、转让”（即B-O-T）模式。剖析对外承包工程的性质及其与外贸出口的关系，可以得到以下认识。

① 《国际服务贸易统计手册》已经明确表示国际服务贸易有四种形式，跨境贸易是其中第一种，而通过外国商业存在实现的服务贸易是其中的第三种。此外也有文献讨论立足“所有权”实现的货物贸易统计及其特征问题。但将其称为延伸出口，则是本文的创意。

第一，对外承包工程大体包括以下情况：承包国境外工程项目（含施工项目和勘察咨询技术服务项目）、承包我国对外经济援助项目、承包我国驻外机构工程项目。按照对外经济统计的有关定义，其中大部分属于对外经济活动，但也存在一些例外的情况，最突出的是承包我国驻外机构的工程项目，尽管工程发生在境外，但需求方是我国驻外机构，也是国内的常住单位，因此不属于对外经济活动。在工程承包过程中，会发生施工企业带出自有设备的情况，由于其使用者就是承包工程企业自身，因此这些交易活动也不属于对外经济活动。

第二，对外承包工程的业务内容主要是对外完成建筑安装施工并提供配套的咨询服务等，因此，项目大部分属于对外贸易活动，与投资无关。但是，由于对外承包工程提供服务的时间跨度可能较长，很可能超过一年，并且工程实施很可能发生相关投资活动，如果在工程所在地注册项目公司并占有较大股权，按照常住性原则，实施对外承包工程的主体可能会被确定为当地常住单位，这样，对外承包工程的性质就不是对外贸易，而是对外直接投资。

第三，对外承包工程项目涉及的业务内容主要是建筑安装工程及相关咨询服务，按照国际收支统计的定义，应主要属于国际服务贸易。但是，如果工程实施是以带料、带设备形式发生的，其中就会涉及大量的原料、设备出口，并一揽子作为对外承包工程交易额，而这些有形产品的跨境出口会被海关所监测到，作为跨境货物出口的一部分。当前的海关统计对此类跨境出口做了单独记录：“对外承包工程带动的出口”，是一种单独的贸易形式。

第四，对外承包工程是以工程项目完工为目标的一次性活动，一般情况下，项目完成之后不会发生持续性生产经营活动，因此，不存在境外企业销售。如果发生了上述情况，那么，对外承包工程就要作为直接投资处理。

鉴于以上性质，可以看到，对外承包工程与出口的关系，有以下要点：

第一，不考虑例外情况，对外承包工程属于国际服务贸易，应当体现在国际收支统计的服务出口中，尤其是建筑服务出口。但中国当前的国际服务贸易统计主要以外汇结算以及相关部门记录作为数据来源，并没有对对外承包工程收支进行识别，因此还难以在对外承包工程与服务出口的数据之间建立关系①。

第二，对外承包工程中包含一部分国内配套实物投入，并在货物通关时被海关所识别，由海关统计作为实物输出记录在货物出口中。因此，尽管对外承包工程整体上属于服务贸易，但通过承包工程仍然可以带动货物出口，而且可以由海关统计所记录。

第三，对外承包工程作为一次性活动，不会形成境外企业，理论上不会产生通过境外企业实现的延伸出口。

**2. 对外直接投资与外贸出口**

外国直接投资反映了一经济体的常住单位（直接投资者）从另一经济体的常住单位（直接投资企业）那里获得持久利益的目标。所谓持久利益，意味着直接投资者与境外直接投资企业之间存在着长期关系，并对企业的管理有相当大的影响（OECD 2010）[16]。正因如此，境外企业可以作为投资国在境外的"代理"发挥作用，由此对投资国的外贸出口带来重要影响，其中既有对跨境出口的影响，还会通过外国商业存在形成延伸出口。

首先看对跨境出口的影响。有关对外直接投资与出口贸易之间的关系问题，学界主要有两种观点：即"替代论"和"互补论"。为验证上述两种观点孰是孰非，国内外有多项实证研究结果，但并没有形成一致结论。直观而言，可以在两个层面上探讨直接投资对跨境出口的拉动作用，尤其是对跨境货物出口的拉动作用。

第一，对外直接投资过程中会引发设备、技术出口。尤其是绿地投资，在设立境外企业过程中，投资方常常代之以设备投资、技术投资，并由国内提供，由此带动投资国的跨境出口，尤其是货物出口。

① 从国际收支统计的角度来看，对外承包工程带来的出口就是国际收支平衡表中服务贸易项下的建筑服务出口，但是，由于统计口径不一致，对外承包工程业务统计中的完成营业额一般高于国际收支平衡表中服务贸易项下的建筑服务出口。

第二，境外企业生产经营过程中会引发原材料、产品和相关服务出口。由于境外企业与母国的紧密联系，在其生产经营过程中，必然要以国内原材料及其他服务供应为基地，可能来自境内母公司或其他子公司，也可能来自国内其他企业的采购。尤其是销售型境外企业，作为批发零售转卖者，其主要职能就是从国内采购产品然后在境外当地或者第三国出售，由此可以大幅度带动母国的跨境出口。

进一步看境外延伸出口。当境外企业建成投产之后，相当一部分产品会在当地销售，或者对第三国销售。如果将境外企业作为投资国本国的一部分看待，这些销售就应该视为投资国本国的外贸出口，仿佛是通过投资延长了其生产链条从而发生的外贸出口，其出口规模将极大地取决于外国直接投资的规模以及在当地的控制力、生产经营状况。

需要进一步指出的是，在横截面上，我们可以认为对外直接投资一方面可以带动跨境出口贸易，另一方面可以引起延伸出口；但在具体统计核算中，不应将这两个效应直接相加，作为对外直接投资对外贸出口的总影响，因为统计核算遵循一致性原则：要么按照常住地原则，要么按照所有权原则。按照前者，对境外企业的销售是投资国的出口，境外企业的销售与投资国无关；按照后者，境外企业的销售（扣除对投资国国内的销售）才是投资国的出口，但对境外企业的销售就不再是投资国的出口。结合中国情况看，中国境外企业相关统计的时间不长，可以近似地用境外企业销售总额作为中国的延伸出口，但前提是不能与中国跨境出口相加总。

3. 对外劳务合作与外贸出口

从国际收支统计的角度来看，对外劳务合作是中国与国外的收入分配活动，体现在国际收支平衡表的职工报酬项下；而从国际服务贸易统计的角度来看，对外劳务合作则是服务贸易活动，应当体现为服务出口。但无论如何，对外劳务合作一般不会形成对货物出口的显著拉动，也不会产生延伸出口。由于对外劳务合作总体上规模较小，本文以下不专门测算其对外贸出口的影响。

## 三、对外承包工程带动出口的规模测算

从前述对外承包工程带动出口的机制来看，这里只涉及跨境出口，不涉及延伸出口，对外承包工程与跨境出口的关系主要包括两个方面：第一，从性质上来说，对外承包工程是一种服务贸易，从而产生对服务出口的直接贡献；第二，从实施过程来说，对外承包工程可以拉动货物出口。尽管理论上对外承包工程与跨境出口的关系并不复杂，但是，由于多头统计数据来源和统计口径不一致，要测度对外承包工程带动的出口规模并不简单，需要在理论分析的基础上，对相关数据进行系统的整理和分析。

### （一）对外承包工程与服务出口

#### 1. 如何测度对外承包工程对服务出口的贡献

要测度对外承包工程对服务出口的贡献，第一需要测度对外承包工程的价值，第二需要将对外承包工程的价值与中国对外服务出口进行比较。在《对外承包工程业务统计制度》的保障下，我国已经建立了对外承包工程业务统计体系，由商务部负责采集数据，通过该套统计调查系统，可以获得按年度、分国别、分项目类别的对外承包工程项目数、人员数、营业额等统计数据。

理论上，由于对外承包工程属于服务贸易，因此，可以直接利用这些统计数据反映对外承包工程所产生的服务贸易，并反映在国际收支平衡表当中。但是，由 IMF 颁布的 BPM5 并未将对外承包工程作为一类服务贸易要求各国发布，并且，实际中，国际收支平衡表主要由国家外汇管理局利用银行结售汇的数据编制，这一数据来源无法提供交易是否属于对外承包工程的标识。因此，对外承包工程业务统计与国际收支平衡表尚未实现数据对接。

从统计内容来看，对外承包工程业务统计所获得的完成营业额应该大体对应于国际收支平衡表服务贸易项下的建筑服务出口，但是从统计口径

来看，二者并不具有可比性。第一，国际收支平衡表服务贸易项下的建筑服务出口指短期项目，期限一般不超过一年，如果某项大型的对外承包工程（如桥梁、水坝、发电站等）在建的时间超过一年，那么应当将承包工程的非法人的外地办事处识同为承包工程的公司通过直接投资（FDI）在国外建立的分支或附属机构，它的生产应该是工程所在地经济体生产的一部分，而不应该视为向该经济体的出口服务。而《对外承包工程业务统计制度》统计的完成营业额不考虑工程在建时期的长短，完成营业额就是指企业在报告期内完成的以货币形式表现的工作量，不管其工期是否超过一年，都要予以统计。第二，国际收支平衡表遵循权责发生制原则，当建筑物的所有权发生转移时才记录服务出口，而《对外承包工程业务统计制度》中的完成营业额不考虑所有权是否发生转移，而是指报告期内完成工作量的价值，二者记录时间不同。第三，国际收支平衡表数据主要来自国际收支统计申报系统，是根据结售汇情况进行统计的，如果某些工程项目不以外汇结算，那在国际收支统计中就反映不出来。综上，只有当工程的建设期不超过一年、不跨核算期（一般为日历年度）、以外汇进行结算的情况下，对外承包工程业务统计中的完成营业额才可能等于国际收支统计中的建筑服务出口。

从中国的实际数据来看，2008 年中国对外承包工程完成营业额为 566 亿美元，而 2008 年中国国际收支平衡表建筑服务出口仅为 103 亿美元，建筑服务出口大大低于对外承包工程完成营业额。鉴于此，本文以下简要分析对外承包工程完成营业额的规模，与国际收支平衡表服务贸易出口增长趋势进行比较，但不将其作为服务贸易出口的一部分计算贡献率。

**2. 对外承包工程的规模**

数据[①] 显示，自改革开放以来，我国对外承包工程从无到有，规模从小到大，特别是 2002 年以来，对外承包工程完成营业额年均增长 31%，

① 数据来源于国家统计局国家统计数据库，该数据库提供了 1982—2009 年对外承包工程完成营业额和服务贸易出口数据，其中，国际收支统计口径调整，1997 年及以后的服务贸易出口数据与 1997 年以前的数据不可比。

与服务贸易出口的表现相比，其增长速度更快、更稳定，高于服务出口年均增长速度近 12 个百分点，特别是 2009 年，在我国服务出口受到严重影响呈现下降趋势的背景下，对外承包工程完成营业额 777 亿美元，比上年增长超过 37%。

**表 1　对外承包工程与服务贸易发展状况比较**

| 年份 | 对外承包工程 | | 服务贸易 | |
|---|---|---|---|---|
| | 完成营业额（亿美元） | 增速（%） | 出口（亿美元） | 增速（%） |
| 2002 | 111.94 | 25.78 | 397.45 | 19.23 |
| 2003 | 138.37 | 23.62 | 467.34 | 17.59 |
| 2004 | 174.68 | 26.24 | 624.34 | 33.60 |
| 2005 | 217.63 | 24.59 | 744.04 | 19.17 |
| 2006 | 299.93 | 37.81 | 919.99 | 23.65 |
| 2007 | 406.43 | 35.51 | 1222.06 | 32.83 |
| 2008 | 566.12 | 39.29 | 1471.12 | 20.38 |
| 2009 | 777.06 | 37.26 | 1295.49 | -11.94 |

资料来源：国家统计数据库（http：//219.235.129.58）。

## （二）对外承包工程与货物出口

### 1. 如何测度对外承包工程对货物出口的拉动

要测度对外承包工程对货物出口的带动，需要识别对外承包工程出口货物，海关统计中的“对外承包工程出口货物”为此提供了依据。然而，实际中，相当一部分企业在承包工程项下发生的货物出口，因种种原因，并未按“对外承包工程出口货物”方式报关，由此带来的后果是，海关统计有可能将对外承包工程项下发生的货物出口记录为一般贸易，造成该项下货物出口数据的低估。

为了判断对外承包工程带动货物出口的实际状况，我们在商务部和海关总署的协助下组织了一次重点调查。本次调查的对象为最近三年完成营业额排名前50强的企业，调查内容为这些企业2008年和2009年1—8月对外承包工程完成营业额、带动的货物出口以及主要的出口商品。本次调查有效样本量为47家，根据调查数据估算，海关统计中的对外承包工程出口货物的确存在低估，其中，电子通信项目出口货物低估比例① 最高为99.2%，电力工业项目低估比例最低为15.7%，将不同项目低估比例进行加权平均，可知对外承包工程出口货物平均被低估47.6%，据此，我们可以对海关统计中的对外承包工程出口货物按照一定比例（利用此次调查数据计算的调整系数② 为1.91）进行调整，以获得更加接近对外承包工程带动货物出口的估计值。本文以下分别根据海关数据和调查调整后数据，给出对外承包工程带动货物出口总值的测算和分析结果。

2. 对外承包工程带动货物出口的规模

从海关统计获得的2008年对外承包工程货物出口为109. 63亿美元，乘以调整系数1.9，可知2008年对外承包工程货物出口应该接近于209.39亿美元。

**表2　2004—2010年中国对外承包工程带动货物出口**

单位：亿美元

| 年份 | 海关记录数据 | 经调整后的数据 |
|---|---|---|
| 2004 | 11.30 | 21.58 |
| 2005 | 17.05 | 32.56 |
| 2006 | 30.71 | 58.66 |
| 2007 | 51.88 | 99.09 |
| 2008 | 109.63 | 209.39 |
| 2009 | 133.57 | 255.12 |

① 低估比例 =1- 对外承包工程出口货物（来源于海关统计）/ 对外承包工程出口货物（来源于企业调查）。

② 调整系数 =1/（1- 平均低估比例），平均低估比例为各类项目低估比例的加权平均，权重是各类项目完成营业额所占份额。

续　表

| 年份 | 海关记录数据 | 经调整后的数据 |
|---|---|---|
| 2010 | 126.17 | 240.99 |

资料来源：海关记录数据来源于中经网统计数据库之海关月度库，经调整后的数据为海关记录数据乘以调整系数 1.91 所得结果。

根据海关统计的对外承包工程出口货物在完成营业额中的比重（见图 1）可以看出，随着对外承包工程出口货物值的增加，其在对外承包工程完成营业额中的占比也有了明显增长。1995 年至 2003 年，这个占比一直在 6% 以下徘徊，但从 2004 年开始，这个占比直转而上，从 2004 年的 6.47% 大幅攀升至 2008 年的 19.37%，就是说，2008 年，平均每完成 100 美元对外承包工程营业额，可以拉动 19.37 美元的货物出口。显然，对外承包工程对货物出口的拉动作用是在逐年提升的，而且已经达到一个比较显著的比值。

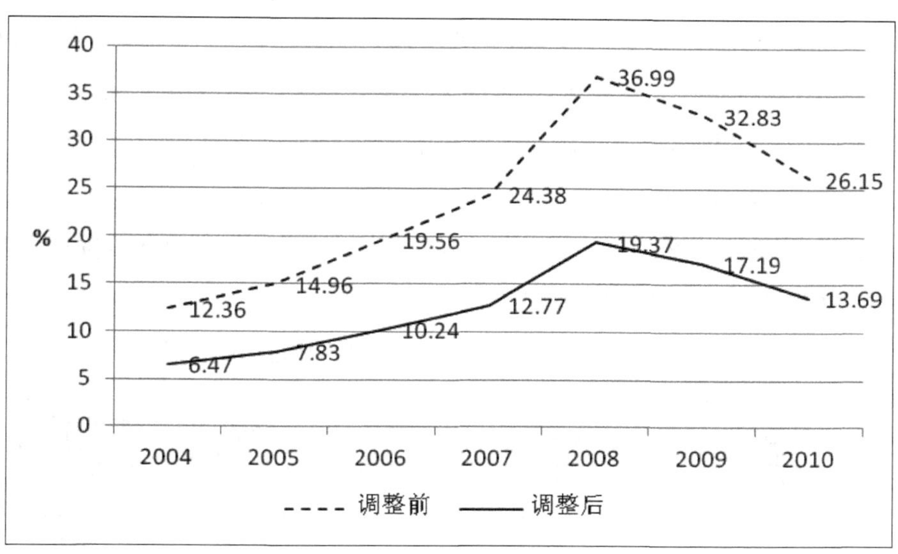


**图 1　1995—2010 年货物出口在完成营业额中所占比重**

资料来源：对外承包工程完成营业额数据来源于中经网统计数据库之综合年度库，占比根据上表数据与对外承包工程完成营业额之比计算而得。

考虑海关记录的该项下出口货物值的低估，对外承包工程实际拉动力度应该高于上述测算结果。根据重点调查所提供的调整系数，不难算出用调整后货物出口计算的比值将从19.37%上调为36.99%。就是说，2008年，平均每完成100美元的对外承包工程营业额，即能带动国内约37美元的货物出口。

## 四、对外直接投资带动出口的测算与分析

根据前述对外直接投资带动出口的机制来看，对外直接投资带动的出口既包括跨境出口，也包括延伸出口。因此，本部分分别加以测算和分析。对外直接投资带动的跨境出口来源于商务部对外直接投资统计数据库之对外直接投资出口货物；对外直接投资带动的延伸出口采用该数据库之境外中资机构的销售收入进行分析。

### （一）对外直接投资带动跨境货物出口的规模

2006年以来，中国通过境外企业实现的货物出口在逐年增长，从2006年的163.8亿美元上升至2008年的321.24亿美元，年均增长40%，高于同期中国跨境货物出口总额年均增长率（21.4%）。与此对应，此类货物出口在货物出口总额中的所占比重也逐年攀升，2006年其占比仅为1.69%，而2008年则上升至2.23%。2006—2008年间，1美元对外直接投资存量平均拉动跨境货物出口约0.22美元。

表3　2006—2008年对外直接投资与出口的比较

| 年份 | 通过境外企业实现的货物出口 (a) | 货物出口总额 | 年均对外直接投资存量 (b) | 在货物出口总额中所占比重 | 单位投资存量带动的货物出口 (a) / (b) |
|---|---|---|---|---|---|
| 单位 | 亿美元 | 亿美元 | 亿美元 | % | 美元 |
| 2006 | 163.8 | 9696.8 | 739.15 | 1.69 | 0.222 |
| 2007 | 247.47 | 12200 | 1042.7 | 2.02 | 0.237 |

**续　表**

| 年份 | 通过境外企业实现的货物出口（a） | 货物出口总额 | 年均对外直接投资存量（b） | 在货物出口总额中所占比重 | 单位投资存量带动的货物出口（a）/（b） |
|---|---|---|---|---|---|
| 2008 | 321.24 | 14346 | 1509.4 | 2.23 | 0.213 |

注：年平均对外直接投资存量＝（上一年年末资本存量＋本年年末资本存量）/2
资料来源：货物出口总额来自外汇管理局发布的中国国际收支平衡表，其余数据来自《中国对外直接投资统计公报》（2006—2008）及商务部内部数据或计算所得。

## （二）对外直接投资与延伸出口

### 1. 如何测度对外直接投资对延伸出口的拉动

要测度对外直接投资拉动的延伸出口，首先需要定义延伸出口，鉴于国际统计标准将境外商业存在的销售活动纳入进出口统计的范畴，我们将境外商业存在的销售收入定义为投资国的延伸出口，从而观察境外中资企业所实现的延伸出口规模。境外中资企业的销售收入可能是货物，也可能是服务，还有可能是货物与服务的混合收入，为了将延伸出口分解为货物延伸出口和服务延伸出口，我们借助于这些境外企业的行业类型进行分类，从而设计出四个口径的测算指标：

第一是境外中资企业带动的全部货物和服务延伸出口（指标1），由全行业口径的销售收入表示，该指标可以跟跨境货物和服务贸易总出口进行比较；

第二是境外中资企业带动的货物延伸出口（指标2），假定农业、工业和批发零售业企业的销售收入都是货物销售，用该三个行业的销售收入表示，该指标可以跟跨境货物出口比较；

第三是境外企业带动的服务延伸出口（指标3），是境外中资企业带动的全部货物和服务延伸出口扣除境外中资企业带动的货物延伸出口之后的余额，该指标可以跟跨境服务出口比较；

第四是境外货物生产型中资企业带动的货物延伸出口（指标4），假定农业和工业企业作为货物生产型企业，其销售收入都属货物销售，由该两个行业的销售收入表示，该指标也可以跟跨境货物出口比较。

2. 对外直接投资带动延伸出口的规模

根据商务部提供的分类数据，我们对四个指标进行了估算。从估算结果来看，境外中资企业形成的延伸货物服务出口总规模（指标1）在逐步增加，拉动力度也有所加大。2006年境外中资企业带动延伸出口2745亿美元，相当于跨境货物服务总出口的25.86%。2008年，带动规模上升到5345亿美元，占跨境总出口的比值达到33.80%，上升了近8个百分点。分货物延伸出口（指标2）和服务延伸出口（指标3）来看，服务延伸出口的规模小于货物延伸出口，但是，相对于跨境出口，服务出口的相对规模较大，并且增速更快，2006年货物延伸出口规模为1824亿美元，是服务延伸出口的将近2倍，到2008年，货物延伸出口规模增长到3202亿美元，而服务延伸出口增长到2142亿美元。最后来看货物生产企业的延伸出口（指标4），相对于跨境货物出口，这类型的延伸出口规模不算大，并且相对规模在不断缩小。这表明，我国境外中资企业的货物延伸出口主要依靠批发零售业企业完成，2006年货物生产企业的延伸出口占货物延伸出口的37%，到2008年，该比重降到了23%。

**表4　不同口径的延伸出口及其与跨境出口的比较**

| | 延伸出口总规模（亿美元） | | | 与相应跨境出口的比（%） | | |
|---|---|---|---|---|---|---|
| | 2006 | 2007 | 2008 | 2006 | 2007 | 2008 |
| 全部延伸出口 | 2745 | 3376 | 5345 | 25.86 | 25.15 | 33.80 |
| 货物延伸出口 | 1824 | 2232 | 3203 | 18.81 | 18.29 | 22.33 |
| 服务延伸出口 | 921 | 1144 | 2142 | 100.15 | 93.65 | 145.62 |
| 货物生产企业的延伸出口 | 683 | 735 | 733 | 7.04 | 6.02 | 5.11 |

资料来源：延伸出口数据来源于商务部，中国跨境出口总额来自国家外汇管理总局《国际收支平衡表》。

与直接投资拉动的跨境出口相比，第一，延伸出口的规模更大，2008年直接投资拉动的延伸出口是其拉动的跨境出口的16倍以上，尽管后者口径较窄，仅限于货物出口，但二者之间的差异在10倍以上。第二，延伸出口增长势头强于跨境出口。2008年金融危机全面爆发，跨境出口增长率下降，境外中资企业带动的跨境出口也随之下降，而境外中资企业形成的延伸出口增长率却显著提高，表现出强劲的增长势头。

以对外直接投资总规模为参照，可以发现，对外直接投资带动延伸出口的力度较大。2006—2008年间，1美元对外投资存量拉动的延伸出口平均达到3.48美元，远远高于1美元对外投资存量拉动的跨境货物出口额。而且，对外直接投资带动延伸出口的力度逐步提高。基于企业样本数据[①]来看，2006—2008年间，平均每个境外中资企业实现的延伸出口从2006年的991.2万美元增长到了2008年的16920万美元，1美元境外中资企业资产带动的延伸出口从2006年的2.54美元上升到2008年的4.07美元[②]。

## 五、结论

通过以上分析，可以看到，我国“走出去”带动出口具有如下几个突出特点：第一，与其他方式的出口相比，“走出去”带动的出口增长迅速。无论是对外承包工程带动的跨境货物出口、对外直接投资带动的跨境货物出口，还是直接投资形成的延伸出口，其增长速度都快于对应口径的跨境出口。第二，虽然目前“走出去”带动的出口占我国总出口的比重不大，但保持着稳中有升的态势，有些部分的上升幅度还比较大。以货物出口为例，从2006年至2008年，对外承包工程出口货物占比从0.62%增至1.48%，

① 所调查的企业范围是“通过境外中资企业实现的出口”在1亿美元及以上的境外企业，其中，2006年样本量为861个，2007年为1073个，2008年为1389个。

② 从宏观层面来看，这个结果还需要进一步观察分析。从微观层面来看，企业的销售收入的确逐步提高，单位资本获得的销售收入也逐步提高。这与调查的企业范围有关，也与对外直接投资存量的变化有关。从企业范围来看，中位数波动不大，而平均值逐步提高，这表明，大型企业在国外市场上的强势表现推高了销售收入的平均数，而资本效率高的企业在国外市场上的优秀表现推高了单位资产带动的销售收入额。从对外直接投资存量来看，由于投资的增长要先于销售的增长，目前中国对外直接投资还处于投资攀升期。虽然从企业层面来看表现出单位资产带动销售收入不断提高，但是大量未进入市场销售期的对外直接投资使得宏观上没有表现出这种趋势。

对外直接投资带动跨境货物出口占比从 1.69% 增至 2.23%，2008 年两者合计带动货物出口占比为 3.71%。如果考虑通过境外中资企业形成的延伸出口，其占比更加显著，即使按照最小口径的货物延伸出口，其占跨境货物出口比例也超过了 5%（2008 年最低，为 5.11%，2006 年则达到 7.04%）。第三，“走出去”对出口有明显的拉动力。平均来说，完成 1 美元的对外承包工程，能带动国内 0.37 美元的货物出口，尤其是电子通信类项目和制造及加工类项目对货物出口的带动作用很大；平均来说，1 美元对外直接投资存量能带动跨境货物出口 0.22 美元（尤其是制造业和采矿业拉动力度较大），能带动延伸出口 3.48 美元。

## 参考文献

[1] 郭树清：“中国经济的内部平衡与外部平衡问题”，《经济研究》2007 年第 12 期。

[2] Guo S Q. The Internal and External Imbalances of China’s Economy. Economic Research Journal，2007，12：4−10.

[3] 孙利国、杨秋波：“对外承包工程可持续发展的现状、问题与对策”，《国际经济合作》2011 年第 11 期。

[4] Sun L G and Yang Q B. Present Situation，Problems and Countermeasures of Sustainable Development of Foreign Contracted Projects International Economics Cooperation，2011,11：50−53.

[5] 刁春和：“中国对外承包工程发展现状及展望”，《中国建筑金属结构》2009 年第 6 期。

[6] Diao C H.Present Situation and Prospects of Chinese Development of Foreign Project Contracting.China Construction Metal Structure，2009,6：10−12.

[7] 刑厚媛：“奋力开拓成绩显著，化危为机坚定前行——对外承包劳务回顾与前瞻”，《国际经济合作》2009 年第 3 期。

[8] Xin H Y. Review and Prospect of Foreign Labor Contracting.

International Economics Cooperation，2009,3：7−11.

[9] 张瑞莲：“货物出口相对缩减背景下中国扩大对外劳务输出研究”，《经济研究参考》2012 年第 53 期。

[10] Zhang R L.Research on the Expanding of Labor Export in the Eontext of Exports of Goods Reduction in China.Review of Economic Research，2012,53：77−79.

[11] 湛泳、李礼：“我国劳务输出与出口贸易关系的实证研究”，《山西财经大学学报》2006 年第 6 期。

[12] Zhan Y and Li L. An Empirical Study on the Relation Between China’s Labor Exports and Commodity Exports. Journal of Shanxi Finance and Economics University. 2006，6：54−57.

[13] 张纪凤、黄萍：“替代出口还是促进出口——我国对外直接投资对出口的影响研究”，《国际贸易问题》2013 年第 3 期。

[14] Zhang J F and Huang P. Substitute Exports or Promote Exports?——Study on the Influence China’s Outward Foreign Direct Investment on Exports. Journal of International Trade，2013,3：95−103.

[15] 吕计跃：中国对外直接投资的出口效应研究，《统计与决策》2012 年第 19 期。

[16] Lv J Y. Research on the Export Effect of China’s Foreign Direct Investment.Statisics and Decision，2012,19：141−144.

[17] 张春萍：“中国对外直接投资的贸易效应研究”，《数量经济技术经济研究》2012 年第 6 期。

[18] Zhang C P. The Study on the Effects of China’s OFDI on International Trade. The Journal of Quantitative & Technical Economics，2012,6：74−85.

[19] 李晓峰：“中国对外直接投资与出口贸易关系研究——基于 29 个省市面板数据的实证研究”，《广东外语外贸大学学报》2011 年第 9 期。.

[20] Li X F. The Relationship of China’s Outward Foreign Direct Investment and Export: Toward a Data Based Analysis. Journal of Guangdong University of Foreign Studies, 2011,9: 40-46.

[21] 项本武:“中国对外直接投资的贸易效应研究”,《财贸经济》2009 年第 4 期。

[22] Xiang B W. The Effects of Outward Foreign Direct Investment on International Trade: Evidence from China. Finance & Trade Economics. 2009,4: 77-82.

[23] 刘龚、张宗斌:“中国对外直接投资和出口关系的实证研究——基于 ECM 方法”,《改革与战略》2007 年第 4 期。

[24] Liu G and Zhang Z B. An Empirical Study on China’s Foreign Direct Investment and Export. Reformation & Strategy, 2007, 4: 19-21.

[25] IMF. Balance of Payments manual and International Investment Position (6th Edition). 2008.

[26] 联合国等:《国民账户体系》,中国统计出版社,2012 年版。

[27] UN etc. System of National Accounts 2008. China Statistics Press.2012.

[28] UN etc. 2010 Manual on Statistics of International Trade in Services. 2012.

[29] OECD. OECD Benchmark Definition of Foreign Direct Investment (Fourth Edition 2008).2008.

# 中国本土企业获得 FDI 垂直技术溢出了吗？①

## ——基于 1999—2006 年中国制造业企业的实证研究

许晓娟　智冬晓

**摘　要：** 本研究基于企业数据为中国 FDI 垂直技术溢出存在性提供新证据。研究表明，中国本土企业并没有通过垂直产业关联获得技术溢出，相反，外资企业是垂直技术溢出的获益者，这可能由外资企业更倾向于选择外资企业作为上下游合作伙伴引起。私营企业和非创新性企业受到了 FDI 垂直产业关联的负面影响，国有企业和创新性企业则通过制度保护和吸收能力避免了这种负面效应。

## 一、引言

改革开放以来，中国经济增长速度是世界平均水平的 3 倍，创造了举世瞩目的增长奇迹，积极的利用外资政策被认为是中国经济增长奇迹的重要因素[1]。随着外商直接投资（FDI）的累积，中国经济发生了一系列根本性的变化。外商直接投资企业有着高贸易倾向，FDI 不仅推高了中国对外贸易，同时也是中国对外贸易顺差的主要来源[2]。在对外直接投资尚未展开的情况下，中国保持了较长时期的国际收支双顺差格局，长期持续的贸

① 本文发表在《中国软科学》2013 年第 8 期，获得国家自然科学基金项目（项目号：71103035）、国家社科基金（重大）项目（11&ZD004）、对外经济贸易大学创新团队建设项目（CXTD–4–07）、对外经济贸易大学校级项目（10QD35）的资助。

易顺差和对外直接投资顺差使得中国积累了巨额的外汇储备。另外，随着中国劳动力转移进程的推进，劳动成本不断上升，依赖资本和劳动要素积累促进经济增长的模式难以为继。在这样的背景下，中国利用外资的主要目的已经不再是对外国资本的需求。

在中国利用 FDI 的背景发生重大变化的情况下，FDI 作为技术溢出中介的作用越来越受到关注。由于水平技术溢出（或产业内技术溢出）实证研究出现各种复杂矛盾的研究结论，一些研究者提出垂直技术溢出更可能是技术溢出效应发生的渠道[3]。关于中国 FDI 垂直技术溢出的实证研究一般认为通过后向产业关联效应产生了垂直技术溢出，而没有通过前向产业关联效应产生溢出[4-8]。这些研究由于采用汇总的产业数据而可能遭遇水平技术溢出研究中讨论的内生性问题，解决内生性问题的一个有效方法是采用企业微观数据进行实证研究，并控制企业异质性的影响[9]。本文的主要目的就是通过企业微观数据考察垂直技术溢出效应的存在性，补充垂直技术溢出研究缺乏微观企业数据实证研究的空白。

在研究思路方面，本文通过对照研究分析不同类型企业在垂直技术溢出中的表现，试图揭示本土企业垂直技术溢出表现的深层原因。垂直技术溢出的产生有两种不同的情况：一种情况是本土企业与外资企业建立了关联关系，要么本土企业作为外资企业的供应商，要么外资企业作为本土企业的供应商。从外资企业选择产业关联伙伴的角度出发，外资企业同样可以作为供应伙伴的备选对象，因而本土企业可能获得 FDI 垂直技术溢出，同时，外资企业也可能获得。如果这两类企业获得垂直技术溢出的表现不同，则可能是外资企业建立关联关系时所表现的倾向性不同。另一种情况是外资企业与本土企业并没有建立关联关系，而是通过市场在价格和资源配置等方面产生间接影响。这种情况下，外资企业通过外资企业建立产业关联同样会对本土企业产生影响。为此，本文比较外资企业与本土企业在垂直技术溢出方面的表现。本土企业本身的异质性可能对建立与外资企业产业关联、应对外资企业进入带来的冲击等方面产生影响，本文比较国有企业与私营企业、创新企业与非创新企业在垂直技术溢出方面的表现差异。通过建立对照模型，不仅能够了解本土企业获得垂直技术溢出的表现，还可以进一步分析这种表现背后的深层原因。

本文从企业微观数据所得到的结论与行业数据关于垂直技术溢出的认识不同。通过与外资企业的比较，本文发现，本土企业并没有通过产业关联获得垂直技术溢出，本土企业在前向产业关联的垂直技术溢出方面表现为不显著。不仅如此，本土企业作为供应商的情况下，FDI通过后向产业关联对本土企业产生了负面影响。后向产业关联产生的负面影响突出表现在私营企业部门和非创新部门，虽然国有企业和创新企业避免了负面影响，但是，它们在垂直技术溢出效应方面的表现也不显著。本文第二部分进行文献综述，第三部分进行研究设计，第四部分进行实证分析，第五部分给出结论。

## 二、 文献综述

FDI技术溢出存在性的争论并不是中国特有问题，而是一个世界难题，出现争议的原因既有理论方面的不足，也有数据方面的局限。FDI技术溢出的早期研究主要以产业为研究单位，考察水平技术溢出。Aitken和Harrison（1999）认为，跨国公司可能更倾向于选择东道国生产率较高的行业进入。因此，FDI参与程度越高，行业生产率越高，这一现象不一定代表技术溢出效应的发生，由此构成了技术溢出研究中的内生性问题[9]。解决内生性问题的一个有效措施是采用企业数据进行研究，从企业层面计算企业全要素生产率，可以将同一企业在不同时间的生产率反映出来，同时，还可以控制企业异质性特征对企业生产率的影响[10]。由此大量有关技术溢出的研究开始以企业为研究单位，采用企业数据进行实证研究。与采用行业水平进行的研究相比，由于研究单位不同，研究结论差异也比较大。根据Görg和Greenaway（2004）对40篇水平技术溢出效应研究文献的总结，11篇采用行业数据的研究中，有10篇获得了技术溢出正效应的结论。然而，

31 篇采用企业微观数据的研究中，只有 11 篇获得技术溢出正效应的结论，还有 7 篇得到技术溢出负效应的结论 [10] 。在这样的背景下，企业数据的可得性很大程度决定了技术溢出研究的准确性。

论证技术溢出存在性的另一个难点在于如何测度不同渠道的技术溢出效应。理论上，技术溢出渠道包括示范效应、人员流动效应、竞争效应、后向产业关联效应、前向产业关联效应。大量关于技术溢出的研究主要测度外资经济的参与程度对本行业生产率的影响，Görg 和 Greenaway(2004) 认为，这种方式度量的水平技术溢出或者产业内技术溢出实际上是示范效应 [10]。陈涛涛和陈娇（2005）曾针对中国制造业，用外资企业生产率与内资企业生产率的相关关系来反映竞争效应 [11]，然而这种测度竞争效应的方法并没有得到广泛的认可。在人员流动效应方面，实证研究则开始转入工资溢出效应方面的研究，从个人层次进行研究，形成了与水平溢出实证研究思路不同的分支 [12]。越来越多的研究将技术溢出效应的发生寄托在产业关联所产生的垂直技术溢出效应方面。

垂直技术溢出效应可以分为后向和前向产业关联效应。Markusen 和 Venables（1999）认为外资进入对价格或产品质量的影响会影响上下游产业，如果外资进入上游产业。虽然会挤出竞争者，但是也会以较低的价格出售产品，向本地企业提供更便宜的中间投入，提高下游内资企业的利润。如果外资进入下游产业，则会增加对中间投入的需求，由此产生产业间的技术溢出效应 [13] 。Blomström 和 Kokko(1998) 将本土企业作为供应商从下游外资企业获得的技术转移称为后向技术溢出 [15] 。Javorcik（2004）认为后向技术溢出是最有可能产生技术溢出的渠道，其发生有三种可能的情况：首先，跨国公司可能向东道国本地供应商直接转移知识；其次，跨国公司可能就产品质量和交货时间等向本地供应商提出较高的要求，从而使本地供应商产生提升其生产管理能力或技术的意愿；最后，跨国公司的进入提高了中间产品的需求，从而使本地供应商能够从规模经济中获益 [3] 。Roger Smeets（2008）通过综述发现，微观企业层次的研究基本支持垂直溢出效应，特别是后向产业关联效应，基本都获得了正向溢出的结论，而前向产业关联效应方面则多为不显著[12]。

针对中国的技术溢出效应研究也开始从企业层面展开，路江涌（2008）基于1998—2005年中国工业企业数据的研究发现，外商直接投资对国有企业有显著的负向溢出效应，而对私营企业主要表现为显著的正向溢出效应[15]。Ping Liu，Zhuomin Liu和Yifan Zhang（2009）基于1998—2005年的样本考察发现港澳台商投资企业产生了负向的产业内技术溢出，而外商投资企业产生了正向的产业内技术溢出[16]。平新乔等（2007）利用中国第一次全国经济普查数据则发现外资进入并无显著作用，且外资进入会妨碍内资企业通过研发自主创新而缩小与国际先进水平之间距离的努力[17]。夏业良和程磊（2010）也认为引入外国资本存在直接溢出效应，使企业的技术效率提高，但不存在间接溢出效应[18]。虽然这些研究采用企业微观数据进行实证研究，但是很少有专门对垂直技术溢出效应问题的讨论。

中国本土企业是否通过FDI垂直溢出效应获得了技术溢出呢？杨亚平（2007）认为，FDI的后向关联溢出相比行业内溢出是更重要的溢出途径，FDI通过后向关联对当地供应商生产率提高有正向促进作用；通过前向关联产生的技术溢出不显著[4]。邱斌、杨帅、辛培江（2008）认为，FDI总体上对内资企业产生了正向技术溢出效应，而且更多地是由后向关联促进技术进步带来的；前向关联没有产生技术溢出效应[5]。王昆、廖涵（2011）认为，外企通过购买国内投入而产生的后向溢出是最重要的技术溢出渠道，且对产出的影响成非线性，而外企通过购买中间进口而产生的后向溢出则可能存在门槛效应；外企通过提供中间进口而产生的前向溢出是否存在并不确定，由线性溢出回归可知外企通过提供国内投入而产生的前向溢出为负[6]。这些研究对中国垂直技术溢出效应进行了探索，遗憾的是，都以产业数据为基础。

除数据层次的问题外，已有的垂直技术溢出还忽略了东道国制度环境和本土企业吸收能力的问题。近年来，东道国制度环境对技术溢出效应的影响开始受到关注。蒋殿春和张宇（2008）讨论了制度约束下国有企业与私营企业在技术溢出方面存在的差异。他们认为，由于长期受计划体制庇护，国有企业总体上缺乏技术学习和创新的冲动，同时在其有限的技术活动中效率低下，很难在与外资企业的同台竞争中获得技术溢出利益；而私营企业则因为制度的长期歧视而被限制了发展空间，两种所有制的企业都很难从外资企业那里获得技术溢出[19]。陈琳和林珏（2009）认为，政府对民营企业的歧视性待遇限制了它们的发展空间，民营企业总体上发展时间短、基础薄弱、规模偏小、技术水平不高，这些因素限制了民营企业对技术溢出的吸收能力；而国有企业较大的规模、先进的技术装备这些企业特征以及它们与外资合资合作的组织形式决定国有企业可以在外商直接投资中受益[20]。这些研究对技术溢出存在性的判断与以往的研究差异较大，然而，这些研究都没有讨论制度环境对垂直技术溢出的影响。此外，近年关于技术溢出关注本土企业缺乏吸收能力，现有研究普遍认为，技术差距过大，本土企业缺乏吸收能力是影响我国技术溢出发生的原因，并提出技术溢出效应存在“门槛效应”的问题（亓朋、许和连、李海峥，2009；赵果庆，2010；王华、祝树金、赖明勇，2012）[21-23]。而关于垂直技术溢出的研究也缺乏关于技术差距和吸收能力的讨论。

## 三、 理论分析

### （一）垂直技术溢出效应

从理论上看，本土企业与外资企业建立供应合作关系是获得技术溢出的必要前提。外资企业进入本土企业的下游行业，向本土企业购买中间产品，本土企业通过作为供应商而获得外资企业的培训、技术指导、质量要求等方式获得技术转移和技术溢出，或者外资企业增加了中间产品的需求，促使本土企业规模经济效益发生（Javorcik，2004）[3]。这种后向技术溢出的发生是以本土企业已经成为外资企业的供应商为前提的。然而，从下游外资企业的角度来看，供应商可以在东道国本土企业、东道国外资企业、投资国企业甚至其他外国企业当中进行选择，因此，如果下游外资企业并没有选择东道国本土企业作为供应商，那么产生后向技术溢出效应是比较困难的。如果外资企业更倾向于选择东道国外资企业作为供应商，本土企业通过后向产业关联获得技术溢出会受到两方面的影响：第一，成为外资企业供应商的高门槛使本土企业无法建立供应合作关系，因而无法获得后向技术溢出；第二，外资企业选择外资企业作为供应商可能挤占市场资源，本土企业不仅没有建立供应合作关系，反而可能因人力成本等因素变化而使生产率降低。

下游外资企业选择东道国本土企业作为供应商的原因值得关注。如果东道国本土企业与外资企业和国外企业相比更缺乏讨价还价的能力，那么下游外资企业就可能以较低的价格获得较高质量的中间产品。一旦成为外资企业的供应商，本土企业可能根据外资企业的需要进行固定资产投资，形成沉没成本，对外资企业形成高度的依赖关系，更进一步降低讨价还价的能力，从而可能被锁定在价值链低端(刘志彪和张杰，2007)[24]。在这一过程中，如果本土供应商中生产率较高的企业为了摆脱被锁定在价值链低端的地位而甘冒风险进行转型，一旦转型失败，发生倒闭，则可能导致本行业平均生产率的下降，形成挤出效应。因此，后向技术溢出的发生并不必然是积极的正效应，也有可能不显著甚至产生负效应。

同样的道理，如果外资企业进入本土企业的上游行业，也并不必然就会对本土企业产生前向技术溢出。首先，外资企业进入不一定将下游本土企业作为销售对象，向其提供中间产品，从中国外资企业的高出口倾向来看，大量的出口导向型外资企业都属于这类型的企业。它们不会通过直接产业关联关系使本土企业获得技术溢出，不仅如此，外资以出口为目的进入上游行业可能会占用东道国的人力资源、自然资源等，从而提高下游本土企业的成本，降低本土企业的生产率。其次，即便外资企业成为本土企业的供应商，也可能凭借其技术优势而降低本土企业的讨价还价能力，从而使本土企业锁定在价值链低端(刘志彪和张杰，2007)[24]。前向技术溢出的发生也不必然是积极的正效应，也有可能不显著甚至产生负效应。

### （二）东道国制度环境与垂直技术溢出效应

中国在转型经济过程中所形成的国有企业与私营企业面对不同的政策保护和融资约束，特别是私营企业，在制度歧视的环境下，外资企业进入下游行业对私营企业和国有企业的影响可能是不同的[19-20]。如果外资企业选择外资企业作为供应商，从而使本行业外资企业更具有竞争力，可能对本土企业产生负面影响。然而，国有企业可以通过政府采购等方式，利用政策保证其中间产品的销售，在竞争的夹缝中，私营企业又可能因为融资约束而进一步受到挤压。如果本土企业顺利成为外资企业的供应商，在面对被锁定的地位时，私营企业转型与国有企业转型所需要承受的风险也是不同的。国有企业更容易获得其他企业或者政府担保而获得贷款，缓解转型面临的资金困难，私营企业则可能由于无力抵御转型风险而进一步压缩利润，以降低生产率的方式维持生存。因此，私营企业要比国有企业更可能通过后向产业关联效应受到负向技术溢出的影响。如果外资企业进入上游行业，国有企业由于制度保护而难以将外资企业作为其供应商，而私营企业由于长期受制度歧视而从事低端产品的生产，外资企业往往提供的技术含量较高的中间产品很难被列入私营企业的采购清单。因此，政策歧视和融资约束使私营企业比国有企业更容易受到来自上下游外资企业的负面影响，从而产生负面的垂直技术溢出效应。

### （三）本土企业创新与垂直技术溢出效应

本土企业的吸收能力常常来自其自身的创新探索。本土企业作为供应商获得下游外资企业的技术指导的成效可能也会受其吸收能力的影响，这样，创新性的本土企业比非创新性企业更容易获得后向产业关联所产生的垂直技术溢出。同样，外资企业作为供应商为下游本土企业提供技术指导的效果也会受到其吸收能力的影响。这样，创新性的本土企业比非创新性企业更容易获得前向产业关联所产生的垂直技术溢出。

## 四、研究设计

### （一）基准模型：本土企业与外资企业对照模型

由于外资企业寻找供应商时可能将东道国外资企业与本土企业同时作为备选对象，因此，内资企业是否通过产业关联获得垂直技术溢出与外资企业在垂直技术溢出方面的表现有关。鉴于此，本文将外资企业作为本土企业垂直技术溢出研究的对照组。如果本土企业与外资企业在垂直技术溢出方面的表现存在差异，说明外资企业与东道国本土企业、东道国外资企业之间建立的产业关联是不同的。

企业生产率增长还受到其他因素的影响，本文需要考虑控制变量的设计。第一，生产率增长有自发性，本文将滞后一期的生产率增长作为控制变量；第二，创新被认为是企业生产率增长的重要因素，本文将创新强度作为控制变量；第三，除了 FDI 作为技术溢出的来源之外，出口也被认为是重要的溢出来源，本文将出口强度作为控制变量；第四，劳动质量也是重要的生产率增长，本文将平均工资作为控制变量；第五，水平技术溢出也可能对企业生产率产生影响，本文将本行业外资参与程度作为控制变量。此外，时间、行业、地区、企业经济类型也将受到控制。

这些变量中，因变量生产率增长、自变量滞后一期的生产率增长、创新强度、出口强度、平均工资从企业层面进行测度。而前向产业关联、后向产业关联和外资参与程度则从行业层面进行测度。本文的第一组模型可以表示如下：

$$DTFP^{k}_{it}=\beta_0+\beta_{0j}+\beta_{0r}+\beta_{0s}+\beta_{0t}+\beta_1 VSB^{F}_{jt}+\beta_2 VSF^{F}_{jt}+\beta_3 HS^{F}_{jt}+\beta_4 Innovation_{it}+\beta_5 Export_{it}+\beta_6 LQ_{it}+DTFP^{k}_{t-1}+\varepsilon_t \quad (1)$$

当 k 取 1 时，表示以内资企业为研究对象（模型 1），当 k 取 2 时，表示以外资企业为研究对象（模型 2）。两个模型形成对照观察。该模型构成了本研究的基准模型。

$DTFP^{k}_{it}$ 表示 i 企业 t 年的全要素生产率增长，$VSB^{F}_{jt}$ 表示 j 行业 t 年外资后向产业关联程度，$\beta_1$ 是其估计系数，$\beta_1$ 显著为正，表示后向产业关联效应存在，显著为负，表示通过后向产业关联产生了挤出效应；$VSB^{F}_{jt}$ 表示 j 行业 t 年外资前向产业关联程度，$\beta_2$ 是其估计系数，$\beta_2$ 显著为正，表示前向产业关联效应存在，显著为负，表示通过前向产业关联产生了挤出效应。

$HS^{F}_{jt}$ 表示 j 行业 t 年外资本行业参与程度，$Innovation_{it}$ 表示 i 企业 t 年的创新强度，$Export_{it}$ 表示 i 企业 t 年的出口强度，$LQ_{it}$ 表示 i 企业 t 年的劳动质量，$DTFP^{k}_{t-1}$ 表示 i 企业上年全要素生产率增长。

### （二）本土企业分组对照模型

不同类型本土企业在垂直技术溢出效应方面的表现可能存在差异，基准模型的设计控制变量的方式实际上假定这种差异仅仅体现在截距项，而斜率是相同的，即不同类型本土企业的垂直技术溢出效应存在性相同。如果允许不同类型本土企业的垂直技术溢出效应存在性不同，则需要设计可变系数的模型，为此，本文采取分组的方式设计模型。鉴于此，本文建立了两组分组对照模型：第一组是国有企业（模型 3）与私营企业（模型 4）的对照；第二组是创新企业（模型 5）与非创新企业（模型 6）的对照。本文针对不同的研究对象建立了六个研究模型。

$$DTFP^{k}_{it}=\beta_0+\beta_{0j}+\beta_{0r}+\beta_{0s}+\beta_{0t}+\beta_1 VSB^{F}_{jt}+\beta_2 VSF^{F}_{jt}+\beta_3 HS^{F}_{jt} + \beta_4 Innovation_{it}+\beta_5 Export_{it}+\beta_6 LQ_{it}+DTFP^{k}_{t-1}+\varepsilon_t \quad (2)$$

当 k 取 3 时，表示以国有企业为研究对象（模型 3）；当 k 取 4 时，表示以外资企业为研究对象（模型 4）。这两个模型形成对照观察，反映东道国制度环境对本土企业垂直技术溢出效应的影响。当 k 取 5 时，表示以创新性企业为研究对象（模型 5）；当 k 取 6 时，表示以非创新性企业为研究对象（模型 6）。这两个模型形成对照观察，反映吸收能力对垂直技术溢出效应的影响。

## 五、实证分析

### （一）研究对象的定义

本文按研究对象不同，分别建立了六个研究模型，研究对象的确定依据主要参照国家统计局社管司《关于划分企业登记注册类型的规定》，依此规定，企业可以不重复不遗漏地归入其中所定义的企业类别。根据该规定，内资企业包括国有企业、集体企业、股份合作企业、联营企业、有限责任公司、股份有限公司、私营企业和其他企业，内资企业之外还有港澳台商投资企业和外商投资企业。在此规定基础上，本文将本土企业的范围确定为规定中的内资企业，外资企业则包括港澳台商投资企业和外商投资企业。国有企业、联营企业中的国有企业和有限责任公司中的国有独资公司定义为本文分组对照中的国有企业；规定中的私营企业包括私营独资企业、私营合伙企业、私营有限责任公司和私营股份公司，本文将这四类企业定义为分组对照中的私营企业。此外，本文将新产品产出大于 0 的企业定义为创新性企业，新产品产出为 0 的企业定义为非创新性企业。

### （二）数据及其预处理

本文所应用的数据分为两个层次：一是企业层次，二是行业层次。企业层次数据来源于国家统计局《国有及规模以上非国有工业企业数据库》，该数据库涵盖的企业范围是目前可以得到的、最全面的中国企业水平数据。行业数据则广泛应用中国统计年鉴、国家统计数据库网站的产业数据①、2002 年和 2007 年投入产出表② 等。

本文选取 1999—2006 年制造业企业进行实证研究，涉及超过 170 万

① 虽然一些指标（例如：外资产业内参与程度）可以通过数据库计算得到，但是，由于数据口径等原因，这样获得的数据与国家统计局公开发布的数据可能存在差异，因此，本书对能够采用公开发表的数据指标，以公开发布的数据为准。

② 本文能够获得 2002 和 2007 年 42 部门的投入产出表，只能得到 2000 年和 2005 年的投入产出表 17 部门表，考虑到产业分类的详细程度和与国民经济行业分类的对应性，本书主要采用了 2002 和 2007 年投入产出表数据。

条样本数据，因此，对数据进行预处理是非常重要的基础工作。首先，由于1999—2002年与2003—2006年所依据的行业分类标准发生变化，因此，本文按照《国民经济行业分类2002》将1999—2002年行业分类发生变化的企业行业代码进行了调整。其次，行业标准变化后，一些属于制造业的企业被归为农业等其他行业，因此，本文还剔除了非制造业企业数据。最后，本文对异常数据进行了剔除，包括剔除工业总产值、固定资产原价、固定资产净值年平均余额、中间投入、就业人数小于等于0的数据。

### （三）变量

#### 1. 全要素生产率

全要素生产率（Total Factor Productivity，TFP）是企业微观数据研究技术溢出普遍采用的被解释变量。测度企业TFP是本研究的一个基础并且重要的工作，要获得准确的TFP估计需要解决三个问题：第一，选取测度指标；第二，提出价格因素对测度指标的干扰；第三，采用适当的方法测度TFP（袁堂军，2009）[25]。为此，本文选取工业总产值作为产出的测度指标，固定资产合计作为资本投入的测度指标，从业人员年平均数作为劳动投入指标，中间投入作为原材料投入指标①。针对其中价值形式的指标，本文进行了指数缩减，其中，工业总产值采用工业品出厂价格指数进行缩减；固定资产合计采用当年固定资产投资价格指数进行缩减；中间投入采用原材料、燃料、动力购进价格指数进行缩减②。最后，本文采用C-D生产函数作为计算TFP的基础模型，计算索罗余值作为TFP的估算结果，

① 产出与投入的测度指标有许多指标可供选择，由于仅在估计系数的大小方面有一定影响，对估计系数的正负号没有影响，因此，本文最终确定以上述指标计算的TFP为准，展示后续分析结果。

② 三类价格指数均取自《中国统计年鉴2011》，本文采用公布的上年为100的价格指数，并统一调整为以1999年为100的定基指数。二位码行业分类的工业品出厂价格指数是目前公布的细分程度最高的工业生产者价格指数，而固定资产投资价格指数和原材料、燃料、动力购进价格指数只有年度指数，没有细分行业。价格指数对生产率测度的准确性影响较大，但是本文的研究结果表明，技术溢出效应的评估受此影响较小，是否进行价格调整对估计系数的大小有一定影响，但对估计系数的正负号没有影响。

再经过差分处理，获得 TFP 增长的估计值[①]。

2. 水平技术溢出效应

外资参与程度是测度水平技术溢出效应或示范效应的指标，该指标在本研究中有两个用途：一是作为控制变量，二是作为计算垂直产业关联的基础指标。该指标的计算在产业层面进行，本文以资产总计在相应行业资产总计[②] 中的比重测度外资产业程度（用 HS 表示），公式如下：

$$HS_{jt}=FDI_{jt}/Total_{jt} \tag{2}$$

其中，HS 表示外资参与程度，j 表示行业，t 表示年份；FDI 表示外资企业资产总计；Total 表示行业资产总计。

3. 垂直技术溢出效应

本文按照 Jovorcik(2008) 所使用的方法计算产业间技术溢出效应，包括前向产业关联和后向产业关联。

（1）前向产业关联程度

前向产业关联效应（用 VSF 表示）反映外资企业作为上游供应商对其下游本土企业生产率的影响，计算公式如下：

$$VSF_{jt}=\Sigma_{k,j\neq k}a_{jkt}HS_{jt} \tag{3}$$

其中，$a_{jkt}$ 表示 j 部门在 t 年用于 k 部门的产出比例（直接分配系数），j 和 k 均表示投入产出表的行业分类。

（2）后向产业关联程度

后向产业关联效应（用 VSB 表示）反映外资企业作为下游企业对其上游本土供应商生产率的影响，计算公式如下：

$$VSBjt=\Sigma_{k,j\neq k}\lambda_{jkt}HS_{jt} \tag{4}$$

① 计算 TFP 有很多方法，本文对 TFP 计算方法是否影响本文的分析结果进行了评估，由于仅在估计系数的大小方面有一定影响，对估计系数的正负号没有影响，因此，本文以应用最广泛的索洛余值法 TFP 为基础进行后续的结果展示。

② 数据来源于历年《中国统计年鉴》，分行业外资企业就业人数取《中国统计年鉴》中分行业“三资企业”主要经济指标中的资产总计，各行业就业总人数取分行业国有及规模以上非国有企业主要经济指标中的资产总计。利用资产总计和就业人数获得的模型估计系数大小有所不同，但正负号是相同的。

其中，$\lambda_{jkt}$ 表示 j 部门在 t 年使用 k 部门产出的比例（直接消耗系数），j 和 k 均表示投入产出表的行业分类。

4. 控制变量

本文的控制变量分为三类：第一类是定性变量，包括年份、地区、行业、企业经济类型。其中，年份取值从 1999 到 2006；地区包含中国大陆地区 31 个省级行政区划单位；行业包含《国民经济行业分类（2002）》中的 30 个制造业行业；企业经济类型包含《关于划分企业登记注册类型的规定》中的 22 类。第二类是定量变量，包括上一期 TFP 增长，用 TFP 滞后一期的变量表示；创新强度，用新产品产出与工业总产值之比表示；出口强度，用出口交货值与工业总产值之比表示；劳动质量，用工资与福利之和除以劳动人员年平均数表示。第三类是本行业外资产业程度，用于测度水平技术溢出，如前所述，该指标在行业层面测度，以资产总计在相应行业资产总计中的比重表示。

## （四）估计与检验结果

根据模型的数据的特点，本文采用分层模型进行估计和检验，该方法也称混合模型，能够处理定性变量和定量变量同时作为解释变量的模型估计与检验问题，从而达到控制时间、行业、地区、企业经济类型等分类特征对被解释变量全要素生产率增长的影响。

1. 本土企业与外资企业比较

如表 1 所示，以内资企业为研究对象的模型 1 显示，后向产业关联效应表现为显著的负效应，而前向产业关联效应则不显著；从示范效应来看，模型 1 的估计系数也不显著，而模型 2 的估计系数则显著为正；控制变量都非常显著。这说明外资进入中国并没有使内资企业获得技术溢出，并且，不仅示范效应不显著，垂直技术溢出也同样表现不佳，更为糟糕的是，后向产业关联效应对中国内资企业的 TFP 增长产生了负向的影响。与模型 1 不同，模型 2 以外资企业为研究对象，在后向产业关联效应方面表现显著为正，并且示范效应也表现为显著的正效应，不过前向产业关联效应仍然是不显著的。比较模型 1 和模型 2 可以看出，外资进入中国通过水平和垂直溢出对外资企业的生产率增长产生了积极作用，但却没有对内资企业产生积极影响。

**表 1　内资企业与外资企业对照模型估计与检验结果**

| | | | 研究模型 1 | 研究模型 2 |
|---|---|---|---|---|
| | | | 内资企业 | 外资企业 |
| 垂直技术溢出 | 后向产业关联效应 | VSB | –0.6932*** | 1.0729*** |
| | 前向产业关联效应 | VSF | 0.0176 | 0.0315 |
| 水平技术溢出 | 示范效应 | HS | 0.0230 | 0.0992** |
| 控制变量 | 滞后一期的 TFP 增长 | TFP(t–1) | –0.3451*** | –0.3442*** |
| | 创新 | Innovation | 0.0702*** | 0.0628*** |
| | 出口 | Export | 0.0101*** | 0.0084*** |
| | 劳动质量 | LQ | 0.0001*** | 0.0013*** |
| | 截距项 | | 0.0656*** | –0.2093*** |
| | 地区 | | 显著 | 显著 |
| | 时间 | | 显著 | 显著 |
| 控制变量 | 行业 | | 显著 | 显著 |
| | 企业经济类型 | | 显著 | 显著 |
| 样本量 | | | 501951 | 158815 |

注：*** 表示取显著性水平为 0.01，检验通过；** 表示取显著性水平为 0.05，检验通过；* 表示取显著性水平为 0.1，检验通过。

2. 国有企业与私营企业比较

如表 2 所示，选取内资企业当中的国有企业和私营企业进行比较，模型 3 表明，国有企业在后向和前向产业关联效应方面表现均不显著，而在示范效应方面表现为显著的负向影响，这说明国有企业并没有从 FDI 中获得技术溢出，并且还因为同行业外资企业的竞争而受到了挤出；与之相比较，私营企业同样没有从FDI中获得技术溢出，但是，与国有企业不同的是，私营企业因为外资进入其上游行业而通过后向产业关联产生了挤出效应。

**表 2　国有企业与私营企业分组对照模型估计与检验结果**

| | | | 研究模型 3 | 研究模型 4 |
|---|---|---|---|---|
| | | | 国有企业 | 私营企业 |
| 垂直技术溢出 | 后向产业关联效应 | VSB | 0.2287 | –0.6707*** |
| | 前向产业关联效应 | VSF | 0.1494 | 0.0329 |
| 水平技术溢出 | 示范效应 | HS | –0.1953* | 0.0322 |
| 控制变量 | 滞后一期的TFP增长 | TFP(t–1) | –0.247*** | –0.3553*** |
| | 创新 | Innovation | –0.0158** | – |
| | 出口 | Export | 0.0057 | 0.0080*** |
| 控制变量 | 劳动质量 | LQ | 0.0015*** | 0.0001*** |
| | 截距项 | | 0.6717*** | 0.0300 |
| | 地区 | | 显著 | 显著 |
| | 时间 | | 显著 | 显著 |
| | 行业 | | 显著 | 显著 |
| | 企业经济类型 | | 显著 | 显著 |
| 样本量 | | | 63155 | 45267 |

注：*** 表示取显著性水平为 0.01，检验通过；** 表示取显著性水平为 0.05，检验通过；* 表示取显著性水平为 0.1，检验通过。

3. **创新企业与非创新企业比较**

选取内资企业中的创新企业与非创新企业进行比较，模型 5 表明，创新企业在后向产业关联、前向产业关联和示范效应方面均没有受到显著影响，与之相比，非创新企业则因为外资进入上游行业而通过后向产业关联受到了负面影响。

**表 3　创新企业与非创新企业分组对照模型估计与检验结果**

| | | | 研究模型 5 | 研究模型 6 |
|---|---|---|---|---|
| | | | 创新企业 | 非创新企业 |
| 垂直技术溢出 | 后向产业关联效应 | VSB | 0.1010 | −0.8627*** |
| | 前向产业关联效应 | VSF | 0.0731 | 0.0049 |
| 水平技术溢出 | 示范效应 | HS | −0.0229 | 0.0414 |
| 控制变量 | 滞后一期的 TFP 增长 | TFP(t−1) | −0.3450*** | −0.3485*** |
| | 创新 | Innovation | 0.0469*** | – |
| | 出口 | Export | −0.0544*** | 0.0469*** |
| 控制变量 | 劳动质量 | LQ | 0.0007*** | 0.0001*** |
| | 截距项 | | 0.0501 | 0.0704*** |
| | 地区 | | 显著 | 显著 |
| | 时间 | | 显著 | 显著 |
| | 行业 | | 显著 | 显著 |
| | 企业经济类型 | | 显著 | 显著 |
| 样本量 | | | 456684 | 109984 |

注：*** 表示取显著性水平为 0.01，检验通过；** 表示取显著性水平为 0.05，检验通过；* 表示取显著性水平为 0.1，检验通过。

## 六、结论

发展中东道国积极利用外资的一个重要原因是 FDI 可能带来技术溢出，促进东道国企业生产率增长。传统上关于技术溢出存在性的实证研究往往关注同行业外资参与程度对本行业企业生产率增长的影响，采用企业数据可以有效控制模型内生性问题，这种水平技术溢出方面的研究结果并没有形成一致意见。因此，研究者试图从本土企业与外资企业的产业关联关系中寻求垂直技术溢出存在性的证据。关于中国本土企业垂直技术溢出存在性的研究大多采用行业数据，因而没有有效控制模型内生性问题。鉴于此，本文采用企业数据研究中国本土企业是否通过产业关联关系获得了垂直技术溢出。

本文的研究为垂直技术溢出的存在性提供了多维度的解读。首先，总体上看，中国本土企业并没有获得垂直技术溢出效应，通过后向产业关联，本土企业受到了来自下游外资企业的负面影响，下游外资企业进入程度越高，本土企业生产率增长越慢；在前向产业关联方面，本土企业生产率增长与上游外资企业参与程度之间的关系不显著。外资企业通过后向产业关联效应获得了正向的垂直技术溢出效应，这说明下游外资企业进入程度越高，上游外资企业的生产率增长越高，作为中间产品供应商的外资企业是中国 FDI 垂直技术溢出的获益者。外资企业与本土企业在后向技术溢出效应方面的不同表现反映出中国利用外资中可能存在的问题，外资企业可能更倾向于选择外资企业而不是本土企业作为供应商，其结果是本土企业不但没有获得上游外资企业进入所带来的垂直技术溢出，反而因为同行业外资企业被选作外资企业的供应商而受到负面的影响；在激烈的竞争中，本土企业不但没有获得上游外资企业的垂直技术溢出，反而可能因为缺乏讨价还价能力而压缩利润，被“锁定”在价值链的低端，导致生产率增长迟缓。

其次，近年来，关于水平技术溢出没有发生的一个重要理由是东道国制度环境使国有企业形成了政策保护和融资便利，而私营企业却受到政策歧视和融资约束的制约，制度环境的改善成为解释企业生产率增长的因素，然而，这种观点主要基于水平技术溢出，本文提供了这种观点在垂直技术溢出方面表现的证据。本文对比了国有企业和私营企业在垂直技术溢出方面的表现，通过后向产业关联受到负面影响的是私营企业，国有企业没有受到后向产业关联的影响，这说明私营企业所受到的政策歧视和融资约束可能是加剧其在竞争中处于不利地位的重要因素，而国有企业则由于政策保护和融资便利而避免了来自上游外资企业进入所带来的负面影响。

最后，企业往往通过创新提高自身的 FDI 技术溢出吸收能力，本文的研究结果表明，在本土企业整体受到来自上游外资企业负面影响的背景下，那些不创新的企业则成为上游外资企业负面影响的受害者，而那些进行创新的企业不仅因为自主创新促进了自身的生产率增长，还通过创新避免受到上游外资企业进入带来的负面影响。

本文的研究结果对中国利用外资的启示是非常有价值的，第一，中国选择外商直接投资项目时，应当考虑其对上下游本土企业所带来的影响，一方面要关注其所建立的外资企业是否会与本土企业建立供应合作关系，另一方面更要关注其所建立的供应合作关系中本土企业是否具备与其讨价还价的能力。从而把握好合作的条件和时机。第二，私营企业的可持续发展需要政府采取有效措施消除政策歧视和融资约束，使私营企业能够与国有企业、外资企业处于平等的竞争环境，才能扭转私营企业被上游外资企业"挤出"的现状。第三，在中国积极利用外资的背景下，鼓励企业自主创新的意义不仅仅是提高自身的生产率，同时也是抵抗来自上游外资冲击的重要方式。

## 参考文献

[1] 世界银行：《2005 全球经济展望：贸易、地区主义和发展》，中国财政经济出版社，2005 年版。

[2] 高敏雪、许晓娟："将外国商业存在引入国际贸易统计——针对中国对外货物贸易统计的研究与数据重估"，《统计研究》2010 年第 7 期。

[3] Javorcik，B. S. Does foreign direct investment increase the productivity of domestic firms? In search of spillovers through backward linkages. American Economic Review，2004，94(3)：605−627.

[4] 杨亚平："FDI 技术行业内溢出还是行业间溢出——基于广东工业面板数据的经验分析"，《中国工业经济》2007 年第 11 期。

[5] 邱斌、杨帅、辛培江："FDI 技术溢出渠道与中国制造业生产率增

长研究：基于面板数据的分析”，《世界经济》2008 年第 8 期。

[6] 王昆、廖涵：“国内投入、中间进口与 FDI 垂直溢出——基于非竞争型投入产出表的实证研究”,《数量经济技术经济研究》2011 年第 1 期。

[7] 王欣、陈丽珍：“外商直接投资、前后向关联与技术溢出——基于江苏制造业面板数据的经验研究”，《数量经济技术经济研究》2008 年第 11 期。.

[8] 王滨：“FDI 技术溢出、技术进步与技术效率——基于中国制造业 1999—2007 年面板数据的经验研究”，《数量经济技术经济研究》2010 年第 2 期。

[9] Aitken，B. J.，A. E. Harrison. “Do domestic firms benefit from direct foreign investment? Evidence from Venezuela” . American Economic Review.1999,89 (3)，605−618.

[10] Holger Görg and David Greenaway. Much Ado about Nothing? Do Domestic Firms Really Benefit from Foreign Direct Investment?.The World Bank Research Observer，2004,19(2)：171−197.

[11] 陈涛涛、陈娇：构建外商直接投资行业内溢出效应双机制双因素分析模型，《中国软科学》2005 年第 10 期。

[12] Roger Smeets. Collecting the Pieces of the FDI Knowledge Spillovers Puzzle. The World Bank Research Observer，2008，23(2)：107−138.

[13] James R. Markusen，Anthony J. Venables. Foreign Direct Investment as a Catalyst for Industrial Development. European Economic Review，1999，43(2)：335−356.

[14] Blomström，M.，Kokko，A. Multinational Corporations and Spillovers. Journal of Economic Surveys，1998，12(3)：247−277.

[15] 路江涌：“外商直接投资对内资企业效率的影响和渠道”，《经济研究》2008 年第 6 期。

[16] Lin，P.，Z. M. Liu，and Y. F. Zhang. “Do Chinese domestic firms

benefit from FDI inflow? Evidence of horizontal and vertical spillovers”. China Economic Review. 2009，20 (4)： 677–691.

[17] 平新乔等：“外国直接投资对中国企业的溢出效应分析：来自中国第一次全国经济普查数据的报告”，《世界经济》2007 年第 8 期。

[18] 夏业良、程磊：“外商直接投资对中国工业企业技术效率的溢出效应研究”，《中国工业经济》2010 年第 7 期。

[19] 蒋殿春、张宇：“经济转型与外商直接投资技术溢出效应”，《经济研究》2008 年第 7 期。

[20] 陈琳、林珏：“外商直接投资对中国制造业企业的溢出效应：基于企业所有制结构的视角”，《管理世界》2009 年第 9 期。

[21] 亓朋、许和连、艾洪山：“外商直接投资企业对内资企业的溢出效应：对中国制造业企业的实证研究”，《管理世界》2008 年第 4 期。

[22] 赵果庆：“FDI 溢出效应、技术缺口与工业发展——基于我国汽车业的实证分析”，《中国软科学》2010 年第 3 期。

[23] 王华、祝树金、赖明勇：“技术差距的门槛与 FDI 技术溢出的非线性——理论模型及中国企业的实证研究”，《数量经济技术经济研究》2012 年第 4 期。

[24] 刘志彪、张杰：“全球代工体系下发展中国家俘获型网络的形成、突破与对策——基于 GVC 与 NVC 的比较视角”，《中国工业经济》2007 年第 7 期。

[25] 袁堂军：“中国企业全要素生产率水平研究”，《经济研究》2009 年第 6 期。

# 中国参与国际贸易核算：回顾与展望[①]

贾怀勤

**摘　要**：中国参与国际贸易核算不同于它的国际贸易统计数据采集、整理和发布，前者是早已有之，后者始自1994年，其标志性事件是中美两国开始第一轮双边贸易数据比对。本文回顾了1994—2014年间中国参与国际贸易核算的历程，总结了核算方法的演进，提出了进一步开展这方面工作的建议。

2014年11月11日，亚太经合组织成员经济体的领导人汇聚北京，对在新的国际形势下进一步凝聚亚太精神，推动创新发展形成重要共识，通过了《亚太经合组织第二十二次领导人非正式会议宣言》（以下简称“宣言”）。时隔13年，中国作为东道主再次举办APEC会议，并且在中国主导下产生一系列会议成果，体现出中国在当今世界经济体系中的重要地位和强大影响力。

中国能够成长为贸易大国，在国际经济贸易体系中的话语权由无到有、由微到大，得益于改革开放之初中国设计的融入世界经济体系方略：承认该体系的合法性和合规性，先融入该体系，借助于该体系发展壮大自己，而后依仗发展起来的经济实力逐步增大在该体系中的影响力，提出改革国际经济秩序中不合理之处的建议。

① 本文写于2014年。

2014 年 APEC 会议共识中包括批准将增加值用于亚太经济体之贸易核算，批准建立核算的战略框架及其行动计划，尽快建成相应的数据库。以上精神见之于宣言第 17 条。中国参与国际贸易核算 20 年，也经历了承认现行国际贸易核算方法，融入该核算体系，到逐步获取话语权的过程。在 2014 年 APEC 会议上第一次主动提出实施贸易核算创新，其意义深远。本文拟对 20 年来中国参与国际贸易核算的重大活动进行回顾，并提出今后逐步引领核算创新的策略建议。

## 一、中国参与国际贸易核算的策略和基本历程

中国参与国际贸易核算活动，始于 1994 年与美国合作开展双边贸易[①]数据比对，到 2014 年正好 20 年。此前，作为成员经济体仅向有关国际组织提交统计数据不能视为参与。

与美国合作开展双边贸易数据比对，属于大背景下的被动，具体活动上的主动。到 20 世纪 80 年代末，中美围绕双边贸易平衡已出现争议，且逐年加剧，美国方面根据其本国的数据，指责中国享有对美贸易巨额顺差，挑起贸易争端，压迫中国开放市场、货币升值。中国方面为维护自己的经济权益，对中美双边贸易数据差异产生的统计制度原因进行深入研究。继而向美方提出开展双边贸易数据比对，得到美方响应，两国商定在中美商贸联委会框架下设立统计小组，开展贸易数据比对。

中国参与国际贸易核算活动的策略，是在 1992—1993 年间确定的。对此，时任经贸部长李岚清同志有明确的指示。1992 年，笔者给经贸部领导提交了一份题为《原产地统计标准是中美贸易统计数字差异的根本原因——中美经香港转口贸易实证分析》的报告。该报告通过理论分析和实证研究指出了中美贸易数据差异的症结所在，建议两国通过数据比对机制，逐步化解数据差异症结。并且建议中国贸易统计与国际接轨，为比对奠定

① 当时“贸易”即指货物贸易。

统计方法制度基础。同年 11 月，李岚清批示：“我对原产地原则有怀疑，这个原则造成各国的统计都不一致。最近经贸大学一位同志写的文章请你们看一下，将来入关后要提。”“这份报告我看了，有许多意见很好。”[①] 1993 年 3 月，李岚清在全国人大会议期间答记者问，在谈到中美贸易平衡问题时，再次指出现行贸易统计方法对贸易利得的扭曲，要国人对此加强研究，将来“复关”后提出中国的见解。

现行国际货贸统计规则形成于 20 世纪 50 年代，它集中体现在：（1）物品跨境原则；（2）在地原则（即原产国原则）；（3）通关登记方式。而海关当局按通关货物的实际价值[②] 记录货值，也就隐含了这套规则的另一条原则——货品全值原则。而迄今国际贸易核算出现了三种方法。第一种是数据比对方法。在全面照搬上述原则前提下，检讨两国海关当局采集货贸原始数据时的具体制度因素和贸易商的中间增值因素，寻找两国数据不一致的原因，确定其影响程度，不失为一种可行的核算方法。第二种方法是属权核算方法，也可以称之为综合平衡方法或全口径核算方法。它突破跨境原则，把投资国在东道国所属企业的当地销售视为其出口的延伸，一并进入核算视野；由货贸扩展到服贸。按这样的全口径，对货贸和服贸的出售和购进综合核算。第三种是增加值核算方法。它突破货物全值原则，只以出口国生产货物过程中的增加值，或者以进口国最终吸收国外的增加值，进行贸易核算。

中国参与国际贸易核算活动的历程，沿三条主线先后启动，并行展开。第一条主线是双边货贸数据比对，20 年间一直延续。第二条主线是属权贸易核算，开展时间大致在 1997—2007 年。第三条主线是增加值的贸易核算，萌芽于 20 世纪最后几年，正式开展始自 2010 年。

---

① 外经贸部计划司整理，“李岚清副总理对贸易统计方法问题的几次重要批示”，1996 年 10 月 17 日。

② 具体到贸易流向，出口按 FOB 价记值，进口按 CIF 价记值。

## 二、货贸数据双边比对的研究和成功实践

中美商贸联委会统计小组先后开展了三轮货物贸易数据比对，1994—1995 年就 1992—1993 年的数据进行比对，2008—2009 年就 2000 年、2004 年和 2006 年 3 个年份的数据进行比对，2011—2012 年对 2008—2010 年的数据进行比对。在第二轮比对和第三轮比对结束后，笔者先后撰文《中美贸易数据差异核对研究：回顾与展望》[①] 和《贸易数据的比较和比对——中美两国贸易统计研究角度》[②]，对比对的方法和结论进行论证，这里不赘述。此外，中国还与其他一些主要贸易伙伴进行了双边货贸数据比对。

需要指出的是，在第一轮中美数据比对之前中国方面所做的必要准备，即改以海关统计代替原进出口业务统计作为官方数据，同时由海关对输港货物的目的国统计加强管理。

## 三、贸易的属权核算的探索

### （一）属权核算概念

到 20 世纪 80 年代，发达国家对服务贸易的概念发生了重大变化。这种服务贸易新概念，具体化为服务的四种提供模式，被写进了世贸组织文件中，成为指导各经济体之间服务贸易谈判的内容。世贸组织等六个国际组织开发了《国际服务贸易统计手册》（Manual on Statistics of International Trade in Services — MSITS），手册建立起国际收支（BOP）统计和外国附属机构服务统计（FATS）的二元架构，前者（经常项目服务分项）测度跨境服务贸易，后者测度外国直接投资企业在东道国的服务提供。贸易的属权观念由此而生：外国直接投资企业尽管在属地原则上是东道国的居民，但由于其所有权属于外国投资者，故而其销售的服务仍被视为投资国服务出

① 《国际贸易》2010 年第 4 期。

② 《统计研究》2013 年第 10 期。

口的延伸。当然，这还不是贸易的属权核算的全部，但是它打开了人们认识问题的新视野：以属权原则，而非在地原则，测度国家间商品的售购平衡。

如本文第一节所述，贸易的属权核算或曰全口径贸易核算，在商品上包含货物和服务两大类别，在商品提供方式上包括跨境贸易和外国附属机构当地销售。图 2 清晰地展现这一概念。传统贸易的概念仅指货物的跨境提供（见图 2 的第 I 象限），相应的统计制度由联合国《国际贸易统计的概念与定义》（International (Merchandise) Trade Statistics： Concepts and Definitions — IMTS）来规范。随着服务经济和跨国公司的发展，服贸成为与货贸并列的门类，贸易的概念扩展到货物和服务的跨境提供（涵盖图 2 的第 I 象限和第 II 象限），相应的统计制度由基金组织《国际收支手册》（Manual of Balance of Payments — BPM）来规范。上一段的内容涵盖图 2 的第 II 象限和第 III 象限，但是再次强调的是，对跨境服务贸易和外国附属机构服务当地提供分别采集和汇总数据，将二者并列发布，不做加总。全口径贸易核算则涵盖所有 4 个象限的内容，并且要将测度所得进行加总，得到一个综合平衡数据。规范这个全口径核算的国际文件是《OECD 经济全球化指标手册》，它把经济全球化测度指标分为三类：参考指标、附属指标和实验指标，其中第一个实验指标是基于资本所有权的贸易平衡。OECD 认为，跨境出口和外国附属机构货物和服务销售都是参与国际市场的方法，后者只不过是供应国际市场的一种独特的方法[①]。《手册》还提出以美国核算为核算范本[②]。目前只有美国开展这种全口径核算。

### （二）美国 BEA 对属权核算的研究贡献

自 20 世纪 80 年代末，美国就凭借其较为健全的官方统计数据开始了基于属权原则的贸易核算研究。美国商务部经济分析局（BEA）的课题组

① 第 5 章“贸易全球化方面”，OECE Handbook on Economic Globalization Indicators，ISBN92-64-10808-4，OECD 2005.

② Page204，Chapter 5 “Aspects of Trade Globalization”，OECD Handbook on Economic Globalization Indicators，OECD 2005，ISBN 92-64-10808-4.

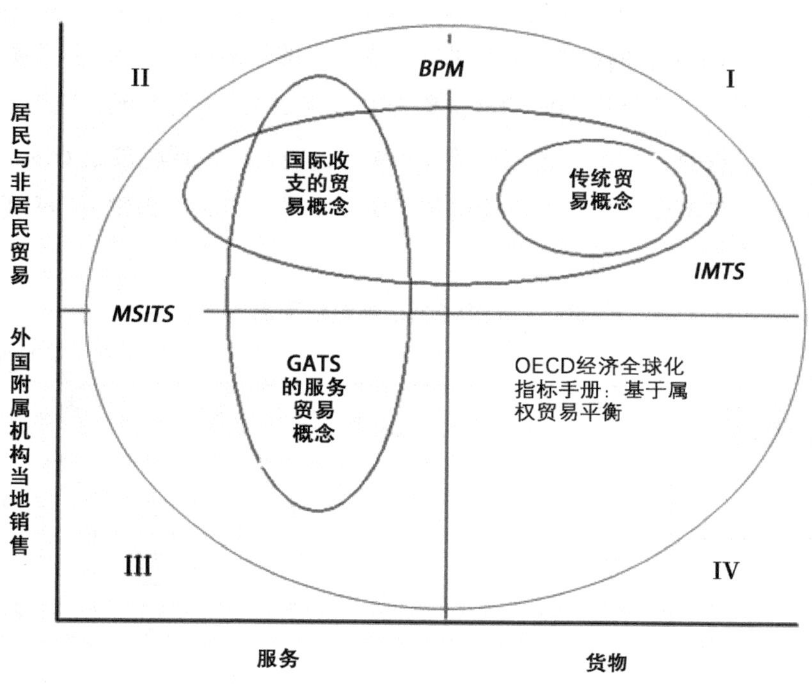


**图 2　国际贸易范畴的四象限扩展和不同贸易核算概念**

是最有影响的一个。自 1995 年 8 月 BEA 课题组发表《1982—1993 年美国经常账户的属权解析》起，每年都有研究成果发表[①]。在进行核算时，一方面要对服务和货物的数据进行调整合并，另一方面还要对跨境贸易主体与外国附属机构的数据进行调整，以避免重复计算和遗漏。

美国商务部《当代商业概览》2014 年 1 月发表 Jefferey H. Lowe 的《基于属权框架的美国经常账户 2000—2011》。表 1 根据该文所载表格简化整理得到。表中数据表明，国际收支口径的货物和服务出口共 1842.5 十亿美元，同期由美国在境外附属务机构货物和服务销售形成的直接投资收益给美国带来"延伸出口"收入 444 十亿美元，相当于前者的 24.1%；国际收支口径的货物和服务进口共 2337.2 十亿美元，同期由外国在美附属机构货

① BEA 课题组从 1995 年开始有研究成果在商务部官方媒体上发表。2007 年课题组主力 Obie G. Whichard 的逝世并未使研究和发表中断。

物和服务销售形成的直接投资收益给美国带来“延伸进口”支付146.1十亿美元，相当于前者的6.5%。美国国际收支口径的贸易逆差494.7十亿美元，同期外国附属机构销售形成的直接投资净收入297.7十亿美元，两者相抵使美国属权核算的贸易逆差减少到196.9十亿美元，降低幅度达60%。从以上数据分析可以看到服务机构销售对美国在世界市场上提供货物和服务的重要性。

**表1　美国2010年属权平衡**

单位：十亿美元

| 一级项目 | 二级项目 | 三级项目 | 收入／出口 | 支付／进口 | 收支平衡 |
|---|---|---|---|---|---|
| | | 货物 | 1288.9 | 1934 | –645.1 |
| | | 服务 | 553.6 | 403.2 | 150.4 |
| | 货服合计 | | 1842.5 | 2337.2 | –494.7 |
| | 其他收益 | | 232.2 | 364.3 | –132.1 |
| | 单方转移净额 | | –131.1 | | |
| 经常账户平衡 | | | | | –442.0 |
| 通过FA销售形成的DI投资收益 | | | 444.0 | 146.1 | 297.9 |
| 总平衡 | | | | | –196.9 |

资料来源：美国商务部，基于属权框架的美国经常账户2000—2011。

## （三）中国学者对属权核算的研究探索

国内提出属权核算概念是在1997年，笔者文章[①]第一次突破单纯核算跨境货物贸易的狭义观念，提出用“综合贸易统计体系”核算广义的贸易平衡——该统计体系既包括现行贸易统计核算的跨境货物贸易，也包括外国附属机构的非跨境货物贸易，还涵盖跨境与非跨境的服务贸易。但是建立外国附属机构服务统计尚处于酝酿中，不具有研究属权核算的统计基础。

① 1997年下半年外经贸部邀请了多名学者研讨中国融入经济全球化问题，最终产生5篇论文。其中《经济全球化与原产地统计》课题组论文由贾怀勤执笔核心部分并总纂。1988年1月17日，贾怀勤在美国哈佛大学召开“中国融入世界经济”国际研讨会宣讲。

2006 年，中国商务部建立了二元框架的服务贸易统计制度，开始采集外贸数据。自那时起，我国一批专家集中对属权贸易核算的合理性和必要性开展了研究，有的还做了实证研究。何新华、刘仕国（2010）对 2000 年、2005 年和 2008 年的货贸和服贸数据进行核算，得到按属权调整的贸易（他们称为中国国民对外贸易）的顺差，该顺差比国际收支统计口径的贸易顺差分别减少 71%，13% 和 8%。高敏雪（2010）针对 2007 年的货贸和服贸数据，分宽（仅视外商独资企业为外国附属机构）、中（视外商控股企业为外国附属机构）、严（视所有外商投资企业都为外国附属机构）三种口径，分别进行贸易的属权核算。

无论是美国 BEA，还是以上提及的中国学者实证研究，都属于“两国模型”，即以编报国为一方，以“世界其余地方”为另一方，对两者间的贸易平衡进行研究。出于在较宽广的平台上核算中美贸易平衡的需要，孙华好、许亦平（2006）和许亦平、林桂军（2007）开发出以编报国为一方，特定伙伴国为另一方，两国之外的“世界其余地方”为第三方的“三国模型”。他们并且对 2003 年中美贸易平衡进行实证，发现经调整的中国对美货物贸易顺差只有 118.7 亿美元，相当于中国海关统计的跨境贸易差额 586.1 亿美元的 20.2%。毋庸讳言，尽管孙—许—林研究仅限于货贸，且由于数据来源的部分缺失，存在假定成分，但仍不失其创新研究价值。

## 四、贸易的增加值核算研究进展和有关问题

增加值核算考虑了全球价值链新商业模式，是对传统国际贸易统计的有益补充，因为后者测度的是货易品的全值（gross value），不仅包括附加价值，而且包含所有中间投入品的价值。伴随着中间品贸易的迅猛崛起，国际贸易核算有必要进行创新。故此，在货贸核算内容上引入了增加值的概念。

2001 年 Hummels，Ishii 和 Yi 的研究提出了对垂直专业化（VS）的概念，用投入产出法估算，乃是开创性工作。世贸组织和日本亚洲经济研究院对东亚区域与美国贸易增加值进行了研究，出版《东亚贸易模式和全球价值

链：从货物贸易到任务贸易》[①]，是本领域的重大研究成果，但属于区域层次的研究。罗伯特·库普曼、威廉·鲍尔斯、王直和魏尚进的阶段性研究成果《正本清源：厘清全球生产价值链迷踪》[②]属于全球层面的研究，具有更普遍的应用价值。近年来又有一些国外专家将研究引向深入。WTO和OECD发起了在全球价值链背景下的增加值的贸易核算，带动了有关国家官方在这方面的应用研究。2011年起，中国商务部会同中科院、海关总署、国家统计局和国家外汇管理局等开始了官方的课题研究。

贸易的增加值核算的基本方法是国际投入产出表法。在具体运用中需要解决两个技术性问题：一是分类问题。国内生产和消费依据产业分类，而货贸统计依据商品分类，构建国际投入产出表，需要将货贸的商品与国内生产和消费相对应。进口商品的最终产品和中间品的分类，现行国民核算和贸易统计并没有确切口径的区分数据。因此，同样的研究内容，由不同的课题组来做，其研究结果就会存有差异。二是中国研究遇到的特殊问题，即加工贸易的问题。国外课题组在其国际投入产出表的中间使用和中间投入中都只列设国内需求生产和出口生产。而对于中国这样的加工出口占比很大的国家，需要将出口生产进一步划分为加工出口生产和一般贸易出口生产。

还有一个与数据供应有关系的基本概念问题。在全球价值链体系下，编报国的出口含有本国在出口品生产过程的增加值，也含有进口成分。而用于加工出口品的进口品中也可能含有编报国前一级的出口成分，即出口的折返部分。于是，在增加值的贸易核算中，就有两种方法：一种是较为简单的方法，不考虑折返贸易的存在，将进口品全部作为国外增加值；另一种是较为复杂的方法，考虑折返贸易的存在，在进口品中扣减掉本国前一级增加值，余量作为国外增加值。所谓简单和复杂，主要不是就核算方

① WTO/IDE-JETRO. Trade Pattern and Global Value Chain in East Asia. WTO website，2011，6.

② Robert Koopman，William Powers，Zhi Wang and Shangjin Wei. Give Credit Where Credit is Due： Tracing Value Added in Global Production，working paper，U.S.National Bureau of Economic Research (NBER) website，2011，10.

法本身而言，而是就数据来源而言，因为折返贸易的数据更难以获取。相应地，在研究中先后出现了两个概念，先是增加值贸易（trade in value added），后是贸易增加值（value added in trade）。Stehrer R.（2012）对这两个概念予以明确，将增加值贸易定义为包含在外国最终消费中的一国的直接和间接增加值，而将贸易增加值定义为两国之间总贸易流量中的增加值。也就是说，前者不考虑折返贸易，后者考虑折返贸易。本文以"增加值的贸易核算"（trade accounting based on value-added）泛指增加值贸易核算和贸易增加值核算。

中国全球价值链课题组的研究具有以下三个特征：一是以中国为编报国的单国模型，二是加工出口生产与一般出口生产分项核算，三是贸易增加值核算。该课题组的一系列报告为中国在国际社会赢得了话语权，为中国在2014年APEC会议相关问题上发挥引领作用奠定了基础。

## 五、中国参与国际贸易核算的展望

### （一）深化贸易的增加值核算研究

建议各方面学者对贸易的增加值核算方法及国外研究动态继续跟踪研究。建议中国全球价值链课题组完善现有贸易增加值核算研究，并试开展贸易增加值核算研究。

《亚太经合组织第二十二次领导人非正式会议宣言》第17条存在中英文关键词不符的问题。中文本所说的"贸易增加值"，在英文本中写为"TiVA"，而TiVA是trade in value added的缩写，指的是"增加值贸易"[①]。

① 中文本是"我们批准《亚太经合组织贸易增加值核算战略框架》和《亚太经合组织贸易增加值核算战略框架行动计划》。我们指示新成立的技术工作组与世界贸易组织、经合组织、世界银行、联合国贸易和发展会议及其他国际组织密切合作，以实现2018年前建成亚太经合组织贸易增加值数据库的目标。"英文本是"We endorse the Strategic Framework on Measurement of APEC TiVA under GVCs and the Action Plan on this Strategic Framework. We instruct the newly-formed technical group to work closely with the WTO, OECD, the World Bank, UNCTAD and other related international organizations, with an aim to complete the construction of the APEC TiVA Database by 2018."

为避免在未来实施行动计划时引起歧义，建议及早使中英文取得一致。据笔者理解，根据由易入难的原则，应该将英文词改为 VAiT（value added in trade 的缩写词）。

## （二）将中美货贸数据比对与属权贸易核算并轨研究

贸易的增加值核算尽管很重要，但不是中国参与国际贸易核算的全部，必须重视属权贸易核算。中国的对外直接投资将在不远的将来与外商来华直接投资并驾齐驱，但是我们的 FATS 统计还很不够，尤其是外向 FATS 统计。

美国的属权贸易核算走在世界前列，是因为美国在国际直接投资统计、跨国公司经营活动统计和 FATS 统计调查等方面都是世界一流的。长期以来其发达的经济贸易统计工作所采集和积累的全面、系统的翔实数据，为贸易属权核算研究提供了强有力的支持。

中国必须改变重投资活动本身，轻投资企业运营管理的倾向。为此要大力加强 FATS 统计。

2013 年和 2014 年中美商贸联委会都提出要在货贸数据比对基础上，开展服贸和投资数据比对。服贸数据比对，首先是 BOP 口径数据比对，再往下走就是 FATS 数据比对，而 FATS 统计与直接投资统计是分不开的。

总之，必须加强对服贸统计和双向涉外直接投资统计的研究和制度建设，使之更完善，更全面，更符合国际规范，这一方面是国家自身管理的需要，也是深入开展双边数据比对的需要。

# 外商直接投资统计方法的前沿[①]

## ——《OECD 外国直接投资基准定义（第 4 版）》解读

许晓娟

**摘　要：** 本文主要介绍了《OECD 外国直接投资基准定义（第 4 版）》在汇总和发布 FDI 统计数据时采用的两个基本原则：资产负债原则和方向原则，解析了资产负债原则下 FDI 统计为何会被高估及用于提高 FDI 统计数据质量的三层设计。本文还分析了基准定义所提出的直接投资关系架构，帮助统计人员进行有效的 FDI 统计。

## 导语

国际间经济往来大体可以归纳为人员往来、产品往来、资金往来。直接投资本身属于资金往来，但其中会挟裹人员、技术、产品等其他要素，并对东道国经济产生深刻影响，由此特别引人注目。然而，在全球化背景下，国际间直接投资关系日益复杂，其本身的识别及其影响都不是一目了然的，这就给各国 FDI 统计带来很大困扰。《OECD 外国直接投资基准定义》就是为解决此类问题而开发的国际规范。通过针对《基准定义（第 4 版）》的解读，相信你会对其中的复杂性留下深刻印象，同时对国际组织提出的解决办法有一定了解。

《外国直接投资基准定义》是 OECD 制定的、为全球各国所遵循的

① 本文发表在《中国统计》2014 年第 9 期，导语由中国人民大学统计应用科学研究中心高敏雪教授撰写。

外商直接投资（FDI）统计的基本规范，1983 年首次发布，此后多次修订，2008 年发布第四版（以下简称《基准定义（第 4 版）》）。你可能会问，国际收支平衡表和国际投资头寸表已经提供了关于 FDI 的统计数据，国际货币基金组织（IMF）《国际收支与国际投资头寸手册》（以下简称“BPM-6”）提供的 FDI 统计方法指导还不够吗？为什么 OECD 还要专门制定 FDI 统计标准？通过品读《基准定义（第 4 版）》，我们就会找到其间的差别，这种差别在一定程度上可以反衬出 FDI 统计遭遇的巨大挑战，同时也就能够证明仅有国际收支平衡表和国际投资头寸表的确是不够的。

## 一、从两种统计框架说起

《基准定义（第 4 版）》在汇总和发布 FDI 统计数据方面提出了两个基本原则：资产负债原则和方向原则。

资产负债原则旨在提供与 BPM-6 数据口径协调一致的 FDI 总量统计。在资产负债原则下，FDI 统计按照资产（或者资产净获得，或者贷方）和负债（或者负债净发生，或者借方）两方列示。《基准定义（第 4 版）》指出，由于跨国公司越来越多地借助于复杂融资结构输送资金，即通过所谓特殊目的实体（简称“SPEs”）进行多国操作，在资产负债原则下这些过境投资都应该作为 FDI 记录，但事实上这些投资并不像直接投资定义中所强调的那样建立了持久利益，也不会对东道国和投资国的技术、就业等方面产生经济影响，从而夸大了一些地区和全球的 FDI 总量，并扭曲了 FDI 的地区和产业分组数据。为避免由此带来的信息误导，实践中常常是将 SPEs 的信息单列出来，但这仍然不能解决 FDI 真实来源和去向受到扭曲的问题。为此，《基准定义（第 4 版）》强调要按照方向原则编制 FDI 统计。

所谓方向原则，是按照资金流动方向，将 FDI 统计分为外向 FDI 统计和内向 FDI 统计，目的旨在提供更能反映 FDI 经济影响的 FDI 地区和产业分组统计。资产负债原则提供 FDI 总量数据，方向原则提供地区和产业分组数据，这是两种原则下 FDI 统计的主要差别。如果不考虑直接投资企业对直接投资者的反向投资和成员企业之间的投资，那么资产负债原则下的资产方就等于方向原则下的外向 FDI，负债方就等于内向 FDI。就是说，反向投资和成员企业投资决定了两种原则下投资总量之间的差别。

《基准定义（第 4 版）》为什么要在承认国际收支平衡表和国际投资头寸表的基础上强调内向和外向 FDI 统计呢？问题的根源就在于资产负债原则下 FDI 规模会被高估、分组数据会被扭曲。处理这一问题的第一套方案是在资产负债原则基础上，分列编制本国常住特殊目的实体的信息，从而反映 FDI 规模被高估的程度。只要能够识别本国的 SPEs, 这种方法不失为一种可行的方案，但是只能解决 FDI 规模被高估的问题，FDI 分组数据被低估的问题仍然没有解决。于是按照方向原则编制 FDI 统计成为第二套方案，解决扭曲的分组数据是这套方案的主要目标。

## 二、内向 FDI 和外向 FDI 统计的新设计

资产负债原则下的 FDI 统计为什么会高估 FDI、扭曲分组 FDI 呢？回答这个问题需要从 FDI 的统计定义谈起。

外国直接投资反映了某经济体的常住企业（直接投资者）出于持久利益目标与另一经济体常住企业（直接投资企业）建立的关系。持久利益如何衡量？定性标准包括在董事会中有代表、参与决策过程、公司间有物资交易、相互交换管理人员、提供技术信息、提供低于现行市场利率的长期贷款等，定量标准体现在：如果投资者在被投资企业拥有 10% 及以上表决权，即可确认为这是一项直接投资。进一步还可以将 50% 及以上表决权作为阈值，把已经确认的直接投资关系分为控制和影响关系，由此将外商直接投资企业分为子公司（50% 及以上者）和联营公司（50% 以下者）。

以定性和定量相结合为判定标准，结果使各国 FDI 统计数据的可比性比较差；但如果严格执行定量标准，会意味着只能捕捉到直接发生了投资关系的企业，由此带来的局限性有以下两种表现。第一，在一些情形下，

直接投资者可能并非最终投资者，而只是一个特殊目的实体，这样，东道国就不能了解 FDI 的真实来源，投资国无法了解 FDI 的真实去向。第二，投资者可以建立多个企业，形成关联企业，并通过关联企业加强控制力、输送资金等，由此就可能出现仅凭企业间股权关系无法反映其真实关系强弱、甚至无法显示企业之间直接投资关系的证据等情况。这些现象如果比较普遍，FDI 统计数据就无法反映其真实的经济影响。

如何提高 FDI 统计数据的质量？《基准定义（第 4 版）》在方向原则下就 FDI 统计进行了三层设计。最理想层次，是按照最终投资者统计 FDI 头寸；次理想的层次，是不追踪最终投资者，但要识别出常住 SPEs，并尽可能识别出非常住 SPEs，将通过它们实现的 FDI 排除在统计范围之外，包括 FDI 头寸、FDI 金融流量和 FDI 收入流量；而最现实可行的一个层次，是不追踪最终投资者，不识别非常住 SPEs，只识别出编制国的常住 SPEs，将其从 FDI 统计中排除，并把它们的 FDI 单列出来。最后一个层次作为标准表必须编制，前两个层次则作为补充表，自愿编制。

多层次的统计方案设计，主要针对上述局限性第一条中提到的 SPEs 介入的投资。至于第二方面的局限性，即最终投资关系如何识别、关联企业介入如何考虑等问题，《基准定义（第 4 版）》试图通过建立直接投资关系架构（FDIR）来解决。

## 三、以直接投资关系架构详解对外商直接投资定义

直接投资关系架构（FDIR）实质上是《基准定义（第 4 版）》提出的关于外商直接投资的一套定义体系，目的是帮助统计人员确定直接投资者和直接投资企业，进行有效的 FDI 统计。在此架构中，除了严格执行前述 FDI 的定量标准外，FDIR 还考虑了以下三类间接关系。

第一类是间接控制或影响关系。这种关系主要描述直接投资者通过其子公司或联营公司进行投资，建立多层级的垂直所有权链条，获得控制力或影响力的情况。FDIR 规定，当上一层投资关系属于控制关系时，下一

级的直接投资关系不减弱；当上一层投资关系属于影响关系时，下一级的直接投资关系会减弱。比如，如果一个企业（B）是直接投资者（A）的子公司，那么子公司（B）的子公司（C）也是该直接投资者（A）的子公司，子公司的联营公司（D）也是该直接投资者（A）的联营公司；如果该企业（B）是直接投资者（A）的联营公司，那么这个企业（B）的子公司（C）是最终投资者（A）的联营公司，其联营公司（D）则不是最终投资者（A）的子公司或联营公司。

第二类是联合控制或影响关系。投资者常常借助于其他子公司来加强其对所投资企业的控制力或影响力，单独地看一个投资者与其所投资企业的关系时，并不符合10%表决权的标准，但是由于另一个与投资者具有直接投资关系的企业同时参与该企业的投资，这个投资者对该投资企业实质上已经具有控制力或影响力。联合控制或影响关系正是考虑了一个企业有多个投资者、并且投资者之间存在直接投资关系的情况，从而将他们之间的投资头寸、投资流量和收入流量包括在FDI统计范围内。FDIR规定，如果直接投资者与其子公司合计拥有一个企业50%及以上的表决权，那么该企业是其最终投资者的子公司；如果直接投资者与其子公司合计拥有一个企业10%～50%的表决权，那么该企业是其最终投资者的联营公司。

第三类是成员企业关系。有时候，企业间互相不持有或几乎不持有股份，但它们被同一企业所控制或影响，《基准定义（第4版）》将这种企业称为成员企业。与通过所有权链条将垂直企业关系囊括在直接投资关系架构中不同，成员企业关系通过共同所有权将水平企业关系囊括在直接投资关系架构中。成员企业的定义不涉及企业常住性，因此，可能存在两个子公司或联营公司，分别属于母公司所在的常住国和非常住国，尽管这两个企业之间互相不持有或持有的股份不超过10%，但是，FDIR将这种关系定义为成员企业关系，并将这两个企业之间的投资头寸、投资流量和收入流量记录到FDI中，并单独列示。

FDIR从一般意义上定义了能够纳入FDI统计的直接投资者和直接投

资企业（包括成员企业）。在这一框架下，不仅 10% 表决权的数量标准可以得到严格执行，同时，那些不符合 10% 标准，但明显具有 FDI 之持久利益性质的关系也被覆盖。三类间接关系都应体现在按照最终投资者进行的 FDI 头寸统计表中，后两种关系甚至贯穿 FDI 统计的每一个层级，无论是资产负债原则还是方向原则，无论是标准表还是补充表，无论是 FDI 头寸还是 FDI 流量统计，都需要考虑联合控制和影响关系以及成员企业关系。

## 四、总结

可以看到，《基准定义（第 4 版）》致力于将跨国公司建立的复杂投资关系纳入 FDI 统计中来，以此改善 FDI 统计的质量。其中，FDIR 从 FDI 定义基础上提供了严格执行 10% 表决权识别持久利益的一整套方案，从而更加清晰地界定了 FDI 统计的总体范围。按照方向原则展开多层次的统计，根据实际数据条件逐步考虑常住特殊目的实体、非常住特殊目的实体、最终投资者牵涉的 FDI。这些基础性工作从方法上确保了 FDI 规模虚高、分组情况扭曲的情况可以得到一定程度的缓解。基于资产负债原则提供 FDI 总量信息，基于方向原则提供 FDI 伙伴国和产业分组信息，两套框架并行，保证了 FDI 统计信息的全面性。

篇幅所限，《基准定义（第 4 版）》讨论的许多议题并没有在本文中展开，例如中转资本、最终投资国、全球化等问题。《基准定义（第 4 版）》已经将这些问题提上议事日程，成为 FDI 统计中有待进一步研究的问题。在中国利用外资和对外直接投资先后均进入世界三甲的背景下，特别有必要关注 FDI 统计国际标准的最新进展，更希望中国 FDI 统计实务能够取得新的突破。

# 中国 IFDI 统计现状分析与评价①

## ——基于《OECD 外国直接投资基准定义（第 4 版）》的视角

许晓娟　智冬晓

**摘　要：** 内向外国直接投资（IFDI）是反映中国经济发展的重要指标，本文试图以国际标准来研究中国 IFDI 统计的现状。文章首先分析了《OECD 外国直接投资基准定义（第 4 版）》（BD4）关于统计对象、统计内容和统计方法等方面的建议，然后从制度基础和实际数据分析了中国 IFDI 统计的现状，进而根据 BD4 对中国 IFDI 统计现状进行了评价。本文对中国 IFDI 统计的研究可以为客观认识中国 IFDI 现状，完善中国 IFDI 统计提供参考。

## 一、引言

经济合作与发展组织（OECD）主导下开发的《外国直接投资统计基准定义》（Benchmark Definition of Foreign Direct Investment，BD）得到包括联合国贸易发展会议（UNCTAD）和国际货币基金组织（IMF）的认可，已经成为各国 FDI 统计普遍遵循的 FDI 统计方法指南（高敏雪，2005）[1]。为了能够适应外国直接投资（Foreign Direct Investment，FDI）实践的新进

① 本文发表在《统计研究》2014 年第 1 期。本文于 2013 年获第九次全国商务统计论文理论研究特别奖，本文获得国家自然科学基金项目（项目号：71103035），对外经济贸易大学创新团队建设项目（CXTD-4-07），对外经济贸易大学校级项目（10QD35）的资助。

展，并与国民账户体系（2008）（SNA2008）、国际收支与国际投资头寸统计（第6版）（BPM6）等国际统计标准协调一致，OECD于2008年发布了《OECD外国直接投资基准定义（第4版）》（BD4）[2]。BD4的出台标志着FDI统计对象、范围和方法的规范化程度取得了新进展，其进步从篇幅上就可见一斑，1996年发布的BD3共53页[3]，而BD4达到254页[2]，增加了约200页。BD4关于FDI的一个重要进展是引入资产负债原则下的FDI统计，明确了方向原则下FDI统计与资产负债原则下FDI统计的关系，这些认识为理解中国FDI统计提供了明确的思路。

BD4根据方向原则将FDI分为内向FDI（Inward FDI，IFDI）和外向FDI（Outward FDI，OFDI）①。中国自改革开放以来，在吸引外商直接投资方面一直保有优势，中国IFDI流量在世界FDI中的份额从20世纪80年代的不到2%上升到2011年的8%以上。而作为IFDI流入最大国的美国在这一时期IFDI份额持续下跌，其所下跌的份额中，有大约1/3由中国分得。中国在全球IFDI中的排名从1980年代初期的第16名上升到2011年的第2名②。中国在IFDI方面的重要表现为中国FDI研究和政府管理水平的提高提供了肥沃的土壤。

中国在吸引外资方面的卓越表现使得我们有理由相信，中国IFDI统计实务有走到世界领先水平的潜力。然而，遗憾的是，无论是学术研究还是政府管理，常常忽略IFDI统计存在的价值，而将国际收支统计中关于FDI的负债方直接理解为IFDI，其结果是IFDI统计数据出现了比较矛盾的局面。第一，商务部和国家统计局所发布的实际利用外资数据与国家外汇管理总局所发布的国际收支平衡表外国来华直接投资数据存在较大差异；第二，分伙伴国和分产业的中国IFDI头寸统计常常以实际利用外资累计值计算，而这种方法获得的FDI头寸总量与国际收支头寸表关于外国来华直接投资头寸总量存在较大差异。这种矛盾的局面促使我们试图去理解中国IFDI统

① BD3已经考虑按照方向原则处理反向投资，BD4进一步考虑了成员企业之间的投资。

② 根据联合国贸发会议数据库各国FDI头寸数据计算而得。

计的现状。

借鉴 BD4 对 FDI 统计的设计，我们可以找到研究中国 IFDI 统计现状的思路。正因为如此，本文第一部分致力于梳理中国 IFDI 的现状，试图以 BD4 提供的 FDI 统计框架来审视中国 IFDI 存在的问题，以期为中国 IFDI 的进步提供参考。第二部分从统计对象、统计内容和统计方法等方面梳理 BD4 关于 FDI 统计的设计，从而提出 IFDI 统计的概念，第三部分从统计制度基础和数据情况两个方面梳理中国 FDI 统计的现状，第四部分按照统计对象、内容和方法，从 BD4 的视角审视中国 FDI 统计，第五部分为总结与建议。

## 二、BD4 关于 FDI 统计的基本框架与 IFDI 统计概念的提出

FDI 基准定义第一版最早由 OECD 于 1983 年出版，1990 年、1992 年先后进行了修订，构成第二版，第三版产生于 1995 年，1996 年正式发布，主要与国际收支统计（第五版）（BOP5）保持一致[2]，最新版本即为 2008 年发布的 BD4。作为 FDI 统计的国际标准，BD4 的主要作用是为各国编制 FDI 统计数据提供一套统一规范的概念、方法和原则。

### （一）统计对象

清晰地界定统计对象是 FDI 统计解决的一个重要问题。第一，BD4 建立 FDI 统计与 BPM6 所指导的国际收支与国际投资统计和 SNA2008 所指导的国民经济核算体系之间基本概念的衔接，包括经济领土、主要经济利益中心、机构单位、企业、常住性、外商直接投资、外商直接投资企业、外商直接投资者等概念都与这两个国际统计标准保持一致。第二，BD4 对哪些企业之间的关系属于外商直接投资进行了界定，提出直接投资关系架构（Framework of direct investment relationships，FDIR）的概念。FDIR 所界定的 FDI 关系可以总结为四组：直接控制关系和直接影响关系；间接控制关系和间接影响关系；联合控制关系和联合影响关系；成员企业关系。如果

企业之间属于这些关系，那么，它们之间的 FDI 就纳入 FDI 统计的范围，与 BD3 相比，FDIR 的提出扩展了 FDI 的统计范围。第三，对于性质比较特别的特别目的实体（SPEs）、集合投资机构以及返程投资等问题，BD4 给出了明确的定义和统计处理方法，从而形成了三种口径：一种是不排除 SPEs，一种是排除常住 SPEs，不考虑非常住 SPEs，还有一种是排除常住 SPEs，考虑非常住 SPEs。第四，BD4 明确提出 FDI 现象的复杂性和 FDI 统计的困难，列出了一系列有待进一步研究的议题，包括中转资本、最终投资国、全球化等问题[2]。

### （二）统计内容

#### 1. FDI 统计涉及的金融工具类型

根据 BD4，FDI 统计涉及股权和债权两类投资，而金融衍生工具则应当从 FDI 头寸和交易中剔除。股权包括普通股、优先股（不包括非参与优先股）、储备金、资本投入和收益再投资，FDI 统计包括股权交易和头寸，也包括股权收入——有红利、已分配分支机构利润、再投资收益和未分配分支机构利润。债权包括债券、公司债券、商业票据、本票、非参与优先股和其他可交易的非股本政权，贷款、存款、商业信贷和其他应收或应付款。FDI 统计包括债权交易和头寸，也包括债权收入——主要包括利息[2]。

#### 2. FDI 统计涉及的统计内容

BD4 明确提出了三类账户：第一类是 FDI 头寸账户，第二类是 FDI 交易账户，第三类是 FDI 投资收入账户[2]，因此，需要涉及头寸、交易和投资收入三类指标。三类指标均可分为股权和债权，FDI 交易和 FDI 投资收入中还常常将收益再投资或再投资收益专门列示。为了衔接 FDI 头寸与 FDI 交易，还需要考虑其他变化，这是因为引起直接投资头寸变化的原因既包括交易，也包括估价变化和物量变化在内的其他变化。估价变化有汇率变化和其他价格变化，物量变化包括债务取消和注销、清算、无偿没收和重新分类。

### （三）统计方法

BD4 应用账户形式对每一笔 FDI 头寸、交易和投资收入进行记录，由此构成了 FDI 统计的方法论基础，其中涉及定值方法、分组方法和汇总方法等，其中，汇总方法是 BD4 中提纲挈领展示 FDI 统计数据的根本方法。

BD4 建议同时采用两种方法编制 FDI 统计汇总表，一种被称为资产负债原则，另一种被称为方向原则[2]。资产负债原则下，FDI 统计与国际收支平衡表、国际投资头寸表之间数据口径协调一致。IFDI 和 OFDI 是方向原则下所使用的术语，作为 FDI 统计的方法之一，其提出实际上是考虑了反向投资和成员企业之间的投资对 FDI 的夸大，虽然方向原则下的 IFDI 大体对应资产负债原则下的负债方，但是 IFDI 一般要比负债方 FDI 低，二者之间的总量上的差异主要体现在四个方面：第一，方向原则下，编制国外商直接投资企业对其国外投资者的反向投资需要扣减，而在资产负债原则下，这样的反向投资则计算在编制国 FDI 资产方，而不体现在负债方；第二，方向原则下，编制国外商直接投资企业对其国外成员企业的投资需要扣减，而在资产负债原则下，这样的投资则计算在编制国 FDI 资产方，不体现在负债方；第三，资产负债原则下，编制国直接投资者获得其国外外商直接投资企业的反向投资记录在编制国 FDI 负债方，而方向原则下这样的投资则在编制国 OFDI 中扣除，不体现在 IFDI 中；第四，资产负债原则下，编制国直接投资者获得其国外成员企业的投资记录在编制国 FDI 负债方，而方向原则下这样的投资则在编制国 OFDI 中扣除，不体现在 IFDI 中①。

除了总量上的差异，两种方法的差异还体现在：第一，资产负债原则主要提供汇总数据，与国际收支平衡表、国际投资头寸表等保持一致；而方向原则主要提供分组数据，包括按伙伴国分组和按产业分组的 FDI 统计数据。第二，资产负债原则下，FDI 统计中不排除 SPEs 的头寸或交易，只需将 SPEs 的相关信息单列出来；而在方向原则下，FDI 统计中应该排除

① 虽然方向原则和资产负债原则下 FDI 总量不相等，由于相互抵消，两种方法下 FDI 净值是相等的。

SPEs 的头寸或交易，并单列 SPEs 的相关信息。

除汇总方法之外，BD4 强调与 BD3、BPM6 和 SNA2008 保持一致的统计原则，按照责权发生制和市场价格原则确定交易发生的时间和资产价格，并根据不同的项目讨论了一系列定值方法及其优先顺序。

### （四）统计数据的展示

BD4 按照一套 FDI 统计框架展现 FDI 统计内容，首先，根据提供统计数据的优先顺序，BD4 将 FDI 统计表分为标准表和补充表[2]。标准表分为两类：一类按照资产负债原则展示汇总数据，包括 FDI 头寸表、FDI 交易表和 FDI 投资收入表，这里的数据口径与国际收支平衡表、国际投资头寸表等保持一致，不排除 SPEs 的头寸或交易；一类按照方向原则展示按伙伴国分组和按产业分组的 FDI 统计数据，同样包括 FDI 头寸表、FDI 交易表和 FDI 投资收入表，这里的数据排除常住 SPEs 的头寸或交易。补充表主要有两类：一类是针对方向原则下的 FDI 统计数据进行补充，一是提供同时排除常住 SPEs 和非常住 SPEs 的头寸或交易后形成的 FDI 头寸、交易和投资收入分组数据；二是提供兼并与收购信息；三是补充按照最终投资者合并的分组数据。还有一类是为保持与原有时间序列一致，按 BD3 统计的数据。

### （五）BD4 关于 IFDI 统计的概念

从 BD4 关于 FDI 的统计框架来看，IFDI 统计是方向原则下的概念，与国际收支统计下负债方的 FDI 存在差别。首先，IFDI 统计的总量不等于国际收支统计下负债方的 FDI 总量，这是因为反向投资、外商直接投资企业与国外成员企业之间的投资在两种原则下的处理方法是完全相反的，因此，国际收支统计下负债方的 FDI 头寸和交易（资产负债原则）应该高于 IFDI 总量（方向原则）。其次，国际收支统计下负债方的 FDI 是国际收支与国际投资头寸的构成项，而 IFDI 则着眼于详细的分组信息，包括按伙伴国分组和按产业分组，因此两类原则下提供的数据服务的管理需求不同。再次，国际收支统计下负债方的 FDI 可能夸大了对东道国实体经济有显著影响的 FDI 规模，而 IFDI 致力于消除 SPEs 的 FDI 头寸、交易和投资收入，BD4 提出的第一阶段目标是剔除常住 SPEs，第二阶段再考虑非常住 SPEs。最后，IFDI 需要提供按兼并与收购分组的进入模式统计信息，这些数据在国际收支统计中基本不涉及。

从 IFDI 统计与国际收支统计下负债方 FDI 的差异可以看出，IFDI 需要更加重视反向投资、FDIR、SPEs 的识别等问题。因此，与国际收支统计不同，银行外汇结算信息远远不能支持 IFDI 统计，IFDI 统计需要从统计对象直接获取数据，创新数据采集渠道和方法。

## 三、中国 IFDI 统计的现状

作为一类政府统计，IFDI 统计涉及国家统计局、商务部、国家外汇管理总局、银监会、保监会、证监会和国家工商管理总局等中央政府部门及对应地方各级政府部门，要全面了解中国 IFDI 统计并非易事。从资料取得的方便性考虑，本文主要基于相关统计制度和相关统计数据对中国 IFDI 统计的现状进行考察。

### （一）中国 IFDI 统计的制度基础

中国现行的 IFDI 统计制度是《外商投资统计制度（2013 年）》（简称《制度》），属于部门统计，由商务部制定，国家统计局审批[4]。《制度》于 2004 年正式更名，除 2013 年版外，比较有影响力的版本还有 2008 年版和 2011 年版。2004 年以前执行的是《利用外资统计制度》，潘塞梅和刘亦文（2010）曾对《利用外资统计制度》的历史发展进行过总结[5]。《制度》包括总说明、调查表目录、调查表式和附录四个部分，其中不仅涉及调查内容，也对数据填报人、时间和概念解释提供了说明，虽然不能反映中国 IFDI 全貌，但是能够帮助我们了解中国 IFDI 统计的制度基础①。

① BD3 已经考虑按照方向原则处理反向投资，BD4 进一步考虑了成员企业之间的投资。

《制度》规定："外商投资统计报表采取以网络传输为基础的中心数据库管理模式，由地方各级商务主管部门报送上一级商务部门，省级商务主管部门报送商务部，同时抄报同级统计局，商务部汇总全国外商投资统计资料后报国家统计局。银行、证券、保险的外商投资统计报表由银监会、证监会、保监会负责汇总，并报商务部。"[4] 从数据采集的渠道来看，依托监管部门上报数据进行全面调查是中国 IFDI 统计制度实施的机构保障。

《制度》设计了基础表 4 种、综合表 3 种[4]。从基础表来看，外商投资企业基础信息表（外资统基 1 表）主要收集投资者、投资方式、投资企业性质、合同外资等详细信息，由各级商务主管部门按月根据外商投资企业审批情况填报；外商投资企业实际投资表（外资统基 2 表）主要收集实际利用外资信息，由已投产（开业）的外商投资企业以会计师事务所为外商投资企业出具的验资报告作为主要内容按验资报告的时间上报商务主管部门，商务主管部门按月逐级汇总上报商务部；外商投资企业经营状况统计表（外资统基 3 表）主要收集外商投资企业生产、经营情况，由外商投资企业每年填报；外商投资企业外方股东留存收益统计表（外资统基 4 表）主要收集外商投资企业外方投资者拥有的权益，包括留存收益、未分配利润，由省级商务主管部门根据本年度外商投资企业联合年检数据整理填报。

从综合表来看，外商投资分方式统计表（外资统综 1 表）主要收集按方式分的合同外资和实际利用外资情况，由省、自治区、直辖市及计划单列市商务主管部门汇总填报。其中，外商直接投资银行、保险、证券等其他项，以及外商其他投资的对外发行股票项由银监会、证监会、保监会等有关部门分别按月填报；外商投资金融业、保险业、证券业情况表（外资统综 2 表）反映外商投资金融业、保险业、证券业的综合情况，由银监会、证监会、保监会按季度填报；吸收外商投资评价表（外资统综 3 表）主要反映地区外商投资企业总体经营状况，衡量外资对当地经济社会发展的贡献，进而综合评价利用外资的质量，由省和计划单列市商务主管部门每年填报。

## （二）中国 IFDI 统计的数据情况

作为中国 IFDI 统计的最终结果，各种渠道发布的相关统计数据是反映中国 IFDI 统计现状的重要资料，本文按照 IFDI 交易、IFDI 头寸和 IFDI 投资收入的框架分析中国 IFDI 统计数据情况。

### 1. 中国 IFDI 交易统计数据现状

中国 IFDI 交易统计数据可以从如下发布渠道获得：一是国家统计局，包括其网站数据库、其所发布的《中国统计年鉴》等资料，有合同外资净额和实际利用外资金额等[6]；二是国家外汇管理总局，其网站发布的国际收支平衡表包含 FDI；三是商务部，其网站提供的利用外资统计数据，以及内部出版物《中国外资统计》；四是联合国贸发会议等组织，其网站提供的统计数据库，以及国研网等网站的统计数据库。表 1 是不同来源获得的 IFDI 交易总量数据。

**表 1　不同来源的 IFDI 交易总量数据比较**

单位：亿美元

| 指标 | 外国在华直接投资 | | | 实际利用外资金额 | 实际使用外资金额 |
|---|---|---|---|---|---|
| 年份 | 差额 | 贷方 | 借方 | | |
| 2004 | 621 | 678 | 57 | 606.30 | 606.30 |
| 2005 | 1041 | 1106 | 65 | 603.25 | 724.06 |
| 2006 | 1241 | 1326 | 85 | 630.21 | 727.15 |
| 2007 | 1562 | 1675 | 112 | 747.68 | 835.21 |
| 2008 | 1715 | 1846 | 131 | 923.95 | 1083.12 |
| 2009 | 1311 | 1629 | 318 | 900.33 | 940.65 |

续 表

| 指标 | 外国在华直接投资 | | | 实际利用外资金额 | 实际使用外资金额 |
|---|---|---|---|---|---|
| 年份 | 差额 | 贷方 | 借方 | | |
| 2010 | 2437 | 2654 | 217 | 1057.35 | 1147.34 |
| 2011 | 2201 | 2543 | 341 | | 1160.11 |
| 数据来源 | 国际收支平衡表 1 | | | 2011 年中国统计年鉴 | 2011 年中国外资统计 2 |
| 发布者 | 国家外汇管理局 | | | 国家统计局 | 商务部 |

商务部网站发布的数据以月度数据为主，与年度最为接近的是 1—12 月累积数据，2004 年以来发布全国吸收外资情况，其中有实际利用外资金额，但没有发布 2005 年 1—12 月情况。国家统计局发布的 2009 年《中国统计年鉴》中“利用外资概括”中提供了 1985 年以来各年度外商直接投资金额，并指明数据来源于商务部。1—12 月累积实际利用外资金额与外商直接投资金额有差异。国家外汇管理局网站发布国际收支平衡表，目前可以得到 1982 年以来和 1998 年 1 季度以来外国在华直接投资贷方数据和借方数据。2005 年以前，外国在华直接投资贷方数据与商务部和国家统计局实际利用外资数据大体一致，2005 年以来，随着国际收支平衡表将金融部门直接投资和母子公司的关联交易纳入直接投资统计，两者的差异逐步拉大。以世界银行为代表的国际组织一般以国际收支平衡表为准，通常将外国在华直接投资贷方数据扣减借方数据，得到国外直接投资净流入。

**2. 中国 IFDI 头寸统计数据现状**

IFDI 头寸数据常常以 IFDI 流量的累积值来计算，这种方法普遍见于各类科研论文中，在商务部内部出版的《中国外资统计》中也列示了依据这种方法计算的数据，但这种方式计算的 IFDI 并不出现在政府正式发布的出版物中。

2007 年国家外汇管理局开始发布年度中国国际投资头寸表，目前可以获得 2004 年以来外国来华直接投资头寸数据；2011 年，国家外汇管理局开始发布季度中国国际投资头寸表，目前可以获得 2011 年 1 季度以来的数据。这些数据是在外商直接投资流量基础上，扣减历年来华直接投资撤资、清算后的累计值，是中国目前正式发布的 IFDI 头寸数据。

高敏雪和刘晓静（2009a）认为外商直接投资会在东道国形成企业实体，通过企业，可以获得外商直接投资的存量数据[7]。中国外资企业的存量统计有国家工商管理局的企业登记注册数据，包括注册资本、注册资本中的外方资本等指标；还有国家统计局的企业调查数据，包括企业的实收资本、外方所有者权益、所有者权益、资产等指标。理论上不同来源的 FDI 存量数据应该大体吻合，或者通过调整，可以实现不同统计指标数据之间衔接。高敏雪和刘晓静（2009b）曾应用第一次经济普查数据测算了中国外资经济的存量规模，并与国际投资头寸表、外资企业注册资本中的外方资本等数据进行了比较，比较结果如表 2 所示。

**表 2 不同数据来源 2004 年的 FDI 存量比较**

单位：亿美元

| 指标 | 数据来源 | 计算方法 | 数据 |
| --- | --- | --- | --- |
| FDI 累计值 | 中国统计年鉴 | 历年 FDI 加总 | 5621 |
| 外国来华直接投资存量 | 国际投资头寸表 | FDI 累计值调整 | 3690 |
| 外商投资企业注册资本属于外方的部分 | 中国统计年鉴 | 外商投资企业年底注册资本中的外方资本 | 5580 |
| 基于普查数据估算的外商直接投资存量 | 高敏雪和刘晓静（2009b） | 根据第一次经济普查数据估算 | 3562 |

注：本表根据高敏雪和刘晓静（2009b）提供的数据整理而得。

比较结果显示，根据第一次经济普查数据估算获得的 FDI 存量与国际投资头寸表的数据大体吻合，而历年 FDI 流量累计值则与工商管理总局的企业登记注册数据大体吻合。企业调查能够提供的存量指标更加丰富，一方面可以获得不同汇总水平的数据，包括产业、地区和企业层面的数据；另一方面，可以获得更多口径下的指标，包括实收资本、所有者权益、资本等。这些指标和相应数据同以 FDI 流量为基础获得的外商直接投资存量一起构成了外商直接投资的统计数据基础。从时间的延续性来看，企业年底登记注册的数据统计历史比较长，能够获得1980年以来的时序数据，而经济普查目前只能提供2004年和2008年的数据。与国际收支头寸数据相比，基于经济普查等企业调查更容易形成按行业的FDI头寸数据。然而，目前尚没有政府部门正式发布FDI分组统计数据。

#### 3. 中国IFDI投资收入统计数据现状

虽然国家外汇管理总局发布的中国国际收支平衡表中有投资收益项，但是没有将投资收益进一步细分为直接投资收益、证券投资收益等，因而没有提供FDI收入总量信息。正因为如此，我们无法了解中国境内外资企业所获得的已分配利润、再投资收益以及利息这些更详细的收益结构信息。FDI可以采用普通股和优先股、储备金、资本投入和收益再投资等工具进行，这一结构信息可以用来分析外资企业的经营绩效和投资意愿等。因此，目前中国没有IFDI投资收入的相关信息发布。

## 四、基于BD4对中国IFDI统计的评价

中国IFDI统计现状的形成既与中国IFDI的发展有关，也与中国IFDI管理制度有关。虽然国际标准主要建立在发达国家经验基础上，却提供了进一步了解中国IFDI统计的思路，帮助我们明确其存在的问题。本文从统计对象、统计内容和统计方法三个方面进行比较。

### （一）统计对象

《制度》中的外资统基1表是界定IFDI统计对象的基本依据，其中将投资者类别分为中方投资者、外商投资性公司和外方投资者，统计这三类投资者的名称、注册地和实际控制人和相应的出资比例，这三项统计内容说明中国IFDI统计已经初步建立外商直接投资关系架构。外资统基1表调查项目类型，其中包括功能性机构、投资性公司、股权投资企业、境外中资机构投资项目、境内居民返程投资，这些调查项目能够为识别常住SPEs

提供依据。外资统基 1 表调查项目类型中有新设合并和吸收合并选项，并按投资者类别调查股权并购支付的对价，从而能够识别属于兼并与收购的 FDI。

与 BD4 设计的 IFDI 统计框架相比，第一，《制度》中设计了实际控制人及其注册地的调查项目，并将实际控制人定义为“不是投资者，但通过投资关系、协议或者其他安排，能够决定企业的财务和经营政策，并能从企业的经营活动中获取利益，能够实际支配企业行为的自然人或实体”，因而能够一定程度反映投资者对外商直接投资企业的间接控制关系，但是并没有考虑间接影响关系、联合控制关系、联合影响关系、成员企业关系。第二，《制度》没有设计识别非常住 SPEs 的内容。因此，中国 IFDI 统计与 BD3 更为接近，尚未从 BD4 进行制度设计。

### （二）统计内容

BD4 设计的 IFDI 统计框架主要由三类账户构成：FDI 头寸账户、FDI 交易账户和 FDI 投资收入账户。《制度》中的外资统基 2 表是获得 FDI 交易的主要来源，该表以会计师事务所为外商投资企业出具的验资报告作为主要统计依据，按验资报告的时间进行统计，由地方各级商务主管部门逐级汇总，其中包括外方境外出资、外方境内出资、外方股东贷款项目。因此，中国 FDI 统计基本建立了分股权和债权投资的 FDI 交易统计体系。

《制度》中的外资统基 3 表和外资统基 4 表涉及 FDI 投资收入项目，外资统基 3 表中涉及了外方应分配利润和外方实际汇出利润，外资统基 4 表中涉及了已分配但未汇出的外方股利、当期外方已汇出利润项目，按期初和期末进行填报。与 BD4 相比，《制度》主要考虑了红利和收益再投资，没有考虑债权收入。

商务部一直没有发布 IFDI 头寸数据，虽然《制度》中的外资统基 3 表涉及企业经营情况，但是并没有对实收资本、所有者权益等进行详细的调查。因此，中国 IFDI 统计尚不能对 IFDI 头寸数据的变化进行调查，进而无法获得 IFDI 头寸规模和分组统计数据。

《制度》中的外资统基 1 表和 2 表分别由地方各级主管商务部门和外商投资企业填报，依托于商务部的监管职能，主要是在商务部审批投资项目时进行调查，这部分调查主要限于非金融 IFDI，属于全面调查。对于金融 IFDI，《制度》则通过外资统综 1 表由银监会、证监会、保监会等有关部门分别填报。但是《制度》中没有说明实际利用外资中是否包含 IFDI。

### （三）统计方法

根据 BD4，FDI 的汇总有资产负债原则和方向原则两种方法，国际收支平衡表和国际投资头寸表所提供的 FDI 属于资产负债原则下的 FDI，而 IFDI 则属于方向原则下的概念。根据这一观点，可以认为其中的外国来华直接投资与 IFDI 存在差异。由于商务部没有发布 IFDI 头寸和投资收入数据，因而目前中国 IFDI 统计方法只涉及 IFDI 交易的统计方法①。

从范围来看，《制度》将外商投资定义为："国外及港澳台地区的法人和自然人在中国大陆地区以现金、实物、无形资产、股权等方式进行投资。其中，外商直接投资是指外国投资者在非上市公司中的全部投资及单个外国投资者所占股权比例不低于 10% 的上市公司中的投资。"[4] 与 BD4 相比，《制度》没有对本国外商直接投资企业对其国外投资者的反向投资进行调查，因此，中国 IFDI 统计没有将本国投资者获得的反向投资扣除；由于《制度》未考虑成员企业关系等问题，因此，中国 IFDI 统计没有将成员企业之间的投资纳入统计范围；虽然《制度》中设计了常住 SPEs 的识别选项，但目前发布的数据并没有排除常住 SPEs 获得的投资。

从分组方法来看，《制度》在外资统基 1 表中调查了投资者经营范围，因此，可以提供分产业的 IFDI 统计。《制度》在外资统基 1 表中调查了投资者注册地，因此，可以提供分投资来源国的 IFDI 统计。从伙伴国分组汇总方法来看，《制度》在关于范围和内容的说明中提出，"自由港投资按实际投资者国别 / 地区确定来源地"。这样，中国 IFDI 并没有明确区分出

① 关于 IFDI 交易的统计方法，没有正式的文件说明，因此只能通过《制度》所设计的指标来判断其汇总的层次。

直接控制或影响关系下的 IFDI 和间接控制或影响关系下的 IFDI。

## 五、总结与建议

本文借鉴 BD4 关于 FDI 的统计思路，对《制度》和中国外商直接投资相关统计数据现状的梳理，突显中国 IFDI 现有的基础和存在的问题。尽管这些问题有的可能短期内解决，有的则需要时间消化，还有的并不适用于中国，然而，却能够帮助我们明确中国 IFDI 统计建设的方向。

首先，通过与 BD4 的比较，可以明确的是，不能仅以中国国际收支平衡表和国际投资头寸表数据来反映中国 IFDI 的状况。从中国的实际统计数据来看，国际收支平衡表中的外国来华直接投资高于实际利用外资，应当客观看待这种差异的出现。虽然从统计方法推测，中国 IFDI 交易流量与国际收支平衡表外国来华直接投资的差异原因应该不同于 BD4 所述方向原则下的 IFDI 和资产负债原则下的 FDI 负债的差异原因，但是，从方法原理来看，这种差异有其存在的方法论基础，也从一定程度上反映直接投资发展的深入程度。一方面，有关部门有必要向公众提供明确的解释，构建国际收支平衡表外国来华直接投资统计数据与实际利用外资数据之间的关系式，并根据两种统计体系的内在逻辑进行完善；另一方面，政府管理部门和学术研究者需要关注中国 IFDI 统计数据的矛盾局面，了解其在分析本国经济所受影响方面的不同意义，不能不加思考地盲目应用国际收支平衡表数据。

其次，依托于商务部《制度》，中国 IFDI 统计有较好的制度保障和完善机制，中国 IFDI 统计需要从统计对象的识别、统计内容的扩展和统计方法的优化等方面进行完善，BD4 为完善中国 IFDI 统计提供了标杆。由于中国 IFDI 统计的内容尚不完整，方法尚待完善，作为外商投资统计制度的起草单位，商务部可以借助外商投资存量调查的契机，重新系统地搭建中国 IFDI 统计框架，包括：建立 IFDI 交易、头寸和投资收入三者协调统一的统计体系；在可行的范围内区分直接投资关系的层级，提供不同口径范围的 IFDI 统计数据，至少可以区别出直接控制或影响关系下的 FDI 统计和间接控制或影响关系下的 FDI 统计；研究反向投资的影响程度，讨论是否将扣减反向投资作为完善 IFDI 统计数据的重要工作；细化 SPEs 的识别办法，讨论是否将扣减常住 SPEs 获得的直接投资作为完善 IFDI 统计数据的重要工作；研究调查联合控制或影响关系、成员企业的可行性，讨论是否按照 BD4 关于 FDIR 的建议确定调查对象及内容。

最后，在全球化背景下，FDI 本身的复杂性、FDI 与东道国经济关系的紧密性、FDI 统计与国际收支和国际投资头寸统计之间的关系、IFDI 统计与 OFDI 统计之间的关系、FDI 统计与跨国公司活动统计之间的关系、FDI 统计与贸易统计之间的关系等问题显示，IFDI 统计在对外经济统计中具有核心地位，IFDI 统计的发展可能成为政府统计应对全球化挑战的重要突破口。因此，完善中国 IFDI 统计的工作应当受到中国政府管理部门、统计部门和学术研究者的充分重视。作为吸引 FDI 的世界大国，中国 IFDI 统计的研究和实践有可能成为中国政府提升管理能力，扩大其在世界经济中的发言权的一项基础性工作。本文的研究仅仅是雾里看花的一次探索性研究，关于中国 IFDI 统计的许多议题还需要深入研究。

## 参考文献

[1] 高敏雪、谷泓："外国直接投资统计基本定义剖析"，《统计研究》2005 年第 4 期。

[2] OECD：OECD Benchmark Definition of Foreign Direct Investment(Fourth Edition).2008. Paris： OECD.

http：//www.oecd.org/daf/inv/investmentstatisticsandanalysis/40193734.pdf，2013-07-02.

[3] OECD：OECD Benchmark Definition of Foreign Direct Investment (Third Edition). 1996. Reprinted 1999. Paris：OECD. http：//www.

oecd.org/daf/inv/investment-policy/2090148.pdf，2013-07-02

［4］ 商务部制定，国家统计局批准. 外商投资统计制度， 2013 年，http：//www.hbdofcom.gov.cn/cszz/wgtzglc/tjxx/22285.htm，2013-03-04.

［5］潘塞梅、刘亦文："中国统计 FDI 统计工作中的问题与对策建议"，《统计与决策》2010 年第 16 期。

［6］ 国家统计局：《中国统计年鉴（2011）》，中国统计出版社，2011 年版。

［7］ 高敏雪、刘晓静："官方统计不同来源的验证与衔接——以中国 FDI 统计为例"，《统计研究》2009 年第 9 期。

［8］高敏雪、刘晓静："中国外商投资存量估算及扩展分析"，《经济理论与经济管理》2009 年第 6 期。

# 国际贸易统计学科研究[①]

贾怀勤

**摘　要：**本文回顾对外贸易统计学的发展，分析了对外贸易统计学科两种定位取向的异同、著作和归宿，从研究对象、独特之处、四象限说、理论框架和研究方法等方面，论述国际贸易统计学的学科地位、研究内容和研究方法。

国际贸易统计学是关于构建贸易统计指标体系和数据采集、汇总、分析、核算的理论和方法的学问，是经济统计学下属的次级学科，也可以视作经济统计学与国际统计学的交叉学科。国际贸易统计学是从对外贸易统计学发展演变而来的新兴学科，它源于对外贸易统计学，又在诸多方面较前者有所不同、有所发展。

## 一、从学科定位取向审视对外贸易统计学科的发展

### （一）对外贸易统计学科的起步

据《经济科学学科辞典》[②] 考证，对外贸易统计学课程最早开设于1952年，开设高校是中国人民大学。

1953年1月，刘伯午老师正式调入北京对外贸易专科学校（对外经济

---

① 本文发表在《经济统计学》2015年第1期。

② 中南财经大学编：《经济科学学科辞典》，经济科学出版社，1987年出版，共收词条390条。

贸易大学前身），5 月该校开办的“会统师资班”结业。1954 年 9 月，北京对外贸易专科学校改建为北京对外贸易学院，陈及时老师调入。自此，北京对外贸易学院正式开设对外贸易统计学课程。

1958 年，陈及时和刘伯午合著的《对外贸易统计学》由中国财政经济出版社出版，标志对外贸易统计学学科在中国正式诞生[①]。

### （二）对外贸易统计学科的两种定位取向

根据笔者掌握的文献资料，20 世纪 60—70 年代没有对外贸易统计学科著作出版。80 年代始有新著问世，90 年代对外贸易统计学教科书编写达到高潮。进入 21 世纪后教科书走入低潮，但本学科领域的研究方兴未艾，进入论文多产期。纵观这 20 世纪后 50 年中的十多部教材和专著，尽管对该学科研究对象的表述多种多样，但它们的学科定位取向无非外研和内操两种。

外研的“外”字，指放眼世界市场和国际贸易（当然视中国为世界的一部分），“研”字指研究。对外贸易统计学科的外研取向，重在贸易统计设计（指标体系的设计，数据采集途径和方法的设计等）和对统计数据内涵和外延的理解，在此基础上通过统计分析研究国际市场上的贸易流向、规模、结构和趋势，为国家制订对外贸易政策和规划服务，为对外贸易企业经营决策提供数据支持。

内操的“内”字，不是不向“外”，而是完全限于中国的对外贸易，“操”字指对外贸易统计的数据采集、整理和基本分析操作。这一取向瞄准进出口企业内部的统计工作流程，其成果直接为中国政府制订对外贸易政策和计划提供数据支持，为监督、检查对外贸易政策和计划服务。

### （三）对外贸易统计学科外研取向的著作

对外贸易统计学科外研取向，关注国际组织和世界主要国家贸易统计数据的生产方法和理论依据，目的是使外贸工作者能够读懂国外的贸易统

① 见《经济科学学科辞典》的“对外贸易统计学”词条。

计数据和分析文章，从而明了国际市场竞争态势和趋势。著作有陈及时和刘伯午的《对外贸易统计学》（1958）、贾怀勤主编的《对外经济贸易统计概论》[①] 和陈及时执行主编的《对外贸易统计学》（1990）[②] 。

陈及时和刘伯午一书分为两部分，第一部分阐述资本主义国家的外贸统计理论和方法；第二部分阐述社会主义国家的外贸统计理论和方法，其中先概略介绍业务核算、会计核算和统计核算的三统一，重点讲述作为统计核算的海关统计。在当时两个阵营、两个世界市场并存的情况下，该书也对形成社会主义阵营各国统一的外贸统计提出了期望。这部书之所以能够在“政治挂帅”和国际斗争激烈的年代出版并作为教材使用，有两点原因：第一，对外贸易院校为国际经济贸易战线培养的人才，必须熟悉资本主义国家情况，故而掌握资本主义国家外贸统计理论和方法实属必然之需。第二，该书不是“纯客观地”介绍，而是采用批判方式讲述资本主义国家外贸统计理论和方法，不失立场的正确性。

贾怀勤专著出版于 1988 年。该书以数据的国际可比性为对外贸易统计的重要原则，将具有国际可比性的海关统计置于进出口业务统计之前，又将国际贸易统计通则置于中国海关统计之前；以对外贸易统计为主，兼论其他新出现的外经业务统计，最后收于国际收支统计。1990 年 1 月出版的经贸部统编教材《对外贸易统计学》由一个各经贸院校专业教师组成的编写组主编，由陈及时任执行主编，内容布局与贾怀勤专著大同小异。由于改革开放的市场经济导向和融入经济全球化导向，此时已经没有必要对国外贸易统计方法和理论持“批判”态度了。

### （四）对外贸易统计学科内操取向的著作

1956 年国家对资本主义工商业进行改造，使得非公有制企业的对外贸易额下降到一个微不足道的份额，与此同时，按商品划分经营类别的国有进出口总公司及其口岸分公司成为对外贸易的主体，它们遵从国家的经济

---

① 贾怀勤主编：《对外经济贸易统计概论》，对外贸易教育出版社，1988 年版。

② 本书编写组编：《对外经济贸易统计》，对外贸易教育出版社，1990 年版。

计划和外贸计划开展进出口业务，建立起完备的业务统计（即陈及时和刘伯午书中所说的业务核算）。由于计划的重要性和公有制外贸企业的高度独占性，进出口业务统计扮演着越来越重要的角色，而海关统计则趋向边缘化。1967 年，在“文革”影响下，海关统计被指责为与进出口业务统计“重复”，被迫中止，一直到 1980 年才恢复。

在这样的大背景下，出现了对外贸易统计学科的内操定位取向，将学科与培养进出口业务统计人员紧密挂钩，学科研究内容围绕商品的进出口和购销调存业务数据的采集、整理和分析设置，在数据采集方面特别强调全面统计报表方式。它以对外贸易商品流转的数量表现及数量关系为研究对象，通过开展对外贸易数据采集、整理和分析，强调为制订对外贸易政策和计划，为检查政策落实和计划执行情况服务。

对外贸易统计学科的内操定位取向也源于北京对外贸易学院，郑敦诗讲授对外贸易统计，编有教材，于 1982 年出版①。差不多同时，还有一部非正式出版物印出②。这两部书属于对 50 年代后期到 70 年代外贸统计理论和方法的总结，全部都是讲进出口业务统计，只字不提海关统计，更不提国外情况，是典型的“内操”。

90 年代，国际经济与贸易专业在更多的高校开设，对外贸易统计学课程也进入兴盛的十年。此期间产生了十多部教材，这种内操取向的作品，有如下三个显著特点：

第一是紧跟外经外贸业务统计需要，对业务核算指标和数据采集方法做详尽讲述。它们在学科研究内容方面，在保留外贸商品进出口和购销调存统计外，对与商品进出口相关的涉外业务和新型外经外贸业务的统计做了较为详尽的讲述，如最具代表性的《涉外经济统计学》③ 共有 16 章，前面 4 章属于综论性质，最后两章是统计分析，第五章和第六章分别是出口

① 郑敦诗编著：《对外贸易业务统计》，对外贸易出版社，1982 年版。

② 董庆惠编著：《对外贸易出口统计》，中国机械进出口总公司编印，1982 年。

③ 张昌法编著：《涉外经济统计学》，中国铁道出版社，1990 年版。

业务统计和进口业务统计，第七章至第十四章分别是技术和设备进出口统计、对外工程承包和劳务合作统计、利用外资统计、资金外投与多边技术合作统计、对外运输和对外保险统计、对外税收统计、旅游统计、海关统计。

第二是坚持计划经济体制下形成的统计目的，“为各级政府和决策部门制定政策、编制计划和加强经营管理提供科学的依据”。

第三是不提国外贸易统计，因而也就不存在数据的国际可比性和方法的与国际接轨问题。

### （五）两个学科取向的不同归宿

笔者无意评价这两个学科取向的优劣，它们各有自己的需求，各有自己的存在空间。两者唯一的一次校际交流发生在 1986 年经贸部召开的教材研讨会上，两家各执一词，争论激烈。作为经贸部直属高校的对外经济贸易大学和上海对外贸易学院主张外研取向，这两所学校培养的是对外经贸业务和管理人才，它们需要通晓国际贸易统计指标体系，数据内涵外延和分析方法，以便把握国外市场。其他院校主张内操取向，它们更多的是考虑培养外经贸业务统计岗位的应用人才。因此两种取向可以平行发展，接受实践的检验。

对外贸易统计学科的内操取向基于计划经济时代的“政府部门工作——课程建设——学科建设”三连环。一旦链条的第一环异动，课程和学科建设必然受到冲击。1993 年，海关统计取代成为中国官方的贸易统计。1997 年，进出口业务统计终止执行。以进出口业务统计为核心内容的对外贸易统计学科内操取向面临重大挑战。进入 21 世纪以来，再没有此领域的作品问世。

进入 20 世纪 90 年代，国际贸易格局发生了许多重大变化。对外贸易统计学科外研取向集中解决对外贸易统计的前沿问题，先后在中美双边贸易数据比对，服务贸易统计制度和方法研究，经济全球化对贸易统计的影响研究和贸易统计如何应对经济全球化挑战等重大课题上取得成就。虽然没有系统的专著出版，但是产生了许多专题研究论文，这为外研取向的对外贸易统计学科转型为国际贸易统计学科积蓄了新理论和新方法。

## 二、国际贸易统计学的学科地位、研究内容和研究方法

### （一）国际贸易统计学的学科地位和研究对象

继国家学科分类标准之后，2011 年教育部研究生培养目录实现“大统计学”化。经济统计学作为二级学科存在。按国家学科标准，统计学（代码 910）下有包含经济统计学（代码 913.30）和国际统计学（代码 913.55）在内共 11 个二级学科，经济统计学下有宏观经济统计学（代码 913.3010）、微观经济统计学（代码 913.3020）和经济统计学其他学科（代码 913.3099）。

原社会经济统计学体系的各个“部门统计学”，包括内操取向的对外贸易统计学科，都面临萎缩和消亡的威胁，惟外研取向的对外贸易统计学科能够实现创新性发展，成为新学科目录中经济统计学的三级学科。

原部门统计学都是以部门经济运行的数量表现和数量关系为研究对象。与之不同的是，新创立的国际贸易统计学以贸易统计的理论和方法为研究对象，以国际组织的贸易统计通则为其核心。国际贸易的数据是研究贸易统计的理论和方法的观察对象。

### （二）国际贸易统计学与部门统计学相比的独特之处

（1）**统计研究观察对象承载体跨越国界**

原部门统计学都是研究生产、运输、交换和消费等经济行为的数量表现和数量关系，但是这些经济行为都发生在一经济体边界之内，惟商品进出口发生在两个经济体之间，或者说商品的交换关系跨越经济体的边界。如何划定经济体的经济边界——它不同于国家的行政边界，或者说贸易的商品在何地、何时可以被视为跨越边界，都是原有其他部门统计学无须考虑的问题，而国际贸易统计必须做出理论上的定义和具有可操作性的规定。

（2）统计研究观察对象承载体的双向流动测度

对外贸易以外的其他生产、运输、交换和消费等经济行为的数量表现和数量关系，都只观察和测度其单向流动。而对外贸易的商品进出口得做双向观察和测度，既要有出口统计，也要有进口统计，还要测度出口总额与进口总额的合计指标——进出口总额和两者的差量——贸易差额。

（3）统计研究观察对象的镜像现象

发生对外贸易是两个经济体的共同行为，两方都需对同一商品交换行为进行记录，一方做出口统计，另一方做进口统计。由于种种原因，两个贸易伙伴经济体对相互的商品交换的数量表现记录结果会有不同，一方的出口数据与另一方的进口数据形成所谓镜像现象。这也是局限于国内的生产、运输、交换和消费等经济行为的数量表现和数量关系所没有的现象。

（4）统计研究观察对象的全球汇总和国际比较问题

正是因为上列三个方面的特殊性，将全球（或者某一特定区域）的贸易数据进行汇总，或者进行数据的国际比较，都需要做许多先行设计和后续处理。先行设计指关于贸易统计指标设计和数据采集方法设计的国际通则，后续处理指在既有贸易数据基础上的换算、测算、改算和推算方法等需要有国际共识。

（5）统计研究观察对象的独特数据采集渠道

贸易统计研究对象的数据采集有其独特的渠道，主要是通关渠道和涉外收支银行申报渠道。

### （三）贸易概念的扩延——四象限说

前已阐明，国际贸易统计学以国际通用的贸易统计理论和方法为研究和阐述重点，兼顾中国特有方法。然而国际通用的贸易统计理论和方法以对贸易概念的研究为出发点。经济全球化时代的贸易，远非50多年前的概念。对经济全球化时代贸易统计学科内容体系，也不能像20多年前那样以进出口业务统计为基本模块，把其他小模块一个一个地挂在上面。为此，笔者为贸易概念的扩延提出了四象限说[①]。

参见第 9 页图 2 贸易概念的扩延。该图横轴为商品类别——区分为货物和服务，纵轴为商品的提供方式——区分为居民与非居民的贸易（即跨境贸易）和外国附属机构当地销售（相当于居民间的购销），以此形成 4 个象限。

今日世人所说的“经济全球化”始于 20 世纪 80 年代，其特征是跨国公司的全球布局，日益繁盛的公司内贸易和产业内贸易，还有新兴的生产性服务和生活性服务出现。在前全球化时代，贸易仅指货物贸易或称有形贸易，贸易统计的表象只是涉外的货物购销的数量表现和数量关系。在国际生产和交换关系中，服务或称无形贸易只是货物贸易的伴随。在图 1 中，前全球化时代的贸易对应第Ⅰ象限。到 20 世纪 80 年代，服务在国际生产和交换关系中占有越来越突出的地位，终于成为与货物贸易并立的独立门类，至此贸易的概念扩延到第Ⅱ象限。

由于服务的提供和消费在时间上不可分割，发达国家仗其发达的服务经济，越来越倾向于在国外设立商业存在，即通过国外直接投资设立附属机构，再通过国外附属机构向东道国提供服务。在关税贸易总协定框架下进行贸易谈判时，发达国家一方面促进为货物贸易消减关税壁垒和非关税壁垒，另一方面促进服务业的市场开放。1995 年 1 月，世界贸易组织成立，《服务贸易总协定》（General Agreement of Trade in Services — GATS）生效。该协定提出了服务贸易有四种提供方式：跨境提供、境外消费、商业存在和自然人存在。服务业市场开放的谈判自此围绕这四种服务提供方式进行。至此，国际社会将服务贸易的概念由跨境贸易扩延到外国附属机构的当地销售，这对应于图 1 的第Ⅲ象限。

至于第Ⅳ象限，与之对应的是外国附属机构在当地的货物销售，是否应该作为国际货物贸易的新范畴，还是一个有待于讨论的问题。

① 象限说第一次提出是在 2010 年，见拙文“属权贸易统计核算的几个基本问题”，载于《国际贸易问题》2010 年第 6 期。

### （四）贸易统计国际通则的历史演进

贸易统计通则是指有关国际组织制定的关于贸易统计的国际文件精神。自 19 世纪末以来，国际社会为增进各国贸易统计的国际可比性做出了许多努力，但直到联合国和三大全球经济组织——关税贸易总协定、国际货币基金组织和世界银行成立，才切实开始制定全球统一的关于经济核算和贸易统计规范文件。

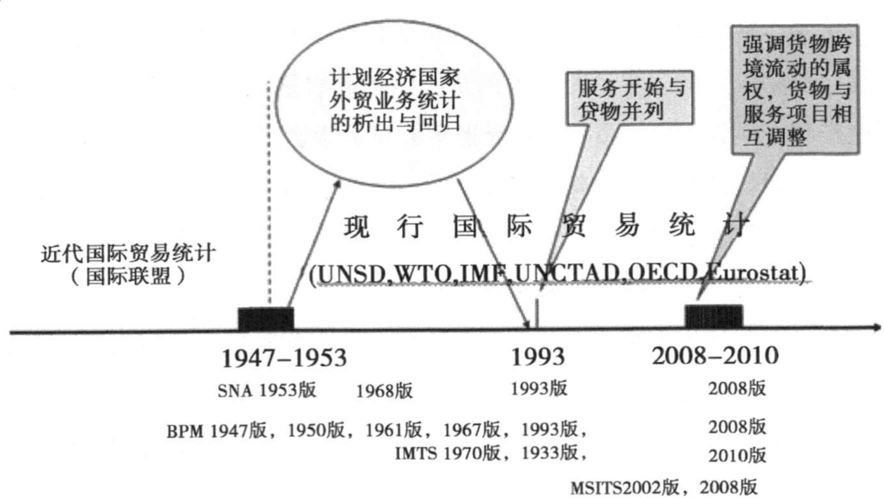


**图 1　国际经济核算和贸易统计规范文件的制订和修改**

《国民账户体系》（System of National Accounting — SNA）是一个经济体的宏观经济指标和核算方法体系，其他局部的条件规范都要与这个总规范原则上保持一致。《国际货物贸易统计：概念与定义》（International Merchandise Trade Statistics： Concepts and Definitions — IMTS）是关于货物贸易统计的规范文件，它的指导范畴对应于第 9 页图 2 的第 I 象限。国际收支核算是 SNA 的五大核算子体系之一，它的国际规范文件是《国际收支手册》（Balance of Payments Manual — BPM），经常账户是国际收支 4 大账户的首个账户，其下设有货物、服务和单方转移 3 个子账户。该手册的指导范畴对应于第 9 页图 2 的第 I 象限和第 II 象限。《国际服务贸易统计手册》（Manual of Statistics of International Trade in Services — MSITS）是关于服务贸易统计的规范文件。该手册的指导范畴对应于第 9 页图 2 的第Ⅱ象限和第Ⅲ象限。

图 1 勾画出上述几个国际规范文件的出台和修订年份。图中几个时间节点值得注意：第一个节点是 1947—1953 期间，此前以国际联盟为代表的国际组织试图增强贸易统计国际可比性。由此节点起进入现行国际贸易统计时期，其时确立的基本统计规范至今仍在生效，只不过经历了几次修订。1993 年节点标志服务与货物在贸易统计上取得了并列的地位。在 2008—2010 年节点上，这几个规范文件普遍修订，以强调货物跨境流动的属权原则。此外，1953—1992 年是计划经济的贸易统计体制存在期间。

经济合作与发展组织提出《OECD 经济全球化指标手册》（OECD Handbook on Economic Globalization Indicators），主张将 4 个象限的内容一并研究，用于测度一个经济体在国际市场上提供货物和服务的总体规模，测度其经济全球化水平。由于经合组织只是发达国家的组织，不能涵盖世界所有国家，所以这个手册没有在图 1 中标写。

### （五）贸易统计国际通则的横断框架——贸易统计指标体系

国际贸易统计学科以贸易的数量表现和数据关系为研究表象，而数量表现和数据关系是对贸易统计指标进行测度所得结果，指标又依据它们之间的内在联系构成不同层级的指标体系。指标体系框架是指标体系的高度浓缩。

第 2 小节所列国际统计规范文件所指向的研究内容分别是：传统意义上的贸易统计，即跨境的货物贸易统计；国际收支口径的贸易统计，包括跨境的货物和服务两类商品的贸易统计；GATS 口径的服务贸易统计，包括跨境服务贸易统计和外国附属机构当地服务销售统计；OECD 经济全球化指标，包括跨境的两类商品贸易统计和外国附属机构两类商品当地服务销售统计。

图 2 展示国际贸易统计指标体系框架，先关注上一段所说的国际统计

规范文件所指向的4个方面研究内容。为了便于指示研究内容在图中的位置，先自左而右将各子体系框分为5列，每列再由上而下排序，一个子体系框的位置用两个阿拉伯数字表示，写于上标，第一个数字表示列序，第二个数字表示本列内顺序。

框11是货物贸易统计，它是研究贸易统计的初始点，即传统意义的贸易统计。框33是跨境服务贸易统计，框32是外国附属机构服务提供统计，两者一同进入框22，即（GATS口径的）服务贸易统计。框31是外国附属机构货物提供统计。

由于外国附属机构是由外国直接投资所导致，在整个体系中还必须研究直接投资统计。涉外直接投资有流入和流出两个方向，需要两个子体系：框41是内向涉外直接投资（Inward Foreign Direct Investment — IFDI）统计，框42是外向涉外直接投资（Outward Foreign Direct Investment — OFDI）统计，涉外直接投资统计不仅要采集投资流量数据和设立企业的数据，还要采集所开办企业的经营数据，后者称为外国附属机构交易统计（Foreign Affiliates Transaction Statistics — FATS）。两个方向的FATS都要区分为货物提供和服务提供，经交叉整理后进入框31和框32。框41和框42的投资数据还要进入框51——国际收支统计的资本和金融账户。

框11和框22一并进入框12国际收支统计（经常账户）。框12和框51一并进入框35国际收支统计（总账）。

图内还有两个虚线框，它们表示在现行统计数据基础上进一步开展核算：框21为（货物贸易）增加值核算，它使用来自框11的数据；框34为基于属权的国际收支核算，它使用来自框22、框31和框32的数据。

需要说明的是，框22服务贸易统计是个二元架构，它的两个来源部分并不加总，只是并列在一起，用于刻画编报国通过不同的提供方式在世界市场上所销售的服务。只有编制基于属权的国际收支平衡表时，才需要对其不同来源的数据做并账处理。

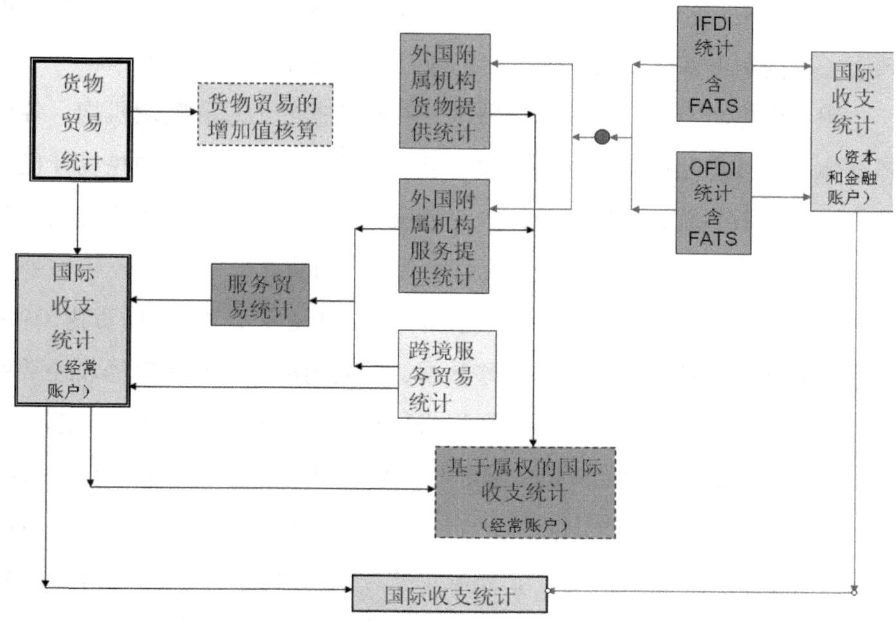


图 2　国际贸易统计指标体系框架

### （六）贸易数据生产流程纵向脉络——官方机构及其承担的任务

所有经济体的贸易数据——无论货贸数据还是服贸数据——都经过同样的生产程序：数据采集—汇总、整理—发布。

对货物进出口交易采集原始数据是整个流程的第一步，这在任何经济体都是由海关当局承担，具体是填制和审核进出口报关单。就整个国家官方统计而言，一般有集中型和分散型统计体制之分。但是具体到货贸统计，即便是集中型统计体制，也不可能包揽全部贸易数据生产程序，于是出现两种方式：一是大集中之下有货贸统计小分段，即由海关当局承担货贸原始数据采集，由中央统计机构负责而后的数据汇总、整理和发布流程；再是大集中之下的货贸统计小集中，由海关当局承担货贸数据的全部生产流程。同样，货贸统计小分段和货贸统计小集中的分野，也出现在分散型统计体制中：或者是国家贸易主管部门在接收海关数据的基础上，完成货贸数据的生产；或是海关当局承担货贸数据的全部生产流程。因为海关在中央政府中的地位不同，货贸数据小集中又分为两种情况：一是海关是中央政府（内阁）下部级或副部级独立机构，再者是海关隶属于某个部。

服贸数据具有“二元架构”特征，对于数据的汇总和整理机构，各个经济体的具体做法很不相同。在集中型统计体制经济体，由中央统计机构负责；在分散型统计体制经济体，跨境服务数据的生产由货币银行当局负责，外国附属机构数据的生产由贸易主管部门负责。

对货贸数据进行调整，用于编制国际收支口径表经常项目的货物子项；再会同服务子项数据和单方面转移数据，共同构成国际收支口径表经常项目，对外发布。各经济体的通关数据报告给世界贸易组织，进而汇总、整理出全球贸易数据。各经济体的国际收支数据则上报给国际货币基金组织。

《中华人民共和国统计法》规定，“国务院设立国家统计局，负责组织领导和协调全国统计工作”，还规定“各级人民政府、各部门和企业事业组织，根据统计任务的需要，设置统计机构、统计人员”。中国的统计管理体制，既不是分散型的，又不同于国外的集中型体制。就贸易统计而言，海关总署负责货贸数据生产的全流程；国家外汇管理局负责编制国际收支统计，其中包括跨境服贸数据；商务部从国家外汇管理局取得跨境服务贸易数据，自行采集、汇总、整理外国附属机构当地服务销售数据，对外发布两类数据。中国的货物贸易数据被称为海关统计，是从生产流程角度得名。从其商品类别属性上说，属于货物贸易统计。

### （七）本学科特有的研究方法

国际贸易统计学科研究方法具有统计学的共性，但是对其中某些方法有独特的侧重和发挥。应用统计学中关于数据获取的大量观察法和抽样法，数据整理的分组法，数据描述的统计分布量数法，由样本特征推知总体特征的统计推断法，变量间关联研究的相关和回归法，时间数列研究和预测法等，都可以在国际贸易统计研究中得到应用。经济统计学研究综合平衡的账户平衡法和投入产出法，研究综合对比的指数法，研究综合评价的综合指标法，在国际贸易统计研究中更具有重要的作用。以下提出在国际贸易统计研究中有待独特侧重和发挥的几个方法。

（1）**国际贸易数据的获取途径和方法**

国际贸易数据的获取途径和方法主要有三种：

行政记录法——通过行政记录获取全面的人员流动和货物流动数据。国家机关对跨境人员流动和货物流动具有强制登记和监管的权利，所生成的行政管理记录乃是国际贸易统计的原始数据。典型的行政记录如海关总署的进出口报关单，出入境管理局的本国居民和外国人的出入境放行记录。

银行申报法——通过银行申报系统获取全面的收支数据。任何与境外的交易都需要通过银行和外汇管理部门操作，其形成的资金流转记录就是国际贸易统计所需原始数据。

直接调查法——通过对企业和个人直接调查获取全面的或样本的数据。国家主管机关和其委托的机构，对企业和个人直接进行调查获取所需数据。对企业的调查一般按企业规模划分为限额以上企业（限上企业）和限额以下企业（限下企业），对限上企业实行全面调查，对限下企业实行抽样调查。对个人或家庭住户只实施抽样调查。

（2）**分组方法**

对国际贸易数据进行整理的方法是分组，分组的依据是品质标志和数量标志。品质标志是先行分组，即在统计设计阶段就规定好各个品质标志的具体标示；数量标志是事后分组，即在完成对原始数据的采集后，根据数据个体值的分布状况决定组别和组限。

国际贸易数据整理的最重要品质标志是商品（行业）类别和交易国别。商品（行业）类别的具体标示由国际组织统一编订目录，在原始数据采集时需要遵循国际统一目录。交易国别分组的要点在于掌握好确定一笔交易与哪个国家发生的原则。

在商品（行业）类别和交易国别单向分组基础上，还得整理好同时依据这两个标志的交叉分组，业内俗称“商品（行业）× 国别”。

（3）单位价值对交易价格的替代法

单位价值是总价值对交易实物总量的比值。在统计分析中常以单位价值作为实际交易价格的替代量，因为后者获取较为困难。

（4）质量指标数据和数量指标数据的综合运用

某种情况下，直接对一个一个总值指标开展全面调查较为困难。就将该总值指标分解为一个平均指标与一个开展全面调查较为容易的总量指标的乘积。至于作为被乘数的平均指标，则通过抽样调查途径获取其数据。

（5）镜像数据替代和镜像数据比对

镜像数据替代指，如果两个交易国中一个统计欠发达而另一个发达，前者就可以使用后者与己方的贸易数据作为己方相应数据的替代。

镜像数据比对指，如果两个交易国的统计都很发达，而且都很在乎自己与对方的双边贸易数据的准确性，就可以对两者的镜像数据开展比对。

## 参考文献

[1] 陈及时：《对外经济贸易统计》，对外贸易教育出版社，1991 年版。

[2] 董庆惠：《对外贸易出口统计》，对外贸易出版社，1982 年版。

[3] 贾怀勤：《对外经济贸易统计概论》，对外贸易教育出版社，1988 年版。

[4] 贾怀勤：属权贸易核算的几个基本问题，《国际贸易问题》2010 年第 6 期。

[5] 张昌法：《涉外经济统计学》，中国铁道出版社，1990 年版。

# 解读跨国公司对国民核算的影响[①]

许晓娟　刘学薇

**摘　要：**2011 年联合国欧洲经济委员会“全球化对国民核算的影响”工作组发布其最新研究成果《全球化对国民核算的影响指南》，该指南以最新修订的 2008SNA、BPM6 以及 BD4 等国际统计标准为基础，讨论扩展到全球化对 GDP 等国民核算指标的影响，特别是关于跨国公司对国民核算的影响，形成了比较细致和全面的认识。本文在研读国际统计标准的基础上，对跨国公司对国民核算的影响进行了解读。

20 世纪末，经济全球化对国民经济核算体系的影响已经成为学术研究、国际组织和各国政府热议的政府统计问题。由于直接投资和跨国公司的快速发展，以国家为单位的政府统计受到了前所未有的挑战，国际收支平衡表所提供的数据成为贸易争端、汇率争议的依据，而不同利益集团对这些数据的解读却相去甚远。之所以产生这种混乱的局面，根源在于国际收支统计体系的基本原则和方法在处理经济全球化问题方面存在缺陷（高敏雪和许晓娟，2011）。经济全球化所产生的影响不仅仅局限于国际收支平衡表，国民经济核算作为政府统计的龙头，是设定这些基本原则和方法的源头，引起国际收支平衡表的纷争的“常住性原则”是否会延伸影响国民核算的

① 本文发表在《经济统计学（季刊）》2015 年第 1 期。

其他方面?

## 一、文献回顾

回顾关于本话题的讨论，最早起于美国，Kravis（1985）和Lispey（1987）比较了美国境内的企业出口占世界出口的份额和美国跨国公司（包括在本土和在国外经营）出口占世界出口的份额，然而前者持续下降，后者基本保持稳定，因此，论证了美国企业并没有像对外贸易统计提供的数据那样，显示出美国企业技术管理能力的没落。Lispey 在 1989 年“重振美国统计体系”会议上总结：货物贸易、服务贸易和资本市场增长越来越快，国际贸易变得越来越重要，统计体系的改进速度跟不上国际交易发展的步伐，无法反映外国投资企业在美国的运营情况及对美国经济的影响、美国的国际投资头寸等问题（Lispey，1990）。1995 年美国国家经济研究局（NBER）“收入与财富研究会议”以“经济核算的地理基础和所有权基础”为题，会议收录了大部分相关的讨论，其中包括了基于所有权估算美国、日本对外贸易额。从 1995 年开始，美国商务分析局（BEA）每年发布“基于所有权分解的经常账户框架”统计数据。

中国是美国的重要贸易伙伴国，起初，中国与美国双边贸易统计存在不一致，问题主要讨论什么原因导致两国数据的差异（Fung 等，1998；Feenstra 等，1998；沈国兵，2005）。随着中美贸易顺差原因的深入分析，对外贸易统计方法不适应全球化发展的问题也逐步被国内研究者和政府所认可。李月芬（2006）从国际关系的角度呼吁中国亟待建立一个以所有权为基础的贸易差额统计体系，贾怀勤（2006）从统计体系的演进角度比较了基于所有权与基于常住性的统计思路。与此同时，基于所有权的对外贸易统计被介绍到中国，孙华妤和许亦平（2006）借鉴美国的经验，建议在国际货物贸易中包括跨境贸易和附属机构销售，并提出了协调方案。Xu，Lin 和 Sun（2010）在美国基于所有权的经常账户框架基础上，建立了一个由本地经济、外资经济和外国三国组成的框架，认为中国对美国的贸易顺差大部分来源于非美国的外商直接投资，与传统统计相比，基于所有权计算的中国贸易顺差非常小。姚枝仲和刘仕国（2006）、刘萍和宋玉华（2007）、王涵蔚和高敏雪（2008）、许晓娟和高敏雪（2010）基于所有权原则单边对中国对外贸易进行了估算，认为在所有权框架下，中国对外贸易顺差并不像常住性框架下表现得那么大。

全球化与政府统计方法问题也受到了国际组织的重视。1996年，在美国统计协会年会政府统计分会上，DeMichelis发表了题为“全球化与市场一体化对欧洲统计体系的影响”的演讲，第一次明确提出全球化对统计体系的影响问题。国际组织主要从三个方面回应全球化对统计体系所产生的影响。首先，它们考虑对全球化进行度量，2005年，OECD发表了《OECD全球化统计指标手册》，从对外直接投资、跨国公司的活动、技术国际化和贸易全球化四个方面设计了测度全球化程度的指标体系，2008年，OECD推出了新修订的《外国直接投资基准定义（第4版）》（BD4），2011年，WTO开始向发展中国家推广贸易增加值核算。其次，它们考虑修订统计标准，进一步明确全球化条件下如何开展政府统计工作，包括IMF《国际收支与国际投资头寸统计手册（第六版）》（BPM6）、联合国《国民经济核算体系2008》（SNA2008）等纷纷出炉。第三，它们系统分析全球化对国民核算体系的影响，2003年联合国欧洲统计首长会议（CES）上，英国、美国、加拿大、挪威等国以“全球化及其对世界统计体系的影响”为题进行了讨论。2006年CES会议上讨论了由加拿大统计局和英国统计局起草的“全球化统计报告”，会议决定建立全球化统计的特别工作组，此后，联合国欧洲经济委员会（UNECE）就此问题牵头开始了更为广泛的国际交流和合作，2007年，“全球化对国民核算的影响”工作组（WGGNA）成立。工作组形成了论文集《经济全球化：官方统计的挑战》（2008）[①]和《全球化对国民核算的影响指南》（2010）。

全球化对政府统计的影响是多方面的，WGGNA（2010）总结为十一

① http：//www.unece.org/stats/archive/02.02.e.htm

个方面内容：一是跨国公司（MNEs）以生产效率最大化、减小其全球税负而跨越国境为目的组织其商务活动；二是外国直接投资（FDI）关系越来越复杂，需要识别和分解直接投资流量；三是附属机构之间的转移定价，具有附属关系的公司不通过市场交易对进口和出口进行定价；四是出于全球活动等目的，利用离岸设施（特殊目的实体（SPEs））安排财务；五是国际服务贸易增长，包括没有发生所有权变更的加工贸易；六是国际中介贸易增长，这种贸易方式从 A 国出口货物到 B 国，但货物并不跨越国界；七是知识产权产品在世界范围内的贸易和应用；八是在复杂的企业集团背景下和全球范围内组织的生产过程中，通过行政管理捕捉经济交易数据具有局限性；九是国际劳动力移动和由此产生的劳动收入，以及非常住劳动者对其来源国的汇款和其他流量；十是住户境外旅游和境外投资的增长（包括住宅房地产）；十一是企业和住户通过互联网完成国际间交易。所影响的核算指标见表 1 所示。

**表 1　全球化因素与最受影响国民核算指标之间的关系**

| 全球化现象 | 最受影响的核算指标 |
| --- | --- |
| 跨国公司的安排，包括转移定价 | 各国 GVA/GDP 的分配；国际货物贸易与国际服务贸易；投资收入和金融流量 |
| FDI 关系 | 投资收入和金融流量，等等 |
| 特殊目的实体（SPEs） | 国际服务贸易；投资收入和金融流量；等等 |
| 加工贸易 | GVA/GDP；国际货物贸易和国际服务贸易 |
| 中介贸易 | 国际货物贸易（国际服务贸易也有可能） |
| 知识产权产品在世界范围内的贸易与应用（IPPs） | GVA/GDP；资本形成；国际资产贸易和相关的国际服务贸易 |
| 准转口贸易 | GVA/GDP；国际货物贸易 |
| 国际劳动力移动和汇款 | GNI；国民可支配总收入；国际转移 |
| 在国外的房产所有权 | 国际服务贸易；投资收入和金融流量；等等 |
| 网上交易 | 货物与服务的国际贸易；住户消费 |

资料来源：引自 WGGNA（2010），Guide on Impact of Globalization on National Accounts，UNECE，p.2。

本文主要解读跨国公司带来的影响，这是 WGGNA（2010）总结的十一个方面中的第一、第二、第三个方面，也是政府统计面对的最大挑战。

## 二、为什么跨国公司会影响国民核算

全球化是国家间巨额的、不断增长的贸易及资本投资的流动。在这一过程中，跨国公司扮演了重要角色，美国有超过一半进口和出口是由跨国公司贡献的，中国外商直接投资企业所完成的进口和出口也占据了一半以上。跨国公司对直接投资和贸易额的影响已经积累了大量的讨论，这种影响会延伸至国民核算的其他方面吗？回答这个问题，需要从以下两个方面展开：第一，为什么跨国公司会影响国民核算？第二，哪些核算指标受到了影响？在总结这两个问题之前，需要首先介绍国民核算对跨国公司活动的记录方法。

### （一）跨国公司的统计定义

何为跨国公司？这是理论上尚存争议的一个问题（Freedman（2007），Caves(2007)），经验研究主要依据外国直接投资统计定义跨国公司。例如，联合国贸发会议（UNCTAD）的《世界投资报告》将跨国公司定义为由母公司及其国外分支机构组成的法人或非法人企业。母公司是以拥有股权的方式控制其在外国的其他实体资产的企业。拥有法人企业 10% 或以上的普通股或表决权的股权，或非法人企业等量权益，这是控制这些企业资产的门槛值。国外分支机构可以是法人企业，也可以是非法人企业，在其管理中，其外国投资者拥有能够享有持久利益的股权份额（《世界投资报告（2002）》）。

《世界投资报告》所采用的跨国公司定义以 BD3 为基础，跨国公司包括直接投资者和直接投资企业（包括子公司、附属机构以及分支机构）。与 BD3 相比，BD4 则通过对直接投资关系的明确定义来对直接投资、直接投资者和直接投资企业进行了更细致的定义。BD4 认为，原则上，与跨国公司直接相关的定性或定量信息都可以归入跨国公司活动；而 OECD《经济全球化指标手册》的框架中，跨国公司活动的数据主要排除了与 FDI、证券投资或其他金融交易有关的数据；OECD 关于跨国公司经济活动的调查中则包括 18 个变量，主要有总产出、营业额、增加值、雇用人数、雇员报酬、总营业盈余、总固定资本形成、研发支出、研究人员数量、总出口和总进口、公司内出口和进口、技术支出和收入等。

### （二）国民核算与跨国公司统计的关系

与国民核算相比，跨国公司统计是专题统计，其中，确定直接投资关系的一个根本方法是常住性原则，该原则在 BD4、BPM6 和 2008SNA 中是一致的。

常住性是国民核算的重要概念和原则，在国民核算中，直接投资关系的确定和国际交易的发生都是以交易双方的常住性作为基本判断依据的。一个机构的常住性意味着它在此经济领土上具有显著的经济利益中心。（2008SNA 第 26.36 段）站在核算国的角度，一方属于本国的常住者，另一方属于非常住者，如果常住者持有非常住者一定比例（通常为 10%）的股权，则二者构成了外向直接投资关系；如果非常住者持有常住者一定比例的股权，则二者构成了内向直接投资关系；而常住者与非常住者之间的交易就属于国际交易。这样，企业是否是常住单位，会影响核算中具体处理（见表 2 所示）。

**表 2　企业常住性对东道国经济核算的主要影响**

| 经济流量或头寸 | 常住企业 | 非常住企业 |
|---|---|---|
| 企业对常住者的销售 | 常住者对常住者的贸易 | 货物和服务的进口 |
| 企业从常住者的购买 | 常住者对常住者的贸易 | 货物和服务的出口 |
| 应付给东道国常住者的雇员报酬 | 常住者给常住者的雇员报酬 | 非常住者给常住者的雇员报酬 |
| 应付给母国常住者的雇员报酬 | 常住者给非常住者的雇员报酬 | 不属于东道国交易的范围 |

续　表

| 经济流量或头寸 | 常住企业 | 非常住企业 |
| --- | --- | --- |
| 净营业盈余 | 应付红利或再投资收益 | 不属于东道国交易的范围 |
| 所有者资金注入 | 报告国的直接投资负债 | 不属于东道国交易的范围 |
| 常住者对企业债权负债 | 常住者给常住者的债权 | 国际交易 |

资料来源：联合国，2008SNA（中文版），表 26.2，中国统计出版社，2012 年版。

2008SNA 对跨国公司问题采取的办法是从细节上更清晰地表达常住性原则。BPM6 和 BD4 等最新修订的国际标准对常住性定义与 2008SNA 保持一致。2008SNA 第 3.12 段明确指出，“常住性概念的设计是为了保证每一个机构单位是唯一一个经济领土上的常住者，一个包含多个附属企业的集团，其每一个成员都是各自所在经济领土的常住者，而不是全部归并到总部所在地的经济体中”。2008SNA 第 26.40 段规定，“判断企业常住性的依据是企业在经济领土内有显著规模的货物或服务生产活动”，出于操作上的便利，一般将在经济领土法律管辖范围内的法律实体作为常住单位处理。2008SNA 第 26.41 对特殊目的实体的情形进行了更具体的说明，“如果企业没有任何重要的物理属性方面的信息，其常住性的确定方法是：企业在哪个经济领土登记或注册成立，它就是哪个经济领土的常住单位”。因为这一标准比所有权、资产所在地、经理人或管理者所在地等标准更清晰，同时也代表了企业与经济体关系的实质程度。

由此可见，国民核算和跨国公司统计提供了识别统计单位的方法，组成跨国公司的直接投资者和直接投资企业都可能成为实际上报统计数据的单位，而上报给哪个经济领土的统计部门，是由他们的常住性所确定下来的。

### （三）跨国公司上报的统计数据不能反映其在相应经济领土的实际生产活动

如果跨国公司以每个国家的企业利益最大化为目的，那么国民核算所确定的方法可以获得较好的统计数据，但是，这一条件并不满足。尽管国民核算将常住性作为确定企业经济利益中心的基本原则，但是，对于跨国公司来说，常住性并不重要。跨国公司的特点是跨越国境经营，按照全球范围内（而不是国家范围内）公司的目标来制定决策，使公司全球税后利润最大化，而不是其运营的每个国家的利润最大化。例如，跨国公司常常将高税负国母公司开发的知识产权产品（IPPs）以较低的价格卖给低税负国的子公司，或者以较低的版税授权给低税负国的子公司；在低税负国建立控股公司持有资产和负债，接受销售收入，对附属机构进行投资等。追根究底，它们分配资源、对公司内部交易进行定价以及选择交易的支付方式都是以降低全球税负为目的设计的。因此，它们不按照国界来记录其经营活动，其附属机构之间的交易不是按照市场价格记录的，统计人员很难按照经济所有权而不是法律所有权识别壳公司。而国民核算指标则以跨国公司的商业记录为基础，所得到的测度指标和数据就不能准确反映跨国公司在经营所在国的实际经济行为。随着跨国公司规模和影响的扩大，这一问题也越来越不容忽视。

## 三、哪些核算指标受到了影响

一个经济体（也可以说是经济领土，国家或地区）按照国民核算进行统计测度，包括的所有设定的活动和所有经济主体运行的结果，跨国公司影响了哪些方面?

### （一）进出口和 GDP 统计受到的影响

首先，从生产的角度，跨国公司作为生产者，提供产出，消耗中间产品，因此，其行为与生产和收入核算方面的指标有关，包括进口、出口、GDP。

#### 1. 版税和许可证离岸问题

如果跨国公司将知识产权产品转移给附属机构，并指定这个附属机构拥有知识产权的权益，并以版税的形式收取许可证或者其他知识产权的收入，这些收入则以投资收入回到母公司，这里的附属机构就成为一个版税和许可证公司，是一个特殊目的实体。假定知识产权产品（比如：软件）是在母公司所在的 A 国开发，而这个版税和许可证公司是母公司建立在 B 国的独资子公司，该子公司收取许可证的销售收入。这时，母公司所在的 A 国 GDP 就被低估了，而 B 国 GDP 就被高估了。在这种情况下，由于将这些收入记录在投资收入项下，GNI 则不受影响。2008SNA 建议，知识产权产品记录在哪国的资产负债表，那么该知识产权产品的使用支出应该记录在该国的服务支出项下。由于存在转移定价的问题，高税负国可能低估其服务出口，高估其服务进口，从而低估其 GDP，而低税负国则可能高估其服务出口，低估其服务进口，从而高估其 GDP。

2. **中间服务外包和离岸问题**

中间服务对 GDP 影响有两个方面。首先，由于离岸服务的快速发展，传统的服务分类和抽样框可能没有覆盖新产生的中间服务，这样，进口可能被低估，同时导致 GDP 被高估。其次，统计部门常常使用增加值率（增加值与销售收入或者总产出的比）作为固定的比率估算 GDP，然而，随着原先由单位内部提供的服务生产迅速转为来源于外部或者外国（来自本国其他单位则属于外包，来自外国则属于离岸），该比率也存在高估的问题，从而导致 GDP 被高估。

3. **转移定价问题**

同样为了避税，跨国公司有动机对附属机构的出口和从附属机构的进口进行转移定价处理，一旦这样的处理逃过税务部门的监督，成功计入账上，那么相应的 GDP 就会产生不准确的估计。这里，三种方法核算的 GDP 都会受到影响。

### （二）实际 GDP 和生产率统计受到的影响

从动态的角度，跨国公司还会影响价格指数，从而影响实际 GDP 的测算和生产率统计。实际 GDP 是通过价格指数缩减所得到的，因此，除了现价 GDP 受到的影响会延续到实际 GDP，还会受到价格指数的影响。当本国母公司用外国子公司替代本国中间投入的供应商时，所需要用到的价格指数就会受到影响。在支出法 GDP 中，最终支出需要将最终消费、资本形成、出口之和与进口相减，而支出法不变价 GDP 需要应用本国和外国的缩减指数，而上述情形下，供应者替代发生时，不同供应者之间的价格差异无法反映到缩减指数中；在生产法 GDP 中，中间消耗的缩减指数无法反映供应者替代的问题，因此也会受到影响。

### （三）直接投资和相关投资收益流量

跨国公司本身是通过直接投资确立下来的，直接投资统计所提供的数据也存在许多问题，使得其准确性受到了影响。

#### 1. 确定直接投资关系的困难

BD4 与 BD3 相比的一个重要修订内容是构建了一套确定直接投资关系的概念和方法框架，称为直接投资关系架构，替代了 BD3 所采用的完全合并体系，产生了成员企业等新概念。然而，确定并申报直接投资关系是 FDI 统计面临的一个主要问题。首先，国民核算体系下，许多统计调查并不识别企业的直接投资关系；其次，许多企业并不关心自己所处的直接投资关系，因此，要获得跨国公司的直接投资关系信息是很困难的。

#### 2. 合并水平不同的问题

合并水平问题有两个方面：首先，一些国家的国内账户和国际账户(如：FDI 流量和存量）是由不同的统计部门编制的，国内账户覆盖所有的登记单位，而国际账户只能涵盖一部分单位，这样，合并水平不同，所得到的统计数据就会出现不一致的问题。其次，按照 BD4，一个经济体中的企业可能会通过直接投资关系架构与同一经济体或不同经济体的另一个企业关联起来，尽管它们都不是对方的直接投资者，但只要其中一个企业的母公司与另一个企业有直接或间接的直接投资关系，那么，就将二者定义为成员企业。成员企业之间的投资没有超过 10% 的标准，也应根据最终投资者确定是否记录在直接投资中。这样，即便是在国际账户内部，也可能因为对成员企业和最终投资者的确定不一致而产生合并水平不同的问题。

3. 直接投资者和直接投资企业对持有股权的记录不同

首先，直接投资企业通常将累计留存收益记录作为所有者的股权，而直接投资者很少这样做，他们只按收购价记录，不做进一步调整；其次，直接投资企业通常会根据当期市场价格或者汇率调整其资产和负债，其中也包括所有者的股权，而直接投资者的账面上也不反映这种调整。从二者的不同处理来看，一般认为，从直接投资企业方面获得的统计数据更准确。

4. 再投资收益的时滞问题

对于许多企业，要取得再投资收益的信息常常需要拖延相当长时间，而且有时只有年度数据，因此，对于季度数据和发布得较快的数据，最终的统计可能有较大幅度的变化。由于 GNI 需要经再投资收益调整才能得到，因此，时滞问题与相应的修订幅度也会对 GNI 产生影响。

## 四、总结与展望

从本文的研究来看，跨国公司对国民核算体系产生的影响有不同的层面。第一，由于跨国公司所建立的复杂 FDI 关系以及统计中的口径和方法问题，现有的统计体系还不能很好地识别直接投资的范围，BD4 所推荐的直接投资关系架构在大部分国家都还没有实施，特别是发展中国家更是如此。各国 FDI 统计数据不准确是普遍存在的问题，并且，其改进仍然需要一个长期的过程。第二，跨国公司在全球范围内从事生产经营，其账面数据并不能很好地反映直接投资者、直接投资企业以及关联企业在各自所属的经济领土上的实际生产、收入分配以及对外贸易和投资状况，开放经济体以此为基础所得到的主要国民核算指标，如进出口、投资收入和相关金融流量、GDP、实际 GDP 以及生产率都会受到影响。尽管各国在实践中不断总结，形成了一些经验，国际组织致力于各国统计方法的一致性，提供了统计标准，但是，国民核算体系仍然不可避免地受到跨国公司的影响。随着跨国公司的不断成长，其利益中心会越来越模糊，由此，跨国公司是全球化对国民核算体系最大的挑战。

由于研究水平和篇幅所限，本文的研究仅仅是对国际统计标准和相关研究的总结，从目前的进展来看，还有许多需要进一步研究的方向。第一，微观层次的跨国公司研究。由于各国发展水平和开放水平不同，发达国家跨国公司的行为与发展中国家跨国公司的行为可能不同。跨国公司对国民核算影响的程度可能不同，需要从微观层面进行跨国公司研究，提供跨国公司对国民核算影响的程度的经验依据。第二，尽管本文所设计的基本主要国际统计文献也提供了一些实际国家的案例，但是其中没有以中国为对象的研究，中国国民核算面对怎样的全球化挑战，是摆在我们面前的一个重要问题。第三，全球化对政府统计影响的其他方面研究。全球化对政府统计的影响是一个范围很广的问题，本文仅仅涉及了其中跨国公司对国民核算影响的一部分，贸易方式的变化和住户的全球化等所产生的影响都还没有讨论。

## 参考文献


[1] Andreas MAURER（2005），Goods send for processing coments of the task force on international merchandise trade statistics，STD/NAES/TASS/ITS (2005)18.

[2] Baldwin，J. R.，Gellatly，G.，Sabourin，D. (2006). Changes in Foreign Control under Different Regulatory Climates：Multinationals in Canada. Catalogue no.11-624-MIE-No.013. Minister of Industry，Canada. 1-15.

[3] Baldwin，R. E.，Kimura，F. (1996). Measuring U.S. International Goods and Services Transactions. NBER working paper series，1-47.

[4]Baldwin RE，Robert-Nicoud F(2008)，Trade and growth with heterogeneous firms，JOURNAL OF INTERNATIONAL ECONOMICS，74(1). 21-34.

[5] Bernard，A. B.，Eaton，J.，Jensen，J .B.，Kortum ，S. (2003). Plants and productivity in international trade. American Economic Review 93(4)，1268 - 1290.

[6] Chunding Li， John Whalley，Yan Chen(2010)，Foreign affiliate sales and trade in both goods and services，NBER WORKING PAPER SERIES 16273，1–26.

[7] Eurostat（2009），Progress report of the Eurostat task force on multinational enterprises，ECE/CES/GE.23/2009/7/Rev.1.

[8] Feenstra，R. C.，Hai，W.，Woo，W. T.，Yao，S. (1998，6). The U.S.–China Bilateral Trade Balance： Its Size and Determinants. NBER working paper 6598 .

[9] Fung，K. C.，Lau，L. J. (1998). The China–United States Bilateral Trade Balance： How Big is it Really? Pacific Economic Review ，3：1，pp. 33–47.

[10] Fung，K. C.，Lau，L. J.,Xiong，Y. (2006). Adjusted estimates of United States–China bilateral trade balances： an update. Pacific Economic Review ，11： 3，pp. 299 - 314.

[11] 高敏雪、谷泓：“外国直接投资统计基本定义剖析”，《统计研究》2005 年第 4 期。

[12] 高敏雪：“面对经济全球化的国民经济核算——属地原则与属民原则的重新检视”，《统计学》2000 年第 4 期。

[13] 高敏雪、许晓娟：“国际货物贸易的度量——基于所有权对中国对外贸易统计的改进”，《统计研究》2011 年第 1 期。

[14] 刘萍:“构建所有权贸易差额统计体系——基于美、中贸易的研究”，浙江大学硕士论文。

[15] 刘遵义等：“非竞争型投入占用产出模型及其应用——中美贸易顺差透视”，《中国社会科学报》2007 年第 5 期。

[16] IMF. (2008). Balance of Payments manual and Investment Postion

(BPM6) (Sixth Edition.).

[17] Julius，D. (1991). Foreign Foreign Direct Investment： The Neglected Twin of Trade. Group of Thirty’s Occasional Papers，1-36.

[18] 贾怀勤：“从属权贸易核算角度评析 FATS 及中国数据现状”，《统计研究》2011 年第 1 期。

[19] 贾怀勤：“在地贸易统计还是属权贸易统计？——FDI 对传统贸易统计的颠覆及其对策”，《统计研究》2006 年第 2 期。

[20]Landefeld，S. J.，Whichard，O. G.，H，J. (1993). Alternative Framework for U.S. International Transactions. Survey of Current Business，50-61.

[21] Lipsey，R. E. (1990). Reviving the Federal Statistical System：International Aspe. American Economic Review，80(2)，337-340.

[22] Lipsey，R. E.，Kravis，I. (1986). The Competitiveness and Comparative Advantage of U.S. Multinationals，1957-1983. NBER Working Paper No.2051，1-58.

[23] Lipsey，R. E.，Kravis，I. B. (1985). The Competitive Position of U.S. Manufacturing Firms. NBER Working Paper No.1557，1-39.

[24] 李月芬：“中国亟待建立一个以所有权为基础的贸易差额统计体系”，《国际经济评论》2006。

[25] OECD：OECD 外国直接投资统计基准定义（2008 年第 4 版），中国人民大学国民经济核算研究所翻译，2010。

[26] Robert E. Baldwin，Robert E. Lipsey,J. David Richardson，Geography and ownership as bases for economic accounting，Chicago：University of Chicago Press (Conference on Research in Income and Wealth (1995： Washington，D.C.)).

[27] Robert Koopman、Zhi Wang、Shang-Jin Wei(2008). How much of Chinese exports is really made in China? Assessing domestic value-added when

processing trade is pervasive. NBER WORKING PAPER SERIES.

[28] Stone, R., Hansen, K. (1952). Inter-country comparisons of the National Accounts and The Work of The National Accounts Research Unit of The Organization for European Economic Co-operation. Income and Wealth, 101-141.

[29] 孙华好、许亦平："贸易差额的衡量：基于所有权还是所在地"，《国际贸易问题》2006 年第 5 期。

[30] UN etc. (2002). Manual on Statistics of International Trade in Services (First Edtion.).

[31] UN etc. (2008). National Accounts 2008.

[32] WGGNA（2010），Guide on Impact of Globalization on National Accounts, UNECE.

[33] Whichard, O. G., Lowe, J. H. (1995). An Ownership-Based Disaggregation of the U.S. Current Account, 1982 - 93. Survey of Current Business, 52-61.

[34] William CAVE, International trade in product: do we need a mew international classification or framework? , Working Party on International Trade in Goods and Trade in Services Statistics, 2008.

[35] 王丹丹：中国国际服务贸易发展及其影响研——统计规范与计量分析，中国人民大学博士论文。

[36] Xu, Y., Lin, G., Sun, H. (2010). Accounting for the China - US Trade Imbalance: An Ownership-Based Approach. Review of International Economics , 18(3), pp. 540 - 551.

[37] 姚枝仲、刘仕国："中国国民对外贸易差额"，《国际经济评论》2006 年第 9 期。

[38] 张芳：中国国际加工贸易发展及其影响研究，中国人民大学博士论文。

# 沉没成本跨期效应及企业异质性对出口影响的研究[①]

许晓娟　智冬晓

**摘　要**：本文从出口发生的概率入手，分析影响概率的诸多因素，消除了二元模型的估计问题，同时也充分利用了面板数据的丰富信息，研究沉没成本的跨期效应以及企业异质特性对出口的影响。结果表明，按照时点分割出口状态并没有充分描述企业的出口行为，沉没成本的跨期效应显著的大于即期效应；内外资企业出口倾向有显著差异，但差异不大；全要素生产率和工资水平会促使企业有更高的出口倾向，但企业特质性的交互效应使出口决策变得复杂，高生产率高工资水平不一定会提高企业的出口倾向，说明“生产率悖论”是客观存在的。

## 一、引言

从企业微观角度看，企业进入出口市场是需要付出一定的成本，如出口市场的信息收集、营销渠道的建立等，这种成本被认为是一种沉没成本（sunk cost）。理论认为沉没成本会显著影响企业的出口行为，但实际中如何度量沉没成本却是个难题。研究一般都通过分析企业的出口

① 本文发表在《财贸研究》2015 年第 5 期，是国家自然科学基金项目（71103035；71172106）、对外经济贸易大学项目（XK2014201）。

经历来检验沉没成本的存在，如 Bernard 和 Jensen（2001）[1]、Roberts 和 Tybout（1997）[2]、赵伟等（2007、2011）[3][4]、孙俊新（2013）[5]。尽管“昨天的成功会影响今天的成功”，但实际经营中企业还会面临除沉没成本之外的诸多约束因素。

异质企业贸易模型认为，出口企业与非出口企业在企业规模、属权、生产率、工资水平等方面差异明显，但该模型在中国的实践却产生了“生产率悖论”问题（李春顶和尹翔硕，2009）[6]。这可能是由于外商直接投资企业与本土企业在许多方面都存在差异，尤其是外商直接投资企业的财务状况与本土企业有很大的不同，标准的异质企业贸易模型并没有考虑这些差异。当把视角仅关注于外商直接投资企业时，悖论依然存在，Lu 和 Tao（2009）[7] 发现外商直接投资企业中，出口企业的生产率低于非出口企业，他们认为，这是由于中国在国际生产分工中所处的位置所决定的。这种情况的根源可能在于出口与非出口企业之间的差异并不能确定企业特性与出口行为之间的因果关系（Bernard 和 Jensen，2001）[8]，即究竟是好的企业在出口还是出口使企业变的优质。

实际上，历史出口对后期出口的影响很难在时点上严格分割。企业出口可能是短期行为，也可能是长期行为，基于经验数据的统计时间来分割企业的出口行为，并不符合实际的出口行为。同时，已有研究基于利润最大化的假定也与实际有很大距离。尽管企业追求利润最大化，不过在某一时点或短期内，从经营战略的考虑，利润最大化不是首要目标。因此，实证研究中所使用滞后一期对当期的影响很可能是一种伪相关。此外，只关注一期滞后，也与企业的实际经营有很大出入，当企业从战略考虑，沉没成本可能并不会对当期产生促进作用，而在未来期发生效用，使得企业出现连续出口；情况也可能完全相反，如果企业预见到的未来出口未达成目标利润，甚至是亏损，完全可能会考虑停止出口。沉没成本所产生的多期效应与即期效应截然不同。

许多研究都倾向使用微观企业的面板数据，以获得更细致翔实的信息，但数据噪声同样会对研究产生误导。微观数据数据量通常都较大，而一般计量模型能够适用的数据量通常都远小于面板数据所提供的数据量，这可能会严重影响结论的准确性。

基于这些考虑，本研究将从以下两个方面对影响企业出口的因素进行分析。一方面，通过分析企业的历史出口状态分析沉没成本的影响，但视角不限于即期影响，将对出口的长期和跨期影响进行分析。另一方面，不再使用单位样本进行建模，将从整体角度分析企业出口发生的概率，分析多种因素对出口发生概率的影响，这样做既可以充分利用微观数据的海量信息，也能够克服数据噪声影响和模型数据量适用限制。研究中所用的数据为 1999—2006 年规模以上企业面板数据，涉及 513003 家企业，共记录 4104024 条数据。

## 二、文献综述

Baldwin（1988）[1]、Dixit(1989)[9]、Krugman（1989）[10] 等人的研究阐述了出口滞后现象与沉没成本之间的关系，形成了沉没成本与出口行为关系的基本理论模型。Roberts 和 Tybout（1997）[2] 基于企业利润最大化视角提出了一个出口决策的动态模型，以检验和测度沉没成本，他们的研究表明，沉没成本是促使企业持续出口的重要影响因素。之后的研究大多基于他们的模型对不同国家的微观企业数据进行了分析，而企业的前期出口行为对当期出口行为的影响是研究重点考察的内容之一，如 Bernard 和 Jensen（2001）[8] 通过对美国企业的分析明确表明沉没成本对出口行为有显著影响，Bernard 和 Wagner（2001）[8] 对德国企业的研究表明企业过去出口行为会提高现在的出口倾向。

另外，企业特性直接间接的都与出口行为有关，这成为异质企业贸易模型的假定基础之一。Clerides 等（1998）[11] 对哥伦比亚、墨西哥和摩洛哥的研究，Greenaway 和 Kneller（2004）[12] 对英国的研究等都发现，与非出口企业相比，出口企业规模大、生产率高、支付的工资较高、雇佣更熟练的技术工人。Clerides 等（1998）[11] 将这种现象归结为“自我选择效应”和“出口中学效应”。Melitz（2003）[13]、Bernard 等（2003）[14] 建立了生产率与企业出口行为的理论框架。Melitz（2003）[13] 的理论模型显示国际贸易能够引发生产率较高的企业进入出口市场，这使得资源获得了重新配置，产业总体生产率因此得到提高。Bernard 等（2003）[14] 建立的理论模型表明由于存在可变贸易成本，只有生产率较高的企业才会出口。

对中国企业出口行为的研究与国外研究思路基本一致，但结果却有很大的差异，特别是在企业异质性对出口影响方面没有一致结论。赵伟和陈文芝（2007）[3] 的研究认为，沉没成本使企业出口决策不会对外生波动做出即时反应，导致出口滞后，演示了成本导致出口滞后的内在机理。易靖韬（2009）[15] 基于浙江省企业面板数据的研究表明，出口企业的进入成本显著存在，且结果支持异质企业贸易模型。但李春顶和尹翔硕（2009）[6] 基于 300 万家企业数据的研究却显示，只供应国内市场的企业生产率反而高于出口企业，并且生产率越低的企业出口越多，与异质企业贸易理论的结论正好相悖，作者将这种情况称之为“生产率悖论”，认为可能是由于中国存在大量加工贸易企业造成的。赵伟等（2011）[4] 使用国内 27 万家企业的面板数据对企业出口行为进行研究，结果显示企业的异质性与出口关系密切，同时结果也显示出口市场的沉没成本显著存在，使得出口持续特征十分明显。孙俊新（2013）[5] 使用规模以上制造业企业数据的研究表明，沉没成本对企业出口决策影响显著，但存在生产率悖论，多种企业特性都是影响企业出口的重要因素。

研究存在分歧：一方面，由于中国企业的构成比较复杂，国有、民营、外商直接投资等企业特性差异较大，一般异质企业贸易模型并没有考虑这些差异；另一方面，所使用实证方法有待改进，大多研究都使用二元响应模型处理基于微观企业的面板数据，但超大的数据量并不适用于回归形式模型，超大数据使得假设检验等手段已失去实际效用。

## 三、基本模型

Roberts 和 Tybout（1997）[2]、Bernard 和 Jensen（2011）[8] 等学者基于企业理性决策者追求利润最大化的假设提出企业出口决定的理论模型，Bernard 和 Jensen（2011）[8] 明确将出口行为影响因素分成两类，即外生因素和内在特质因素。当不存在沉没成本时，企业出口决定的一期模型可由式（1）所描述：

$$\pi_{it}(F_{t'}I_{it}) = p_{it}q^*_{it} - C_{it}(F_{t'}I_{it}q^*_{it}) \quad (1)$$

其中，$\pi_{it}$ 为包含了诸如汇率等外部影响因素 $F_{t'}$ 和企业内部特质因素 $I_{it}$ 的利润函数，$p_{it}$ 为价格，$q^*_{it}$ 为利润最大化约束的产品产量。显然

$$\begin{cases} Y_{it} = 1, \pi_{it} \geq 0 \\ Y_{it} = 0, \pi_{it} \geq 0 \end{cases} \quad (2)$$

其中 $Y_{it}$ 为企业 i 在 t 时期出口行为的状态指示，1 为出口，0 为不出口。

考察企业的多期情况则期望利润为：

$$\pi_{it}(F_{t'}I_{it}) = E_t\left(\Sigma_{s=t}^{\infty}\ \delta^{s-t}[p_s q^*_{is} - C_{is}(F_{s'}I_{is}|q^*_{is})]\right) \quad (3)$$

其中，$\delta$ 为贴现率。式（3）假定时期间独立，但时期相关重要的影响因素。当上期产出水平对本期成本有影响时，成本函数变为：

$$C_{it} = C_{it}(F_{t'}I_{it}q^*_{it-1}|q^*_{is}) \quad (4)$$

其中，$\partial C_{it}(\cdot) / \partial q^*_{it-1} \neq 0.$。基于最大化收益有式（5）形式的价值函数，

$$V_{it}(\cdot) = max(\pi_{it}Y_{it} + \delta E_t[V_{it+1}(\cdot)|q^*_{is}]) \quad (5)$$

则企业出口行为由式（6）决定。

$$Y_{it} = \begin{cases} 1 \\ 0 \end{cases} 当\ \pi_{it} + \delta E_t[V_{it+1}(\cdot)\ |q^*_{is} > 0] > \delta E_t V_{it-1}(\cdot)\ |q^*_{is} = 0) \quad (6)$$

式（1）到式（6）描述了企业在无沉没成本时出口决策行为的基本机理，Roberts 和 Tybout（1997）[2] 的表述基本一致，只是没有明确区分内生和外生因素，将所有影响因素归集到一个信息集合中。

当考虑沉没成本时，式（1）变为：

$$\tilde{\pi}_{it}+(F_{t'}I_{it}q^{*}_{it-1})=p_{it}q^{*}_{it}-C_{it}(F_{t'}I_{it}q^{*}_{it-1}|q^{*}_{it})-S_{it}(1-V_{it-1}) \tag{7}$$

其中，S为沉没成本。同样，当多期决策情况类似式（3），企业将决定使期望利润（式8）最大的一系列产出水平，

$$\pi_{it}=E_{t}(\sum_{s=t}^{\infty}\delta^{s-t}[\tilde{\pi}_{is}Y_{is}]) \tag{8}$$

价值函数仍为式（5），则企业出口行为由式（9）决定，

$$Y_{it}=\begin{cases}1 & 当\ p_{it}q^{*}_{it}+\delta E_{t}[V_{it+1}(\cdot)|q^{*}_{it}>0]-\delta E_{t}[V_{it+1}(\cdot)|q^{*}_{it}\\ 0\end{cases} \tag{9}$$

Bernard 和 Jensen（2001）[8] 利用式（9）考察上期出口状态对本期出口行为的影响，Roberts 和 Tybout（1997）[2] 认为估计式（9）可以采用两种方法：使用生产函数或成本函数的结构化模型，这样就可以标识出利润函数的参数以及完整描述整个出口行为的动态过程。但生产函数或成本函数的结构化模型通常无法获得，即使存在严格的参数化约束也会使模型无法估计。因此，Roberts 和 Tybout（1997）[2] 使用简约形式来分析利润与内外部因素之间的关系。Bernard 和 Jensen（2001）[8] 采用非结构化形式考察上期出口状态对本期出口行为的影响，见式（10）。

$$Y_{it}=\begin{cases}1 & 当\ \beta F_{it}+\gamma I_{it}-S_{it}(1-Y_{it-1})+\varepsilon_{it}>0\\ 0\end{cases} \tag{10}$$

式（10）描述了沉没成本、外部因素及企业内在特质与出口行为的基本关系，但它是二元响应的表达形式，Heckman（1981）[16]、Roberts 和 Tybout（1997）[2]、Bernard 和 Jensen（2001）[8] 指出参数识别是关键问题，可用的方法包括随机或固定效应的 probit、条件 logit 以及随机或固定效应的线性概率模型。Heckman（1981）[16] 建议使用带有随机效应的 probit 模型，但由于产品特性、企业管理能力等因素基本上是不可观测的，而这些因素通常都具有持久影响力，因此解释变量间是高度线性相关，与模型假定相违背；同时，误差项为正态分布的假定通常与实际情况严重背离，通常完

全出口企业和完全不出口企业会占据相当大的比例，使得企业出口分布具有双众数；固定效应模型也有很大问题，它给出的估计结果通常为有偏和非一致估计。

## 四、出口决策行为的概率模型

基于模型式（10）对应的数据通常为微观企业面板数据，需要处理的数据量相当大，而模型实际可处理的数据量并不是可以无限增加，当数据量过大时，相关检验可能会变得异常敏感，这会导致结果会因数据的变化而产生较大波动。

更为重要的是，式（9）所设定的二元响应函数是二元论的直接表示，与实际情况有很大差距。设为条件 A，依照式（9），当条件 A 被满足企业一定会出口，但真实的情况应该是当条件 A 被满足时企业有较高的出口倾向，或者说企业出口行为发生的概率较高，企业的这种决策行为可由表 1 所描述。

**表 1　企业选择出口的条件概率**

| | 满足 A | 不满足 A |
|---|---|---|
| 出口概率 | $P_{it}$ | $P^{*}_{it}$ |
| 不出口概率 | $1-P_{it}$ | $1-P^{*}_{it}$ |

仍用 1，0 变量表示企业是否出口，则服从 0—1 两点条件分布，即：

$$P(Y_{it})=\begin{cases}P(Y_{it}=k)=p_{it}^{k}(1-p_{it})^{1-k} & \text{满足 A}\\ P(Y_{it}=k)=p_{it}^{*k}(1-p_{it}^{*})^{1-k} & \text{不满足 A}\end{cases}\qquad(11)$$

其中，k=0 或 1；$p_{it}$ 为满足条件 A 企业出口的概率；$p_{it}^{*}$ 为不满足条件 A 企业出口的概率。用企业出口状态统计频数代替出口概率，有与表（1）等价的表（2）。

**表 2　出口企业数量的理论频数**

| | 满足 A | 不满足 A |
|---|---|---|
| 出口企业数量 | $m_{11}$ | $m_{12}$ |
| 不出口企业数量 | $m_{21}$ | $m_{22}$ |

设所有企业数量为 N，满足条件 A 企业数量为 $N_1$，不满足数量为 $N_2$，则有 $m_{11}=N_1*p_{it}$，$m_{12}=N_2*p_{it}^*$。

从形式上看，表（2）形式与列联表相似，可将其看作是单因素方差分析（条件 A）的数据形式。但表（2）本质是高维列联表，这里实际是将所有因素归集为条件 A，把高维列联表缩减成一个 2×2 表形式。对于固定企业数目，表中频数服从多项分布，取对数之后可使用对数线性模型分析，见式（12）。

$$\log(m_{ij})=u+U_j=u+F_j+I_j+S_i+Y_j\underline{\iota}_{ag}+\gamma(\cdot) \tag{12}$$

其中，$u$ 为平均效应，可表示平均出口倾向；$U_j$ 为影响出口行为多种因素的向量集合，包括外生宏观经济因素、内生异质性因素、沉没成本影响以及多种因素的交互效应影响等，与式（10）相对应，$U=(F,I,S,Y,\gamma(\cdot))$，$\gamma(\cdot)$ 表示因素间的交互效应。当数据仅为截面数据时，式（12）足够使用，如数据为面板数据，则只需将式（12）加入时间向量即可，见式（13）。

$$\log(m_{ij})=u+U_j+T=u+F_j+I_j+S_i+Y_j\underline{\iota}_{ag}+\gamma(\cdot)+T \tag{13}$$

不同于式（9）和式（10），各种内生和外生因素只对出口倾向的高低产生影响，而模型中这些因素都可被单独分析，避免了内生相关性的影响；式（13）所基于的两点条件分布形式与企业实际的出口状态分布也比较吻合，避免使用 probit 模型不适当的正态假定与线性模型有偏和非一致性估计问题。

## 五、出口状态分析

### 1. 1999—2006 年企业出口状态分析

考察各年企业出口状态，整体的出口倾向在不断提高，从 1999—2006 年，每年出口企业数量不断增加，所占比例从 6.63% 上升到 15.41%，见图 1。

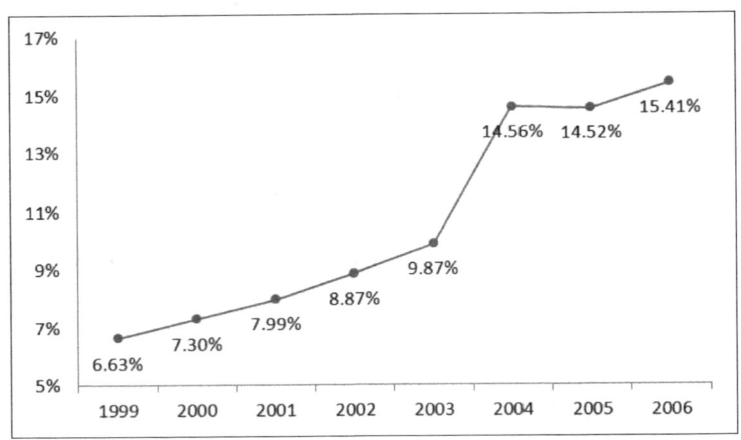


**图 1 1999—2006 年出口企业占全部企业比例**

1999—2006 年企业的连续出口状态情况比较复杂。以 0 表示某年企业不出口，1 表示企业有出口，用连续的 0、1 组合表示 8 年中企业出口状态，理论上共有 28=256 种情况，数据实际表现出有 254 种，表 3 给出了出口状态占比最多的前 20 种类型，约占全部企业数量的 95%，其中连续 8 年中完全没有出口行为的企业占多数，即“00000000”占 71.84%，有出口的企业行为状态比较复杂，规律性不强。

**表 3 1999—2006 年企业出口状态类型分布表**

单位：%

| 出口状态 | 占比 | 出口状态 | 占比 |
|---|---|---|---|
| 00000000 | 71.84 | 00001010 | 0.82 |
| 00000001 | 3.16 | 00001011 | 0.80 |

续 表

| 出口状态 | 占比 | 出口状态 | 占比 |
|---|---|---|---|
| 00000010 | 2.68 | 00001100 | 0.67 |
| 00000011 | 2.24 | 00001101 | 0.61 |
| 00000100 | 2.02 | 00001110 | 0.60 |
| 00000101 | 1.84 | 00001111 | 0.52 |
| 00000110 | 1.25 | 00010000 | 0.47 |
| 00000111 | 1.11 | 00010001 | 0.47 |
| 00001000 | 1.08 | 00010010 | 0.45 |
| 00001001 | 0.98 | 00010011 | 0.45 |

统计整体企业出口行为，有比较明显的双众数形态，聚集在从不出口企业和一直出口企业，如图 2 所示。较少出口的企业出口行为发生时点相对不确定，但数量占据多数；而始终出口企业也占据相对较大份额，有较强的出口倾向。如从沉没成本考虑，仅出口 1 次就退出的企业似乎会遭受较大的成本损失，但这类企业较多，似乎并没有受到沉没成本的影响；连续出口企业占有比例也较高，持续 8 年仍在出口说明沉没成本已经不是促成企业出口的主导因素。

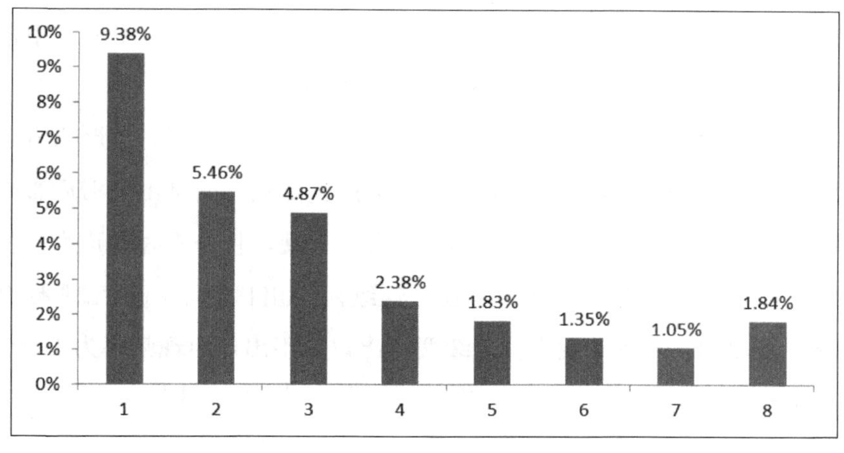


图 2　1999—2006 年出口企业出口状态分布图

2. 跨期出口状态分析

考虑到上期出口应该与当期出口有显著相关性，表 4 给出了连续两年出口状态的联列表展示。

**表 4　连续两年企业出口状态占比**

单位：%

| 今年 | 去年 | |
|---|---|---|
| | 不出口 | 出口 |
| 不出口 | 86.47 | 2.35 |
| 出口 | 3.58 | 7.60 |

表 4 可以看出，企业上期不出口本期也不出口出现频率最多，上期出口本期也出口出现频率次之，这似乎表明，企业的历史出口行为对当期出口行为确实有比较显著的影响。但上期出口本期不出口与上期不出口本期出口出现频率相差不多，说明出口行为的随机性较强，多种因素都可能对出口行为产生影响。

如果按照年份比较，如图 3 所示，从 2000—2006 年连续两期出口企业占比温和上升，对照图 1 可以明确，连续出口企业是年度出口企业中的主要构成部分。而出口状态改变企业所占比例除 2004 年外基本保持稳定。相比较而言，出口状态改变的企业所占比例并不低，沉没成本的约束似乎并没有限制了这些企业在短期内对出口行为进行的调整。

从企业的实际经营角度理解，出口过程不一定会按照时点严格分割，企业当期的出口行为可能不会对即期行为产生影响，而是出现滞后影响，这种效应可能会在后两期或是三期中才有所表现。将分析时间跨度拉长，考察企业连续 3 期出口状态会发现，连续两年出口后不出口出现频率为 1.22%，见图 4；连续 4 期中，连续两年出口后不出口出现频率为 1.44%；而 2000—2006 年中，连续 8 期中连续两年出口后不出口出现频率为 2.67%，

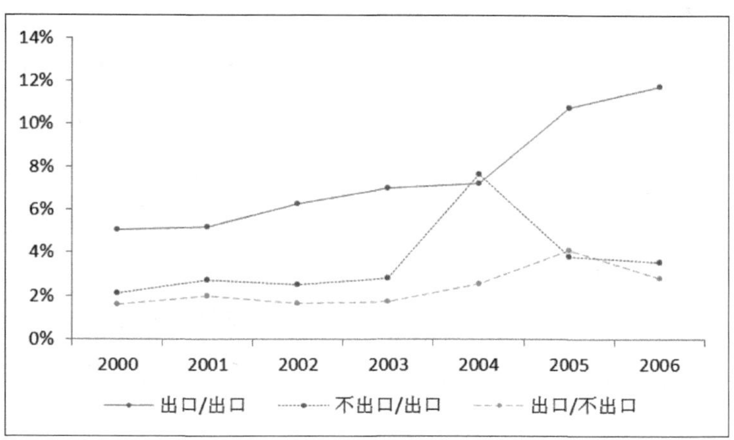


**图 3　2000—2006 年连续两年企业出口状态变化图**

这一比例与单期出口后不出口比例相当接近。说明受实际生产或是经营情况影响，完整的出口过程不一定是在一期内完成的，沉没成本会产生跨期和多期效应，进而对企业出口行为有明显影响。

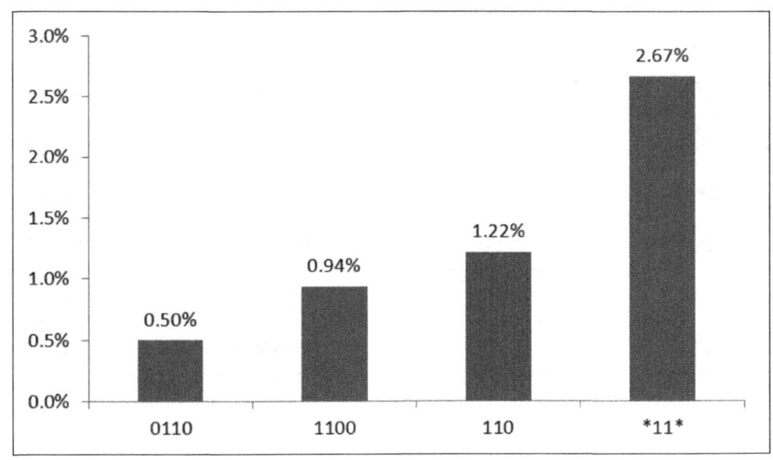


**图 4　连续出口行为状态分布**

注：0 表示没出口，1 表示出口；0110 表示四期中头尾期没出口，中间出口 2 次，其他表示均与此类似；*11* 表示 8 期中连续出口 2 次的企业。

### 3. 所有制因素对出口行为的影响

所有数据中，内资企业占比为77.20%，外资企业占比22.80%，表5按照企业所有制属性对内外资企业连续出口状态占比排位前10的企业进行了对照。可以明显看出，内资企业更倾向于不出口，其完全不出口企业占比达到了61.68%，绝大多数为全部不出口企业，即使考虑到数量差异，内资企业出口倾向也非常低，表5中，内资企业3年连续出口的占比为2.36%，外资企业为4.94%。内外资企业出口倾向的明显差异可能是由于中国出口贸易方式所造成的，如国际生产转移和加工贸易等形式，但这些因素需要与沉没成本甄别。

**表5　内外资企业连续出口状态**

单位：%

| 内资企业出口状态 | 占比 | 外资企业出口状态 | 占比 |
|---|---|---|---|
| 00000000 | 61.68 | 00000000 | 9.54 |
| 00000001 | 2.00 | 00000111 | 2.09 |
| 00000011 | 1.39 | 11111111 | 1.27 |
| 00000111 | 1.35 | 00000100 | 1.07 |
| 00000100 | 1.31 | 00000011 | 0.75 |
| 00000010 | 0.85 | 00000001 | 0.68 |
| 10000000 | 0.78 | 00001111 | 0.67 |
| 11000000 | 0.60 | 00011111 | 0.46 |
| 11111111 | 0.52 | 00111111 | 0.45 |
| 00001111 | 0.49 | 10000000 | 0.44 |

## 六、实证分析

基于式（13）模型对影响企业出口行为决策进行分析，模型具体形式如下：

$$\log(m_{ij}) = u + T + W_j + O_j + P_j + S_{j-lag} + \gamma(\cdot) \tag{14}$$

其中，$u$ 为平均出口水平，向量 $T$ 为时期效应向量，$w$ 为企业工资水平，$o$ 表示企业所有权性质，$p$ 表示全要素生产率水平，向量 $S$ 表示历史期出口状态向量，$\gamma$ 为交互效应向量。为了考察沉没成本的多期效应，可分别对前期出口状态、前两期出口状态，前三期出口状态进行分析；对连续变量工资和生产率进行等级处理以降低模型复杂程度，由低到高设定 4 个级别（按分位数划分）；交互效应向量包括两两交互效应、三因素交互效应，历史出口状态不包含在交互效应向量中。

1. 沉没成本跨期效应分析

沉没成本可通过企业历史出口行为对未来出口行为的影响得以体现，但在现实的市场环境下这种效应不一定是即期效应。由于企业出口行为可能在单位周期内并没有完成，或是企业经营状态有周期性表现，那么沉没成本的影响可能会有跨期表现。

如果仅考虑上期出口对当期出口影响，估计结果如表 6 所示。

**表 6　沉没成本即期效应估计**

| 参数（当期不出口状态下估计） | 估计结果 | 标准误 | P 值 |
|---|---|---|---|
| u | 1.07 | 0.0008 | 0.0000 |
| $S_{-0}$ | 1.18 | 0.0009 | 0.0000 |

注：u 表示平均水平，S — 0 表示上期不出口。估计参数时因素各水平效应和约束为 0，所以上期出口效应值与 S — 0 相反。

表 6 可以看出，整体看出口是小概率行为，众多企业大部分情况下选择不出口，而上期出口行为对当期出口行为仅在小部分企业中产生影响，1.18−1.07=0.11。

如将考虑前两期出口状态的影响，估计结果如表 7 所示。

表 7　沉没成本两期效应估计

| 参数（当期不出口状态下估计） | 估计结果 | 标准误 | P 值 |
|---|---|---|---|
| u | 1.07 | 0.0008 | 0.0000 |
| $S_{-00}$ | 2.30 | 0.0015 | 0.0000 |
| $S_{-10}$ | −1.70 | 0.0026 | 0.0000 |

注：u 表示平均水平，S — 00 表示两年前无出口行为，S — 10 表示第一年出口第二年不出口，因素各水平效应和约束为 0。

从表 7 可以明确看出，历史出口行为的跨期影响显著存在，第一年出口后两年内效果依然存在，第一年出口第二年不出口的效应为 1.7，可推算出连续两年出口行为的影响效应为 0.6。

分析连续 3 年出口行为的影响，估计结果如表 8 所示。

表 8　沉没成本三期效应估计

| 参数（当期不出口状态下估计） | 估计结果 | 标准误 | P 值 |
|---|---|---|---|
| u | 1.07 | 0.0008 | 0.0000 |
| $S_{-000}$ | 3.82 | 0.0028 | 0.0000 |
| $S_{-100}$ | −0.7308 | 0.0047 | 0.0000 |
| $S_{-101}$ | −2.42 | 0.0093 | 0.0000 |
| $S_{-110}$ | −1.07 | 0.0053 | 0.0000 |

注：u 表示平均水平，S — 000 表示三年前无出口行为，S — 100 表示第一年出口，第二、三年不出口，S — 101 表示第一年出口，第二年不出口，第三年出口，S — 110 表示第一、二年出口行为效应水平和为 0，因素各水平效应和约束为 0。

表 8 再次明确历史出口行为有显著的跨期效应影响，但效应会随时间影响显著下降，表 6 中 S — 100 的效应仅为 0.7308，而 S — 110 的效应则显著增加到 1.07；S — 101 结合了跨期和上期影响，效应最大，为 2.42；但从表中可以推算出，连续三年出口影响效应并不大，约为 0.7，说明长期考察，企业出口行为的不确定性将会提高，这时企业特质因素可能将是重要的影响因素。

### 2. 企业所有制差异对出口行为影响

异质企业理论认为企业的特性对出口行为有显著影响，企业所有权、全要素生产率及工资水平对企业出口行为的影响估计结果如表 9 所示。

**表 9　企业特质效应估计**

| 参数（当期不出口状态下估计） | 估计结果 | 标准误 | P 值 |
|---|---|---|---|
| Od | 0.6097 | 0.0006 | 0.0000 |
| W1 | 1.45 | 0.0008 | 0.0000 |
| W2 | –0.4840 | 0.0013 | 0.0000 |
| W3 | –0.4836 | 0.0013 | 0.0000 |
| p1 | 1.45 | 0.0008 | 0.0000 |
| p2 | –0.4901 | 0.0013 | 0.0000 |
| p3 | –0.4783 | 0.0012 | 0.0000 |

注：u 表示平均水平，Od 表示所有权为内资企业，W 表示工资水平，1 — 3 由低到高，p 表示生产力水平，1 — 3 由低到高，因素各水平效应和约束为 0。

从表 9 可以看出，企业所有权对出口行为影响程度较低，还未达到平均水平。工资水平有显著影响，而且工资水平高的企业出口倾向也较高；生产率水平也有明显影响，同时生产率高的企业出口倾向较高。

企业的特质因素通常是彼此相关，因此需要对各因素间的交互效应进行分析，表 10 给出了包含有特质因素交互效应的估计。

**表 10　企业特质因素的交互效应估计**

| 参数（当期不出口状态下估计） | 估计结果 | 标准误 | P 值 |
|---|---|---|---|
| $O_d$ | 0.5325 | 0.0010 | 0.0000 |
| $W_1$ | 0.3094 | 0.0018 | 0.0000 |
| $W_2$ | –0.1386 | 0.0017 | 0.0000 |
| $W_3$ | –0.0622 | 0.0016 | 0.0000 |
| $p_1$ | 0.3961 | 0.0017 | 0.0000 |

续 表

| 参数（当期不出口状态下估计） | 估计结果 | 标准误 | P 值 |
|---|---|---|---|
| $p_2$ | –0.1079 | 0.0017 | 0.0000 |
| $p_3$ | –0.1125 | 0.0017 | 0.0000 |
| $O_d$*$W_1$ | 0.2722 | 0.0019 | 0.0000 |
| $O_d$*$W_2$ | 0.1224 | 0.0017 | 0.0000 |
| $O_d$*$W_3$ | –0.0529 | 0.0016 | 0.0000 |
| $O_d$*$p_1$ | –0.0041 | 0.0017 | 0.0163 |
| $O_d$*$p_2$ | 0.00148 | 0.0017 | 0.3711 |
| $O_d$*$p_3$ | 0.0140 | 0.0016 | 0.0000 |
| $W_1$*$p_1$ | 2.38 | 0.0023 | 0.0000 |
| $W_1$*$p_2$ | –0.5675 | 0.0032 | 0.0000 |
| $W_1$*$p_3$ | –0.8139 | 0.0034 | 0.0000 |
| $W_2$*$p_1$ | –0.2707 | 0.0028 | 0.0000 |
| $W_2$*$p_2$ | 0.2499 | 0.0027 | 0.0000 |
| $W_2$*$p_3$ | 0.0732 | 0.0029 | 0.0000 |
| $W_3$*$p_1$ | –0.7392 | 0.0030 | 0.0000 |
| $W_3$*$p_2$ | 0.2993 | 0.0026 | 0.0000 |
| $W_3$*$p_3$ | 0.2708 | 0.0027 | 0.0000 |
| $O_d$*$W_1$*$p_1$ | –0.0986 | 0.0024 | 0.0000 |
| $O_d$*$W_1$*$p_2$ | 0.0606 | 0.0032 | 0.0000 |
| $O_d$*$W_1$*$p_3$ | 0.0247 | 0.0035 | 0.0000 |
| $O_d$*$W_2$*$p_1$ | –0.0085 | 0.0028 | 0.0028 |
| $O_d$*$W_2$*$p_2$ | -0.0212 | 0.0028 | 0.0000 |
| $O_d$*$W_2$*$p_3$ | –0.0001 | 0.0029 | 0.9821 |
| $O_d$*$W_3$*$p_1$ | -0.0487 | 0.0030 | 0.0000 |
| $O_d$*$W_3$*$p_2$ | -0.0363 | 0.0026 | 0.0000 |
| $O_d$*$W_3$*$p_3$ | 0.0166 | 0.0027 | 0.0000 |

注：* 表示交互效应，因素各水平效应和约束为 0。

从表10可以看出，企业所有权、工资水平以及生产率水平彼此间有较强的相关性，它们交互作用对企业的出口行为产生影响。仅考虑单独因素影响，外资企业的出口倾向要高于内资企业，工资水平高的企业出口倾向要高于工资水平低的企业，生产率水平高的企业出口倾向要高于生产率水平低的企业。但从交互效应看，影响情况比较复杂，内资企业中工资水平高的出口倾向较高，但内资企业中生产率水平低的企业却有较高的出口倾向；工资水平和生产率水平所产生交互效应影响并不确定，较高工资水平和生产率水平可能并不会对企业出口倾向产生正向作用，如 $W2*p3$、$W3*p2$、$W3*p3$ 所示结果；所有权、工资水平以及生产率的综合影响没有确定指向，内资企业中工资和生产率低水平的交互效应会对出口倾向产生影响，如 $Od*W1*p1$，而高水平组合也不意味着会提高企业的出口倾向，如 $Od*W3*p3$。

异质企业贸易模型在中国的实践研究产生了“生产率悖论”，表8的结果再次表明“悖论”是客观存在的，尽管企业特质会对企业出口倾向产生较大影响，但这种影响是不确定的。说明面对复杂的市场环境和企业微观决策基础，企业特质只可能是对出口决策产生影响或是对出口产生约束，但这些因素并不是决定性的影响因素和约束条件。

**3. 时期效应**

从图1可以看出，1999—2006年出口表现出明显的上升趋势，因此需要考虑这个阶段的时期效应，表11给出了时期效应的估计结果。

**表11　时期效应估计**

| 年份 | 估计结果 | 标准误 | P值 |
|---|---|---|---|
| 1999 | 0.0524 | 0.0013 | 0.0000 |
| 2000 | 0.0524 | 0.0013 | 0.0000 |
| 2001 | 0.0524 | 0.0013 | 0.0000 |
| 2002 | –0.0315 | 0.0013 | 0.0000 |
| 2003 | –0.0315 | 0.0013 | 0.0000 |

续 表

| 年份 | 估计结果 | 标准误 | P 值 |
| --- | --- | --- | --- |
| 2004 | −0.0315 | 0.0013 | 0.0000 |
| 2005 | −0.0315 | 0.0013 | 0.0000 |

注：表中数据为与其他因素联合估计结果。

表 11 结果表明，尽管时期效应显著存在，但相对而言影响较小，说明企业内在的出口行为是造成出口增长的主要因素。

## 七、结论

本文对 Bernard 和 Jensen（2001）[8] 的出口决定模型进行了修正，从出口发生概率的角度分析企业出口决定的影响因素，克服了传统方法在模型估计时所遇到的线性相关、假定分布等诸多问题，同时也消除了数据量过大使假设检验失效的负面影响。使用 1999—2006 年规模以上企业面板数据，对影响企业出口决定的沉没成本跨期效应及企业特质因素进行了深入研究。

从数据特征看，1999—2006 年企业整体的出口倾向在不断提高，出口企业占比从 6.63% 上升到 15.41%；但连续 8 年中不出口企业仍占多数，为 71.84%；有出口行为企业分布状态比较复杂，总体看出口次数较少企业占比较高，但连续 8 年出口企业所占比例并不是最小，整体近似呈现出双众数形态，这与 Heckman（1981）[16] 的研究较为一致。

基于对数线性模型对出口发生概率的影响因素建立实证分析模型，结果发现：受不确定性因素影响，沉没成本对企业短期出口行为影响力并不是很高；整体上大多数企业会选择内销市场，出口是小概率事件，沉没成本并没有显著提升出口发生的概率；与短期效应相比，历史出口行为的长期效应要显著地高于短期效应，甚至在出口中断的情况下这种效应也高于短期效应；长期考察，连续出口的企业确实表现出更高的出口倾向，但这并不意味着出口企业保持持续出口状态，企业会根据实际经营情况选择是否出口；企业特质对企业进出口行为有明显影响，外资企业的出口倾向要高于内资企业，但差异不大，工资水平高的企业出口倾向也高，生产率水平高的企业出口倾向较高；但企业特质因素相互作用的效果却比较复杂，没有明确的指向性，高工资水平和高生产率企业不一定会有较高的出口倾向，这也表明至少在中国“异质企业模型”不能完全描述企业的出口行为，“生产率悖论”是客观存在的；时期效应分析表明，尽管 1999—2006 年中国处于对外贸易快速增长时期，但时期效应影响力有限；整体看，沉没成本和企业特质是出口的重要影响因素，但都不是决定性因素。

## 参考文献

[1] Baldwin，Robert. (1988) “Hysteresis in Import Prices：The Beachhead Effect.” American Economic Review，78(4) pp.773−785.

[2] Roberts，Mark and James Tybout. (1997). “An Empirical Model of Sunk Costs and the Decision to Export.” American Economic Review. v87，n4：545−64 .

[3] 赵伟、陈文芝：“沉没成本与出口滞后——分析中国出口持续高增长问题的新视角”，《财贸经济》2007 年第 10 期。

[4] 赵伟、赵金亮和韩媛：“异质性、沉没成本与中国企业出口决定：来自中国微观企业的经验证据”，《世界经济》2011 年第 4 期。

[5] 孙俊新：“沉没成本对企业出口决策的影响”，《山西财经大学学报第 35 卷（2013）》第 4 期。

[6] 李春顶、尹翔硕：“我国出口企业的‘生产率悖论’及其解释”，《财贸经济》2009 年第 11 期。

[7] Lu，Jiangyong and Tao，Zhigang, “Trends and Determinants of

China’s Industrial Agglomeration”, Journal of Urban Economics, 2009, 65: 167 - 180.

[8] Bernard, Andrew B. and Jensen, J. Bradford. Why Some Firms Export. National Bureau of Economic Research, 2001.

[9] Dixit, Avinash. (1989) “Entry and Exit Decisions Under Uncertainty.” Journal of Political Economy, Vol. 97, No. 3 pp. 620–638.

[10] Krugman, Paul. (1989) Exchange Rate Instability. MIT Press, Cambridge MA.

[11] Clerides, Sofronis K., Lach, Saul and Tybout, James R. (1998) Is Learning by Exporting Important? Micro–Dynamic Evidence from Colombia, Mexico, and Morocco. The Quarterly Journal of Economics. 113 (3): 903–947.

[12] Greenaway D, Kneller R,Zhang XF, The Effect of Exchange Rates on Firm Exports: The Role of Imported Intermediate Inputs. WORLD ECONOMY. (2004), 33(8). 961–986.

[13] Melitz,J.M.(2003), The Impact of Trade on Intra–industry Real locations and Aggregate Industry Productivity, Econometrica, 71(6), 725 - 1695.

[14] Bernard, A. B., Eaton, J., Jensen, J .B., Kortum, S. (2003). Plants and productivity in international trade. American Economic Review 93(4), 1268 - 1290.

[15] 易靖韬：企业异质性、市场进入成本、技术溢出效应与出口参与决定，《经济研究》2009 年第 9 期。

[16] Heckman, James. ( 1981) “The Incidental Parameters Problem and the Problem of Initial Conditions in Estimating a Discrete Time–Discrete Data Stochastic Process.” in Charles Manski and Daniel McFadden (eds.), The Structural Analysis of Discrete Data. Cambridge: MIT Press.

[17] Bernard, Andrew B., Jensen, J. Bradford. Why some firms export: Experience, Entry Cost, Spillovers, and Subsidies. Yale mimco. 1997.

[18] Bernard, Andrew B., Wagner, Joachim. (2001). Export Entry and Exit by German Firms. Review of World Economics, 2001, 137 ( 1) , pp. 105–123.

# 关于进出口数据采用双币计价和发布问题的评价意见和建议

贾怀勤

**摘　要**：2016年5月20日，国务院办公厅召开以人民币公布进出口数据的研讨会。会议由江泽林主持，他听取了上述4机构的有关司局领导简要汇报；然后又听取了两位高校教授的详细发言——这两位特邀专家是对外经济贸易大学贾怀勤和中国人民大学赵彦云。

本文就是贾怀勤当日发言使用的书面文稿，原文标题是《对于〈海关总署海关统计方法有关情况报告〉的意见》，此次发表改用新题目，以突出发言的具体主题。

海关总署海关统计方法有关情况报告连同三个附件，清晰地解释了海关统计在所述问题上的做法和依据，也反映了近年来海关统计工作的新成就。所述三个问题可以分为两个层次：第一个问题带有“战略”选择性，后两个纯系技术性问题。

## 一、两种货币计价统计数据的发布

### （一）为什么要发布以人民币和美元分别计价的海关数据？如何发布？

1. 对发布双币种计价数据的动机予以肯定

全面公布以人民币计价的各类海关统计数据，旨在提高人民币国际地位，这是具有战略远见的举措。另外，以人民币计价的海关数据可以直接用于国民账户的核算和贸易增加值的核算，方便用来测算货物贸易对国民经济整体及各部门的贡献。

为保证数据的历史延续性和国际可比性，在发布以人民币计价数据的同时，仍发布以美元计价的数据，这在当前也是必要的。

2. 双币种计价数据的并列发布容易引起受众认识混乱

建议变更两个币种计价的进出口汇总数据及其时序变化相对数同时并列发布的做法，改为根据不同需要分别发布美元和人民币计价的汇总数据和时序变化相对数。理由如下：

由于“报告期和基期的各币种之间折算率是动态变化的，导致以人民币计价和以美元计价的进出口统计值增值速度存在差异”。这样容易引起受众对问题认识不清。

3. 建议人民币和美元计价数据分场合使用

建议对两套数据分开场合使用，即人民币计价数据侧重于公开发布和动态对比，美元计价的数据侧重于对国际组织申报和国际横向对比。

在公开发布海关数据时，主要发布以人民币计价的货物贸易汇总数据和同比、环比动态相对数；在今后一段时间内将以美元计价的汇总数据作为补充资料发布，但是不做同比、环比分析。待数据用户和受众对人民币计价数“逐步适应”后，停止发布频度在一年以下的以美元计价的汇总数据。为满足长期趋势中与历史数据对比，还是要发布年度的以美元计价汇总数据。

以美元计价的海关数据在国际组织汇总数据和伙伴国双／多边比较和比对中有不可替代的作用。

今后无论是否正式发布以美元计价的数据，都需要继续采集和整理以美元计价的数据。

### （二）双币采数的必要性

同时使用人民币和美元两种货币作为计价单位采集进出口数据，分别汇总。这样采集原始数据的做法可以“准确反映各种国际货币汇率变化连带的进出口货值变化”。

综上所述，使用人民币和美元双币种同时采集进出口数据，是公布双币种计价数据的必要前提，也是中国海关统计的一大特色和优势，应该继续坚持下去。

### （三）将问题提升到整个对外经济贸易统计体系的高度

中国对外经济贸易统计体系由以下子体系构成：海关统计（货贸统计）、服务贸易统计、外商在华直接投资统计、中国境外直接投资统计和国际收支统计。这些子体系之间存有这样或那样的联系。我主张把海关统计的双币种计价数据发布问题提升到整个对外经济贸易统计体系上来考虑。

我国的统计体制是“国家统计＋部门统计”，涉及对外经济贸易统计的负责机关不限于一个，因此需要上级领导机关做好这些部门的协调工作，这必将提升我国对外经济贸易统计的整体水平，有利于提高人民币的国际地位，有利于各子体系的配合，有利于我国与国际组织的合作和数据国际比较和比对。

鉴于海关统计在各体系中最早建成，数据采集和加工链最完整，它可以发挥示范和带头作用。

## 二、季节调整

季节调整的必要性在于：各种生产、流通和消费行为往往受自然气候因素和人文节日因素的影响在各个不同的季度、月份呈现有规律性起伏变化，剔除这些影响，才可以使不同季度、月份数据的对比建立在正常的基础上。这个认识同样适用于月份之内的各旬起伏变化，一旬之内的各日起伏变化，一周之内的各日起伏变化，乃至一日之内的各时段起伏变化。刻画这种不同长度周期变化幅度的指标统称为季节指数。

### （一）两种不同的剔除季节因素方法

西方是先根据分季节的原始观察值时间数列计算出季节指数，然后再用季节指数去除原始观察值，所得时间数列的数据称为“经季节性调整”的数据，或“去季节变动”数据。这样经调整的数据才具备季度间相互比较（计算动态比率和增长速度）的基础。例如，不能把 1 月份的日用品销售额与上年 12 月份直接比较，因为 12 月份有圣诞季热销，必须经过季节性调整，剔除圣诞季热销因素对 12 月的影响方可对比。

起源于苏联的社会经济统计学，注意到季节性因素影响的存在，不把相邻两个月份的数据进行比较，而是将今年某个月份的数据与去年同一月份进行比较，因为两者全带有季节性因素影响，经过前后两者相除，所计算出来的比率就不再带有季节性因素影响。社会经济统计学的方法，不编制季节指数，也能实现剔除季节性因素影响，达到动态对比的目的。

### （二）环比和同比

将一个较短时间段（季度、月份或旬度等）的数据除以与其相邻的上一个时间段（季度、月份或旬度等）的数据，得到的动态比率叫逐期发展速度，也叫环比发展速度，环比发展速度减去 100% 得到环比增长速度（环比增长率）。这种动态比较方法适用于原本不存在季节变动的数列或剔除季节变动的数列。

将一个较短时间段（季度、月份或旬度等）的数据除以与上一年同一个时间段（季度、月份或旬度等）的数据，得到的动态比率叫同比发展速度，同比发展速度减去100%得到同比增长速度（同比增长率）。这种动态比较方法适用于存在季节变动的数列，用来测度剔除季节变动后的动态变化。

因此，对于一般的生产、流通或消费时间数列，如果采用了编制季节指数和去季节变动的方法，就没有必要计算同比增长率。

### （三）中国传统节日因素的介入

近20年来，由于实行假日经济和黄金周策略，中国传统节日因素强势介入国内的生产、流通和消费，使得许多经济时间数列受到明显的传统节日因素影响。但是中国传统节日是按农历安排的，对原有的剔除季节变动和动态比率的方法提出了挑战，国内外出现了多个方法回答这一挑战，《报告》的按农历日进行调整的方法不失为一种成功的尝试。

像中国的货物进出口时间数列，在剔除传统中国节日在公历月份中窜动的影响后，仍可以计算同比增长率。

### （四）建议更多关注季度数据的动态比率

尽管已经找到了剔除有中国传统节日因素介入的季节因素影响的方法，可以计算环比和同比增长率，以便监测短期动态变动并分析其变动原因，但是我还是建议更多地关注季度数据的动态变化，因为从较长时间段的动态变化可以发现规律性东西。

## 三、日均增速

根据国办秘书一局的要求，海关总署开发了日均增速分析。从已经公开的资料看，这在国际上应该是首创。目前的增速分析有同比和环比，而日均贸易值的计算又分为自然日平均和工作日平均。前者是以一旬的贸易值除以该旬的自然日天数，后者以一旬的贸易值除以该旬的工作日天数。

细究起来，这个工作日平均是分母折扣、分子不折扣的平均。能否再计算一个分母和分子都折扣的平均，即分母是工作日的天数，分子取工作日的贸易值之和。这样的平均似乎更能体现每个工作日的贸易值集中趋势。相对于已经有的自然日平均增速和工作日增速，新设立的可以成为“经校正的工作日增速”。将这三个日均增速对照使用，可以更有利于对日均动态变化的全面认识。

**附：**

# 双币计价的中国进出口值增速差异的数理研究

撰文：刘怡弘（对外经济贸易大学经贸学院 2014 级）

指导：贾怀勤（对外经济贸易大学统计学教授）

**摘　要：**在使用人民币和美元双币对进出口值进行测度时，用于今年第一季度人民币对美元有一定程度贬值，造成人民币计价货值下降幅度小于美元货值降幅。海关总署统计司指出这在理论上是完全说得通的。本文旨在为总署统计司的说法提供数理证明。

2013 年 2 月，海关总署首次发布人民币计价进出口数据，包括进出口总值、出口值、进口值和贸易差额。2014 年起，全面公布以人民币计价的各类海关统计数据，同时为保证数据的历史延续性和国际可比性，仍公布以美元计价的数据。这是中国的一个战略性选择，意在突出人民币国际地位。

然而，双币计价测度的进出口增速存在差异，有可能导致对海关数据的不同解读。以 2016 年第一季度数据为例，见表 1。

**表 1　2016 年第一季度进出口总值同比增速对比**

单位：%

| 计价币种 | 进出口 | 出口 | 进口 |
|---|---|---|---|
| 人民币 | –5.9 | –4.2 | –8.2 |
| 美元 | –11.3 | –9.6 | –13.5 |

表 1 显示，按人民币计价的进出口总值、出口总值和进口总值，其同比增速都超出 5.3—5.4 个百分点。对此海关总署统计司解释说：从理论上说，若人民币对美元贬值，以人民币计价的货值增速大于美元计价货值的增速；若人民币升值，以人民币计价的货值增速小于美元计价货值的增速。今年第一季度人民币对美元有一定程度贬值，因此造成人民币计价货值下降幅度小于美元货值降幅。

本文旨在为总署统计司的解释提供数理证明。

设出口总量$Q_X$，进口总量$Q_M$，进出口总量$Q_{X\&M}$。人民币兑美元的汇率 1 ＄= k ￥，以人民币计价的出口价格为$P_X^{¥}$（以下是平均价格概念，下同），以美元计价的出口价格为$P_X^{\$}$。因此，有以人民币计价的出口总值$P_X^{¥}Q_X$，以美元计价的出口总值$P_X^{\$}Q_X$；以人民币计价的进口总值$P_w^{¥}Q_M$，以美元计价的进口总值$P_w^{S}Q_M$；进出口总值类似。

以人民币贬值为例证明。

### （一）先证明出口增速差异

对$Q_X=h(k)$求导，$Q_X'=h'(Q_X)>0$

（人民币对美元贬值，k 增大，出口量$Q_X$增多）

$P_X^{¥}Q_X=kP_X^{\$}Q_X$

① k 为常数时，1h（$P_X^{¥}Q_X$）= 1nk+1n（$P_X^{\$}Q_X$）；

② k 变化时，1h（$P_X^{¥}Q_X(k)$）= 1nk+1n（$P_X^{\$}Q_X(k)$），两边同时对 k 求导，

$$\frac{P_X^{¥}Q_X'(k)*h'(k)}{P_X^{¥}Q_X(k)}=\frac{1}{k}+\frac{P_X^{\$}Q_X'(k)*h'(k)}{P_X^{\$}Q_X(k)}$$

两边同除 h’(k)，得

$$\frac{dP_X^{¥}Q_X(k)}{P_X^{¥}Q_X(k)}=\frac{1}{kh'(k)}+\frac{dP_X^{\$}Q_X(k)}{P_X^{\$}Q_X(k)}$$

因为 $\frac{1}{kh'(k)} > 0$，

所以 $\frac{\frac{dP_X^{¥}Q_X(k)}{P_X^{¥}Q_X(k)}}{\frac{dP_X^{\$}Q_X(k)}{P_X^{\$}Q_X(k)}} > 1$，

式中分子是以人民币计值的出口增速，分母是以美元计值的出口增速，即一单位 $P_X^{\$}Q_X$ 变动，$P_X^{¥}Q_X$ 变动大于一，所以以人民币计价的出口货值增速大于美元计价货值的增速。

**（二）再证明进口增速差异**

对 $Q_M=h(k)$ 求导，$Q_M'=h'(Q_M)<0$

（人民币对美元贬值，k 增大，进口量 $Q_M$ 减少）

$P_M^{¥}Q_M=kP_M^{\$}Q_M$，同理可证，

③ k 为常数时，$\ln(P_M^{¥}Q_M)=\ln k+\ln k(P_M^{\$}Q_M)$；

④ k 变化时，两边同时对 k 求导，

$$\frac{P_M^{¥}Q_M'(k)*h(k)}{P_M^{¥}Q_M(k)}=\frac{1}{k}+\frac{P_M^{\$}Q_M'(k)*h(k)}{P_M^{\$}Q_M(k)}$$

两边同除 h’(k)，得

$$\frac{dP_M^{¥}Q_M(k)}{P_M^{¥}Q_M(k)}=\frac{1}{kh'(k)}+\frac{dP_M^{\$}Q_M(k)}{P_M^{\$}Q_M(k)}$$

因为 $\frac{1}{kh'(k)}<0$，

所以 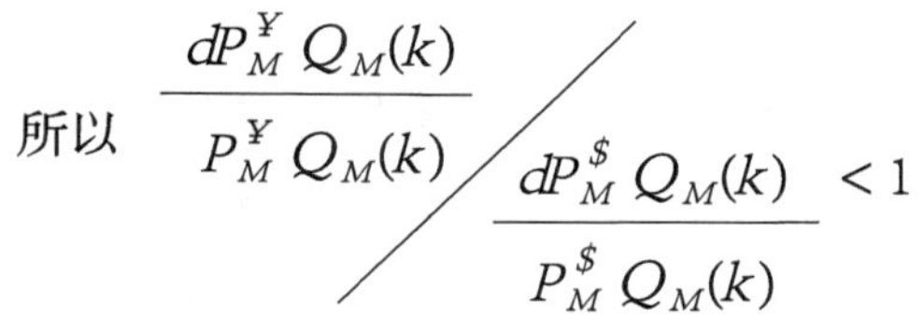

式中分子是以人民币计值的进口增速，分母是以美元计值的进口增速，即一单位变动，变动小于一，所以以人民币计价的进口货值减速小于美元计价货值的减速；即人民币的增速更大。

**（三）对进出口总值增速的证明**

由理论得，$Q_{X\&M} = Q_X + Q_M$，中国贸易顺差，人民币对美元贬值，进出口总值下降，即对$Q_{X\&M}=h(k)$ 求导$Q_{X\&M}'=h'(Q_{X\&M})<0$，

（人民币对美元贬值，k 增大，进出口总量 k 减少）

证明过程与二同理

可得，$$\left.\frac{dP_{X\&M}^{¥}Q_{X\&M}(k)}{P_{X\&M}^{¥}Q_{X\&M}(k)}\right/\frac{dP_{X\&M}^{\$}Q_{X\&M}(k)}{P_{X\&M}^{\$}Q_{X\&M}(k)}<1$$

即一单位$P_{X\&M}^{\$}Q_{X\&M}$变动，$P_{X\&M}^{¥}Q_{X\&M}$变动小于一，所以以人民币计价的进出口货值减速小于美元计价货值的减速；即人民币的增速更大。

若是人民币升值，同理可证：

关于出口，

对$P_M^{\$}Q_M$求导，$Q_M'=h'(Q_M)>0$（人民币对美元升值，k 减少，出口量$Q_M$减少），替代弹性 >1，即人民币计价货值增速更大；

关于进口，

对$Q_X=h(k)$ 求导，$Q_X'=h'(Q_X)<0$（人民币对美元升值，k 减少，进口量$Q_X$增多），替代弹性 <1，人民币计价货值减速更少即增速更大；

关于进出口总值，

由人民币对美元升值进出口总值增大（由上述数据逆推），

对$Q_{X\&M}=h(k)$求导，$Q_{X\&M}'=h'(Q_{X\&M})<0$（人民币对美元升值，k减少，进出口总量$Q_{X\&M}$增多），替代弹性<1，人民币计价货值减速更少即增速更大。

# 中国外资经济发展状况及影响效应研究[①]

许晓娟　高敏雪　徐礼志　刘学薇

**摘　要：** 本文整合外资经济相关统计资料，充分应用三次全国经济普查数据，通过静态描述和动态比较的方法，力图从规模、结构、经营状况以及外资企业对本土企业的影响等方面提供关于中国外资经济发展状况的新认识。研究表明，外资经济的规模以平稳的速度增长，外资经济的产业和区域结构不断优化，外资质量进一步提高，外资企业对本土企业的技术溢出效应开始凸显。

随着贸易投资自由化进程的不断推进，外商直接投资（FDI）与东道国经济的关系日趋复杂。2014 年，由于美国内向 FDI 大幅下降，而中国内向 FDI 稳步发展，中国成为世界第一大外商直接投资目的国。随着 FDI 长期流入，中国境内形成的外商直接投资存量持续扩大，国家外汇管理局国际投资头寸表数据显示，2014 年，中国直接投资负债净头寸为 26779 亿美元，这些数据还不足以摸清外资经济的发展状况。要清楚认识外资经济的发展情况，不仅要从外资经济规模去分析，还要从外资经济的结构状况、外资企业的经营状况以及外资企业对本土企业的影响等方面去分析，才能更加全面呈现外资经济的发展。

① 本文发表在《调研世界》2016 年第 3 期，得到国务院第三次全国经济普查办项目资助。

## 一、中国外资经济规模

2013 年中国外资企业法人单位数共计 20.3 万家。与 2008 年相比，2013 年中国外资企业法人单位数增长了 1.7 万家，2008 年比 2004 年增长了 3.4 万家，不仅增量下降，外资企业数量平均增速也从 2004—2008 年期间的 5% 以上下降到 2008—2013 年期间的不到 2%。与内资企业发展相比，外资企业数量的增速相对较低。无论是 2004—2008 年和 2008—2013 年，外资企业法人单位数的占比均呈现下降趋势，该比值从 2004 年的 4.7% 下降到 2008 年的 3.8%，到 2013 年已经下降到了 2.5%。

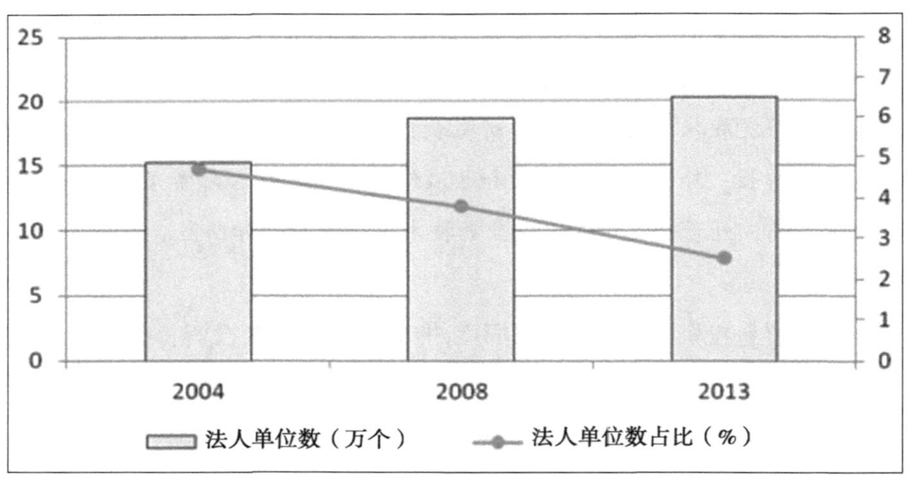


**图 1　外资企业法人单位数比较**

注：数据分别来自国家统计局第一次经济普查公报、第二次经济普查公报和第三次经济普查公报。

### 1. 外资企业从业人数持续增加，占比缩小

2013 年外资企业从业人数为 3395.38 万人，占全国法人企业从业人数的比重为 9.8%。从业人数的变化趋势与企业法人单位数相似，与 2008 年相比，外资企业从业人数增加了 277.3 万人，增速减缓；与内资企业相比，

外资企业从业人数增速较低，外资企业从业人数占比下降。

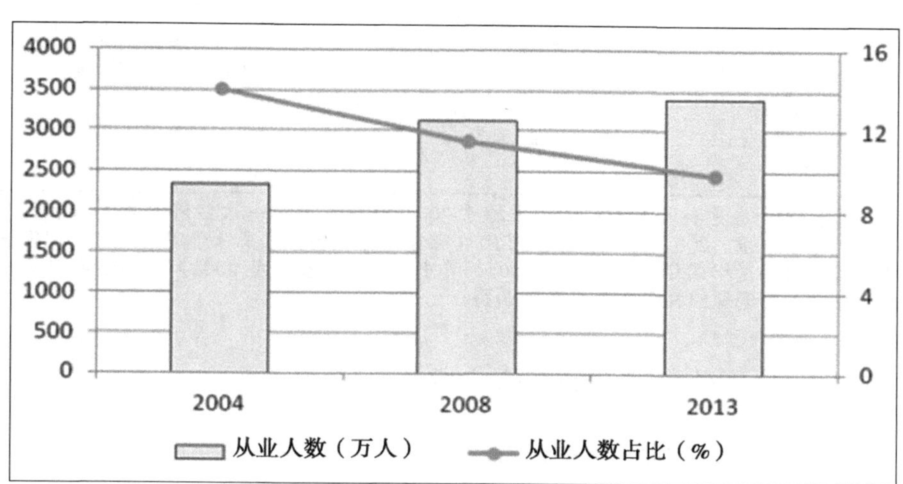


图 2　外资企业从业人数比较

注：2004 和 2008 年数据来自第一次经济普查公报和第二次经济普查公报，2013 年外资企业从业人员数为课题组从普查中心获得的数据。

2. 外资企业资产持续增加，占比缩小

2013 年可比口径的外资资产[①] 为 32.4 万亿元，在可比口径的内外资企业资产中占 13.56%。可以看到，外资企业资产持续增加，与国际投资头寸表中 FDI 存量的趋势一致，但是，由于内资企业资产增速比外资企业快，因此，外资企业资产份额比 2008 年下降了 4.3 个百分点。

表 1　外资企业资产比较

| 年份 | 外资资产总量 | 外资资产占比 | 可比口径外资资产 | 可比口径外资资产占比 |
|---|---|---|---|---|
| | 万亿元 | % | 万亿元 | % |
| 2004 | 10.4 | 10.8 | 8.6 | 17.7 |

① 由于第三次经济普查公报中未提供外资企业资产情况，普查中心为本课题提取的数据无法计算全口径的资产数据，因此，课题组根据相关数据整理了可比口径的外资资产，主要包括规模以上工业和资质内建筑业以及限额以上批发零售业、住宿餐饮业、房地产业、其他服务业（不包括交通运输、仓储和邮政业以及金融业）等行业外资企业资产。

续 表

| 年份 | 外资资产总量 | 外资资产占比 | 可比口径外资资产 | 可比口径外资资产占比 |
|---|---|---|---|---|
| | 万亿元 | % | 万亿元 | % |
| 2008 | 21.5 | 10.3 | 18.5 | 17.9 |
| 2013 | – | – | 32.4 | 13.6 |

注：外资资产总量和外资资产占比来源于2004和2008年第一次经济普查公报和第二次经济普查公报。2004年和2008年可比口径外资资产和占比来源于国家统计局国家统计数据库网站《中国经济普查年鉴2004》《中国经济普查年鉴2008》；2013年数据根据普查中心向课题组提供的数据整理而得。

## 二、中国外资经济的结构分析

### （一）中国外资经济的所有权结构

#### 1. 独资企业数量进一步增多，占比增速减缓

2013年，外商和港澳台商独资企业共计13.3万个，比2008年增加了1.5万个，其中，外商独资企业6.7万个，比2008年增加了0.4万个。独资企业数量增速快于其他类型的企业，因此，独资企业占全部外资企业的份额继续增加，占到65.5%，比2008年增长了2.4个百分点，而2008年比2004年增长的百分点为7.1。因此，相对于2004—2008年期间，2008—2013年期间独资企业相对数量的扩张已经趋于缓和。

表2 分所有权类型的外资企业数量

| 年份 | 外商投资企业 | 外商独资企业 | 外商独资企业占比 | 外商和港澳台商投资企业 | 外商和港澳台商独资企业 | 外商和港澳台商独资企业占比 |
|---|---|---|---|---|---|---|
| | 万个 | 万个 | % | 万个 | 万个 | % |
| 2004 | 7.8 | 4.1 | 52.7 | 15.2 | 8.5 | 56.0 |
| 2008 | 10.2 | 6.3 | 61.1 | 18.6 | 11.8 | 63.1 |
| 2013 | 10.6 | 6.7 | 63.4 | 20.2 | 13.3 | 65.5 |

注：2004和2008年数据来源于国家统计局国家统计数据库网站《中国经济普查年鉴2004》《中国经济普查年鉴2008》；2013年数据根据普查中心向课题组提供的数据整理而得。

2. 近八成 FDI 以独资方式进入中国

从实际利用外资来看，2014 年以独资经营方式进入中国的投资额达到 947.70 亿美元，占实际利用外资的 79.24%，处于历史最高值。与之相应的是，合资和合作经营方式进入中国的投资额比重持续降低。

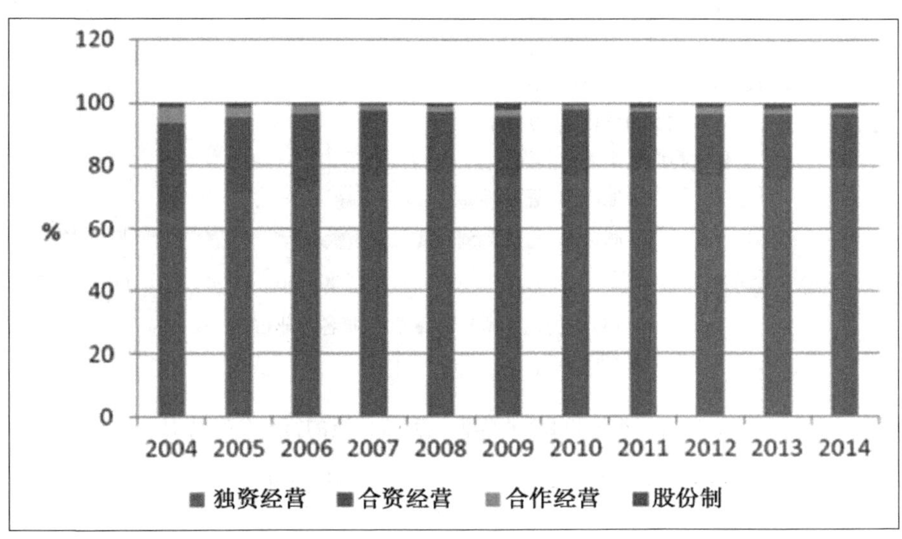


图 3　2004—2014 年分所有权类型的实际利用外资结构

注：数据来源于《国际贸易》杂志 2005—2015 年各年第 2 期或第 3 期。

## （二）中国外资经济的产业结构

1. 制造业 FDI 份额降至三成，房地产和金融等服务业份额增长

2014 年实际利用外资中，制造业的占比仅有 33.41%, 比 2004 年的 70.95% 下降了 37.54 个百分点。房地产业、租赁和商务服务业、批发和零售业、交通运输仓储和邮政业、信息传输计算机服务和软件业等行业的占比都有上升趋势，其中房地产业的占比增幅最大，达到 28.96%, 比 2004 年增长超过 19 个百分点。2014 年，金融业、科学研究技术服务和地质勘查业，从原来没有进入前 10 名的行业跃升到第 6、7 位。

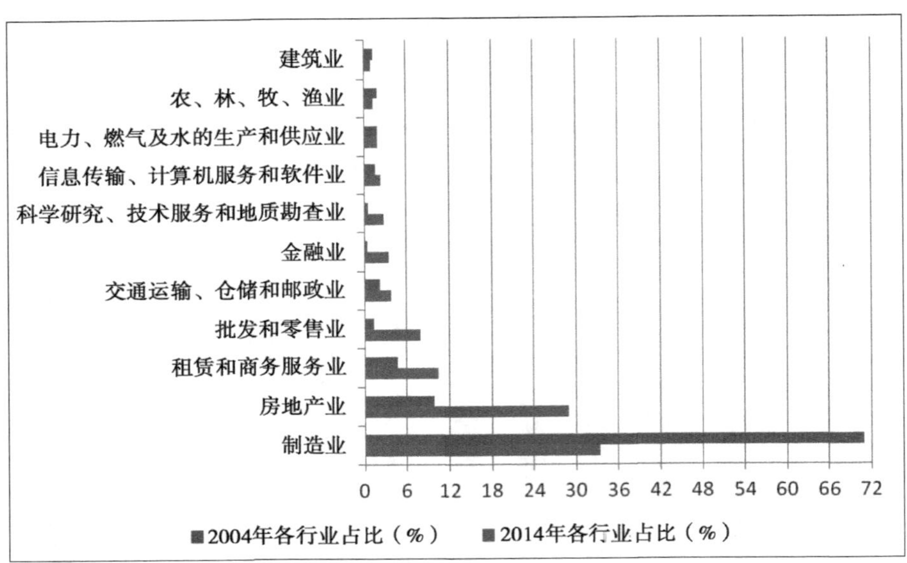


**图 4　2004 年和 2014 年外商直接投资的行业分布情况**

注：数据来源于《国际贸易》杂志 2005 年第 3 期和 2015 年第 2 期。

### 2. 中国外资仍以第二产业为主，第三产业的比重不断增大

2013 年外资企业的全部法人单位数是 20.17 万个，其中第二产业占比为 58.43%，第三产业占比为 41.57%。从业人员数是 3395.38 万人，其中第二产业占比为 82.33%，第三产业占比为 17.67%（如图 5、6 所示）。与 2004 年和 2008 年的经济普查数据对比可以看出，无论是法人单位数还是从业人员数，第三产业的占比都在不断提升。法人单位数占比从 2004 年的 24.00% 增加到 2013 年的 41.57%，从业人员数占比从 2004 年的 11.00% 提高到 2013 年的 17.67%。

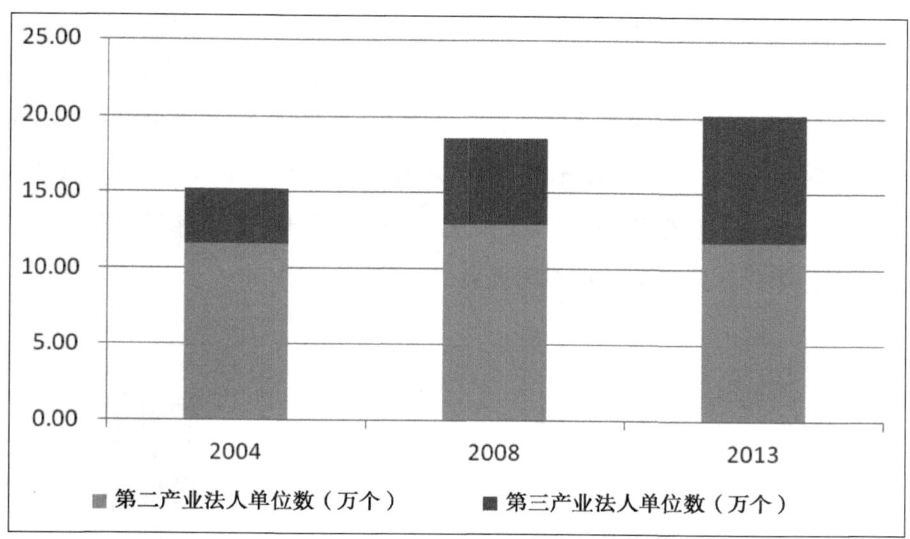


**图 5　外资企业法人单位数的产业分布情况**

注：数据来源于 2004 年和 2008 年经济普查年鉴，2013 年数据来源于第三次经济普查数据。

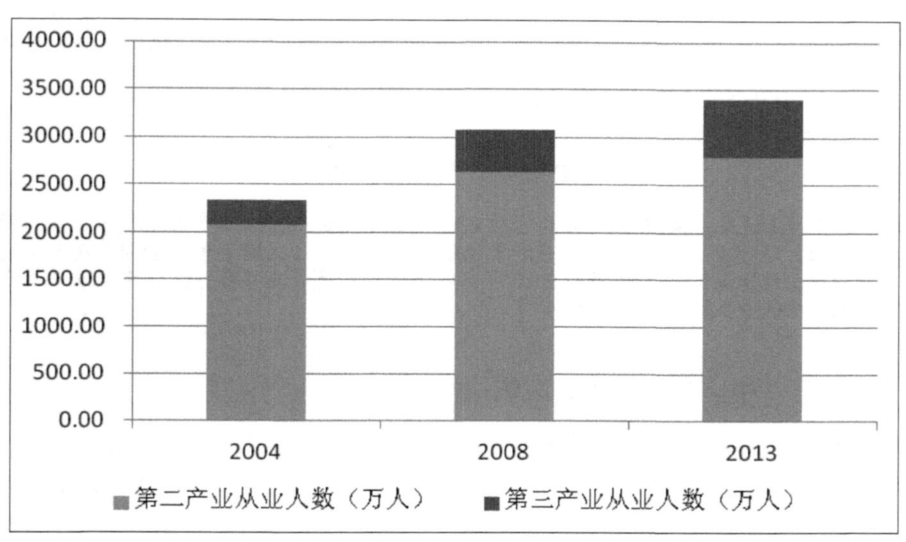


**图 6　外资企业从业人数的产业分布情况**

注：数据来源于 2004 年和 2008 年经济普查年鉴，2013 年数据来源于第三次经济普查数据。

2013 年第二产业和第三产业外资企业的资产总量为 324080.42 亿元，其中第二产业占比为 58.70%，第三产业占比为 41.30%（如图 7 所示）。与 2004 年和 2008 年的经济普查数据对比可以看出，资产总量第三产业的占比在不断增大，从 2004 年的 35.22% 增加到 2013 年的 41.30%。从法人单位数、从业人员数以及资产总量等数据可以看出，FDI 存量以第二产业为主，但第三产业的比重在不断提高。

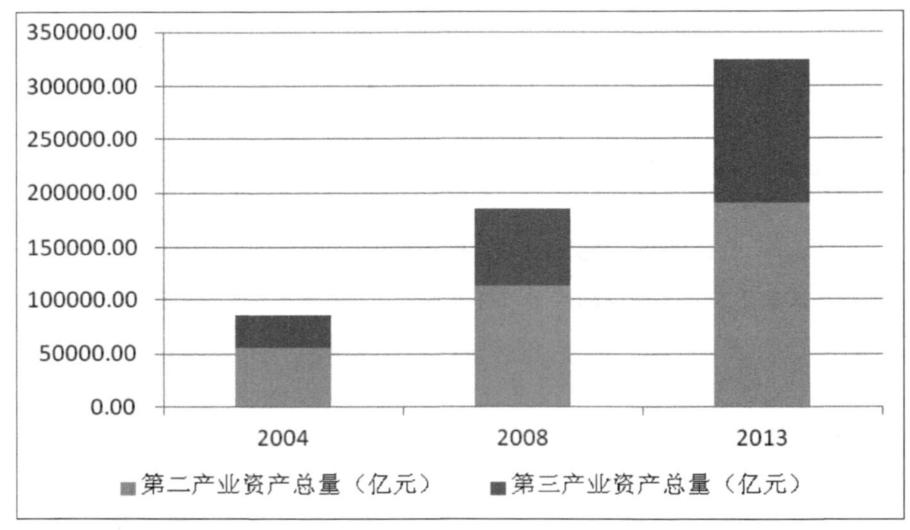


**图 7　外资企业资产总量的产业分布情况**

注：第二产业是指规模以上工业和资质内建筑业外资企业，第三产业是指限额以上批发零售业、住宿餐饮业、房地产业和其他服务业（不包括交通运输、仓储和邮政业以及金融业）外资企业。2004 年和 2008 年数据来源于经济普查年鉴，2013 年数据来源于第三次经济普查数据。

### （三）中国外资经济的区域结构

#### 1. FDI 流量东部占比不断下滑，中西部占比提升较快

如图 8、9 所示，2013 年全国实际利用外商直接投资金额为 1175.86 亿美元。东部占比为 55.74%，中部占比为 19.46%，西部占比为 11.02%，东北占比为 13.78%。外商投资企业年底注册登记数为 343951 家，东部占比为 77.16%，中部占比为 8.37%，西部占比为 8.51%，东北占比为 5.95%。

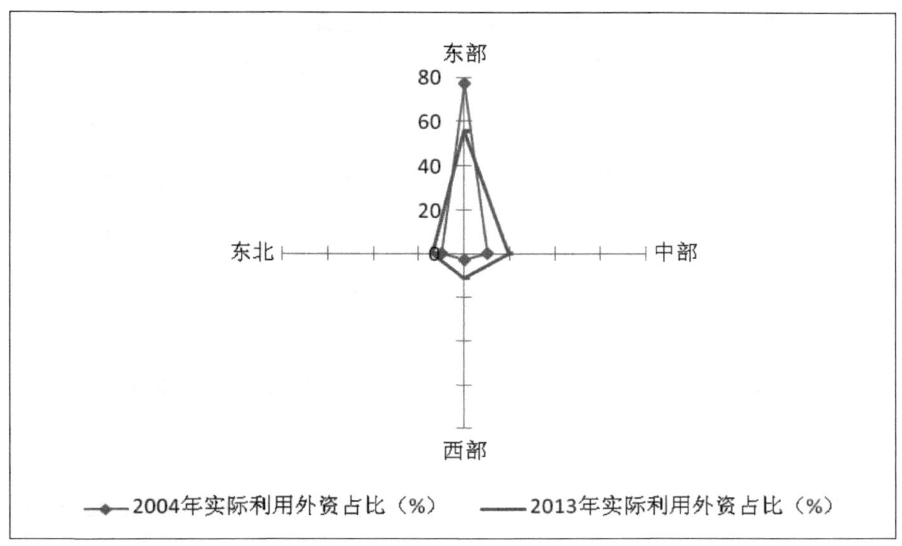


**图 8　实际利用外资金额的区域分布情况**

注：外商直接投资数据来源于各省的统计年鉴和统计公报。

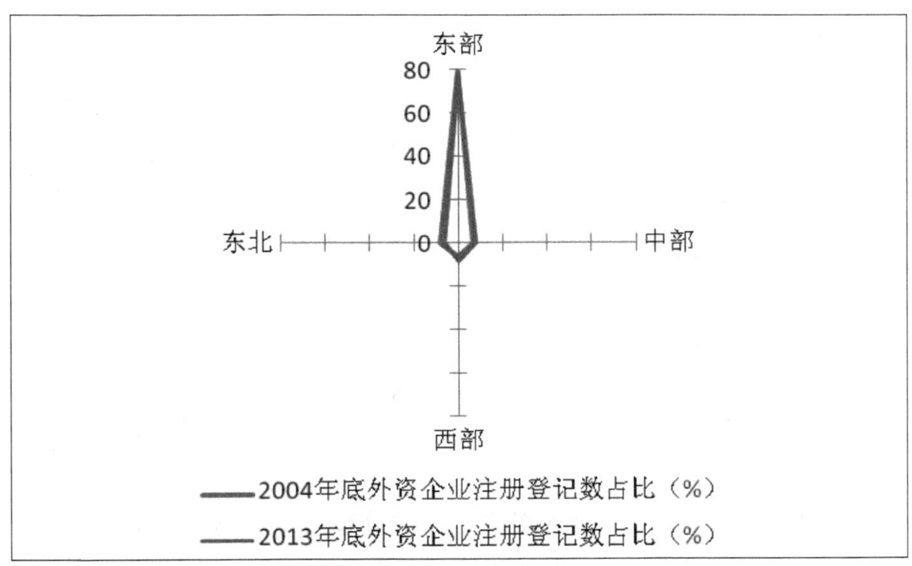


**图 9　外资企业注册登记数的区域分布情况**

注：外资企业年底注册登记数据来源于《中国统计年鉴》中的国家工商总局统计数据。

### 2. 中国外资企业仍大量集聚在沿海东部地区

2013 年规模以上工业外资企业法人单位数排名前 10 位的是广东、江苏、浙江、山东、上海、福建、辽宁、天津、河北和北京，占比合计为 88.37%。资产总量排名前 10 位的是广东、江苏、上海、浙江、山东、福建、辽宁、天津、北京和河北，占比合计为 80.47%。主营业务收入排名前 10 位的是广东、江苏、上海、山东、浙江、福建、天津、辽宁、北京和湖北，占比合计为 82.15%。

表 3　2013 年规模以上工业外资企业排名前 10 位的地区分布情况

| 企业单位数 | | 资产总量 | | 主营业务收入 | |
|---|---|---|---|---|---|
| 地区 | 占比（%） | 地区 | 占比（%） | 地区 | 占比（%） |
| 广东 | 25.29 | 广东 | 19.50 | 广东 | 21.06 |
| 江苏 | 19.84 | 江苏 | 18.66 | 江苏 | 19.57 |
| 浙江 | 11.41 | 上海 | 8.58 | 上海 | 8.80 |
| 山东 | 7.61 | 浙江 | 8.12 | 山东 | 7.44 |
| 上海 | 7.48 | 山东 | 5.97 | 浙江 | 6.29 |
| 福建 | 7.43 | 福建 | 5.57 | 福建 | 5.55 |
| 辽宁 | 3.27 | 辽宁 | 4.09 | 天津 | 4.44 |
| 天津 | 2.89 | 天津 | 3.86 | 辽宁 | 3.55 |
| 河北 | 1.59 | 北京 | 3.41 | 北京 | 3.02 |
| 北京 | 1.55 | 河北 | 2.71 | 湖北 | 2.42 |
| 占比合计 | 88.37 | 占比合计 | 80.47 | 占比合计 | 82.15 |

注：2004 年和 2008 年数据来源于经济普查年鉴，2013 年数据来源于第三次经济普查数据。

规模以上工业外资企业在各个区域的分布如图 10 所示，规模以上工业外资企业从法人单位数、资产总量、主营业务收入看，东部地区占比分别是 85.22%、76.79%、78.79%，东部地区占据绝对优势。从纵向来看，2004 年和 2008 年东部地区的各项指标占比都在 80% 以上，中西部地区占比比较少，但东部地区的占比在逐渐减少，中西部地区的占比在逐步增加。

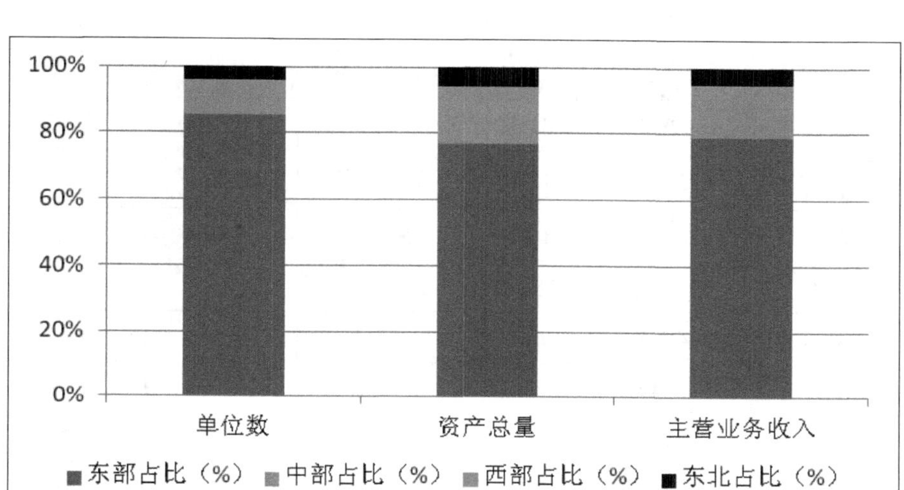


**图 10　2013 年规模以上工业外资企业的区域分布情况**

注：2004 年和 2008 年数据来源于经济普查年鉴，2013 年数据来源于第三次经济普查数据。

## （四）中国外资经济的来源结构

### 1. 中国 FDI 投资来源地有集中化趋势，香港流入的 FDI 超 2/3

外资经济的来源包括港澳台商投资企业和外商投资企业。从表 4 的数据可以看出，对中国实际投资金额前 10 位的国家或地区基本保持了稳定，只是位次或结构发生了变化。2014 年对中国大陆实际投资金额前 10 位的国家和地区如表 4 所示，其投资金额合计占中国非金融领域实际利用外资金额的 92.75%，而 2004 年排名前 10 位的国家或地区投资金额占比为 83.67%。与 2004 年的数据相比，中国香港实际投资金额的数量和占比都呈上升趋势，稳居第一位，成为最主要的外资投资来源地。除新加坡外其他来源地的投资金额占比都处于下降趋势。2004 年港澳台商投资企业的投资金额占比为 37.38%，2014 年的投资金额占比高达 70.12%，港澳台商投资成为 FDI 流量主要的投资来源。

表 4　2004 年和 2014 年外商直接投资的来源分布情况

| 2004 年 | | | 2014 年 | | |
|---|---|---|---|---|---|
| 国家／地区 | 金额（万美元） | 比重（%） | 国家／地区 | 金额（万美元） | 比重（%） |
| 中国香港 | 1899830 | 31.34 | 中国香港 | 8126820 | 67.97 |
| 英属维尔京群岛 | 673030 | 11.10 | 英属维尔京群岛 | 622566 | 5.21 |
| 韩国 | 624786 | 10.31 | 新加坡 | 582668 | 4.87 |
| 日本 | 545157 | 8.99 | 日本 | 432530 | 3.62 |
| 美国 | 394095 | 6.50 | 韩国 | 396564 | 3.32 |
| 中国台湾 | 311749 | 5.14 | 美国 | 237074 | 1.98 |
| 开曼群岛 | 204258 | 3.37 | 德国 | 207056 | 1.73 |
| 新加坡 | 200814 | 3.31 | 中国台湾 | 201812 | 1.69 |
| 萨摩亚 | 112885 | 1.86 | 萨摩亚 | 156383 | 1.31 |
| 德国 | 105848 | 1.75 | 开曼群岛 | 125509 | 1.05 |
| 合计 | 5072452 | 83.67 | 合计 | 11088982 | 92.75 |

注：数据来源于《国际贸易》杂志 2005 年第 3 期和 2015 年第 2 期。

2. 港澳台商投资企业与外商投资企业数量几近持平

2013 年外资企业法人单位数为 20.17 万个，其中外商投资企业占比为 52.10%；从业人数为 3395.38 万人，其中外商投资企业占比为 51.61%。这两个指标的占比都超过港澳台商投资企业，外商投资企业是外资经济存量的主要来源。和 2008 年的经济普查数据相比，外商投资企业法人单位数占比和从业人数占比都有所下降，而港澳台商投资企业的法人单位数占比从 2008 年的 45.09% 上升到 2013 年 47.90%，从业人数占比从 2008 年的 46.45% 上升到 2013 年的 48.39%。由此可见，港澳台商投资企业的各项指标占比都在逐步提高。

表 5　2008 年和 2013 年外商直接投资的来源分布情况

| 年份 | 法人单位数（万个） | 港澳台商投资企业法人单位数占比（%） | 外商投资企业法人单位数占比（%） | 从业人数（万人） | 港澳台商投资企业从业人数占比（%） | 外商投资企业从业人数占比（%） |
|---|---|---|---|---|---|---|
| 2008 | 18.63 | 45.09 | 54.81 | 3077.64 | 46.45 | 53.55 |
| 2013 | 20.17 | 47.90 | 52.10 | 3395.38 | 48.39 | 51.61 |

注：2008 年数据来源于经济普查年鉴，2013 年数据来源于第三次经济普查数据。

## 三 . 中国外资企业经营状况

### （一）中国外资企业经营成本

#### 1. 外资企业税负逐步提高，与内资差距逐步缩小

从相关税率（如表 6 所示）可以看出，总体上外资企业的税率要低于内资企业，但从时间趋势看内资企业的税率呈下降趋势，外资企业的税率呈上升趋势，说明内外资企业的税赋差距在逐步缩小。

表 6　规模以上工业内外资企业的税负压力情况

| 年份 | 主营业务税金及附加 / 主营业务收入（%） | | 应交所得税 / 利润总额（%） | | 应交增值税 / 工业销售产值（%） | |
|---|---|---|---|---|---|---|
| | 内资 | 外资 | 内资 | 外资 | 内资 | 外资 |
| 2004 | 1.73 | 0.46 | 21.09 | 10.43 | 4.06 | 2.33 |
| 2008 | 1.53 | 0.60 | 16.01 | 12.81 | 3.95 | 2.68 |
| 2013 | 1.71 | 0.91 | 12.99 | 16.74 | 3.39 | 2.94 |

注：2004 年和 2008 年数据来源于 2004 年和 2008 年经济普查年鉴，2013 年数据根据三次经济普查数据计算得到。

#### 2. 外资企业人均劳动报酬依然高于内资企业

在第二产业中，整体来看外资法人单位的平均工资高于内资法人单位（如图 11 所示）。从具体行业看，不论内外资法人单位，烟草制造业、石油和天然气开采业、电力热力生产和供应业、开采辅助活动四个行业均跻居平均工资排名的前 10 位。

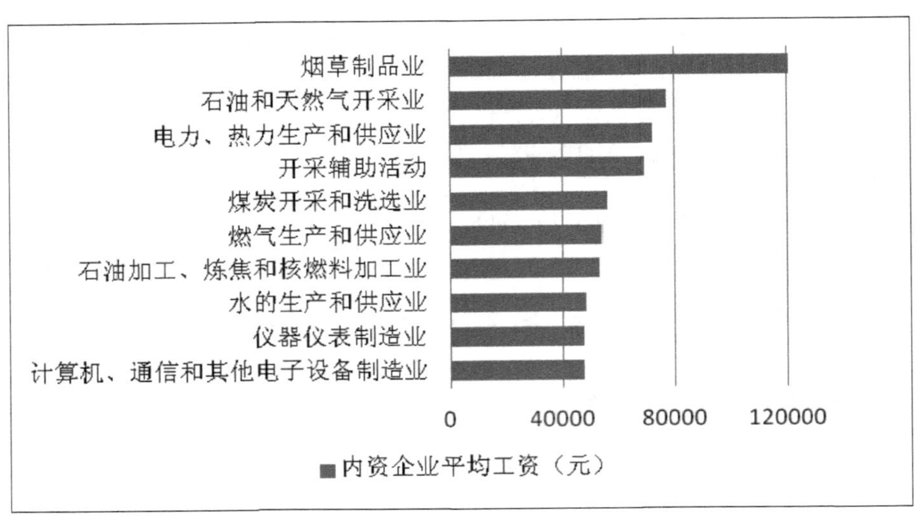


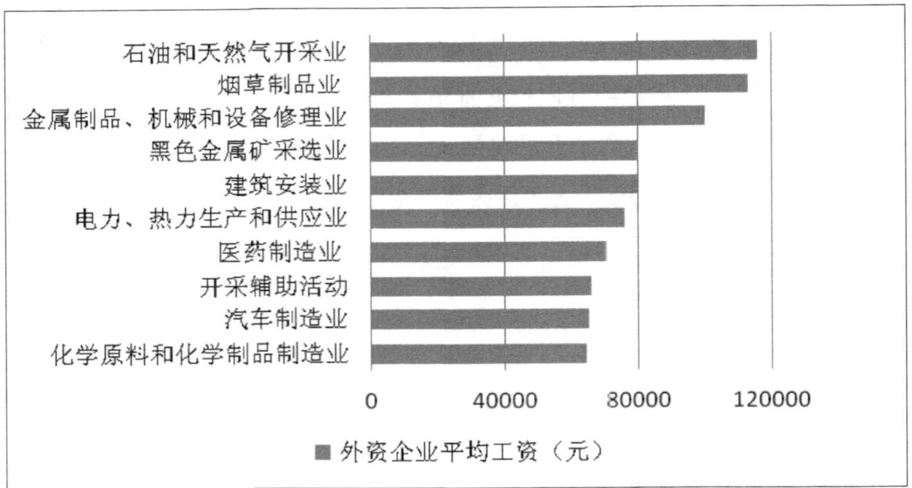


**图 11　第二产业内外资企业排名前 10 位的从业人员平均工资**

注：数据来源于 2013 年第三次经济普查数据。

观察第三产业的情况，显然外资企业的平均工资高于内资企业，外资企业的从业人员平均工资最高为 19.2 万元，而内资企业最高仅为 11.7 万元（如图 12 所示）。就具体行业而言，航空运输业、研究和试验发展、软件和信息技术服务业、专业技术服务业、互联网和相关服务业五个行业

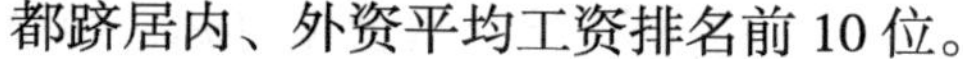
都跻居内、外资平均工资排名前 10 位。

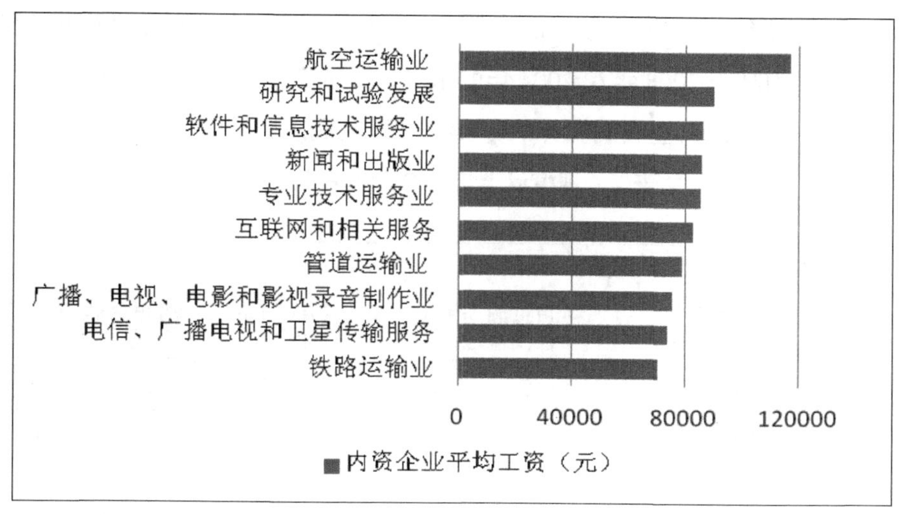


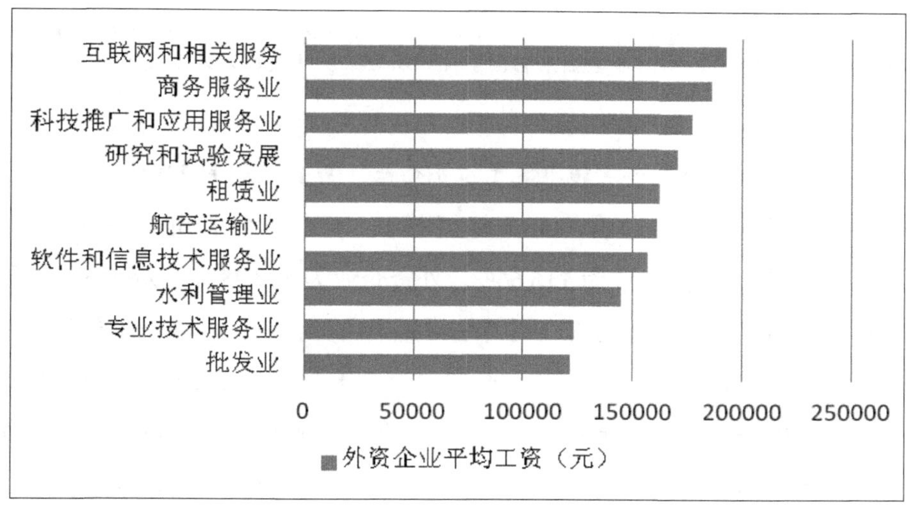


**图 12　第三产业内外资企业排名前 10 位的从业人员平均工资**

注：数据来源于 2013 年第三次经济普查数据。

## （二）中国外资企业经营效率

### 1. 外资企业投资收益率不断提高，高于内资企业

从权益收益率（ROE）和资产收益率（ROA）来看，2013 年中国规模

以上工业外资企业的投资收益均高于内资企业，经济普查数据可知，规模以上工业外资企业 ROE 为 19.2%( 以营业利润计算 ) 或 19.3%（以利润总额计算），均高于 2008 年和 2004 年的水平，并且高于同期内资企业的水平。ROA 为 8.3%( 以营业利润计算 ) 或 8.4%（以利润总额计算）。

**表 7　规模以上工业企业投资收益率**

单位：%

| 年份 | ROE | | | | ROA | | | |
|---|---|---|---|---|---|---|---|---|
| | 营业利润与所有者权益之比 | | 利润总额与所有者权益之比 | | 营业利润与资产总计之比 | | 利润总额与资产总计之比 | |
| | 内资 | 外资 | 内资 | 外资 | 内资 | 外资 | 内资 | 外资 |
| 2004 | 11.5 | 15.2 | 12.2 | 16.0 | 4.8 | 6.6 | 5.0 | 7.0 |
| 2008 | 18.0 | 18.0 | 16.8 | 16.7 | 7.5 | 7.9 | 7.0 | 7.3 |
| 2013 | 18.8 | 19.2 | 18.8 | 19.3 | 7.7 | 8.3 | 7.7 | 8.4 |

注：2004、2008 年数据分别来源于国家统计局《中国经济普查年鉴 2004》和《中国经济普查年鉴 2008》；2013 年数据来自国家统计局国家统计数据库第三次经济普查主要数据。

### 2. 外资企业的资金周转率高于内资企业，两者的差异在逐渐缩小

从资金周转率来看，2013 年规模以上工业企业资金周转率为 119.28%，其中内资企业为 116.66%，外资企业为 128.78%。从经济普查数据可以看出，外资企业的资金周转率均高于内资企业，内资企业资金周转率一直处于增长趋势，而外资企业 2013 年资金周转率与 2008 年相比有所下滑，与内外资企业的差距不断缩小。在外资企业中，外商投资企业的资金周转率均高于港澳台商投资企业，外商投资企业资金周转率增速放缓，而港澳台商投资企业有所下降。

**表 8　规模以上工业企业资金周转率**

单位：%

| 年份 | 平均值 | 内资企业 | 外资企业 | 港澳台商投资企业 | 外商投资企业 |
|---|---|---|---|---|---|
| 2004 | 92.36 | 83.75 | 117.09 | 110.27 | 121.21 |
| 2008 | 115.93 | 110.73 | 130.74 | 128.06 | 132.17 |

续 表

| 年份 | 平均值 | 内资企业 | 外资企业 | 港澳台商投资企业 | 外商投资企业 |
|---|---|---|---|---|---|
| 2013 | 119.28 | 116.66 | 128.78 | 121.57 | 133.34 |

注：2004、2008 年数据分别来源于国家统计局《中国经济普查年鉴 2004》和《中国经济普查年鉴 2008》；2013 年数据来自国家统计局国家统计数据库第三次经济普查主要数据。

### （三）中国外资企业的市场状况

#### 1. 外资企业在中国货物出口中的份额逐步降低

2014 年中国外商投资企业出口额为 10747 亿美元，占我国出口总额的 45.87%，该份额近十年基本呈现出下降趋势，下降速度较快，2013 年比 2008 年下降了 8 个百分点。从国家统计局的数据来看，规模以上工业外资企业出口在规模以上工业企业出口中的份额也在下降，2013 年比 2009 年下降了 2 个百分点。

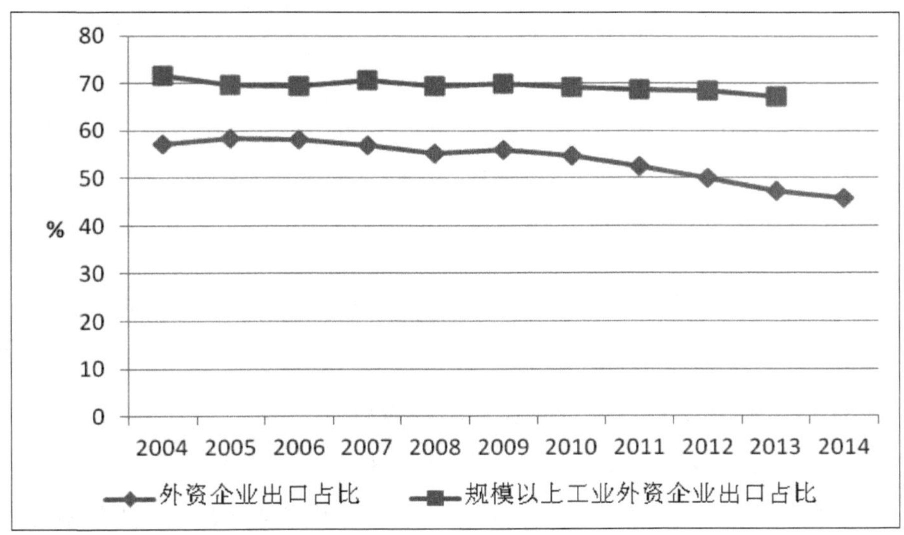


图 13　外资企业出口的相对规模

注：2004–2014 年外资企业出口占比是海关统计的货物出口中外商投资企业出口的比重，数据来源于国家统计局国家统计数据库。2004–2013 年规模以上工业外资企业出口占比是规模以上工业外商和港澳台商投资企业出口与规模以上工业企业出口之比，2004–2012 年数据来源于国家统计局国家统计数据库；2013 年数据根据普查中心提供的数据计算而得。

2. 外资企业国内销售增速高于出口增速，出口倾向降低

2013 年规模以上外资工业企业出口 11.3 万亿元，占其工业销售产值的 31.45%，比 2008 年降低了 7.7 个百分点，说明外资企业出口增速低于外资企业国内销售增速，外资经济的出口倾向不断降低。尽管规模以上工业外资企业出口倾向一直高于内资企业，但是，外资企业出口倾向变化的步调与规模以上工业企业基本保持一致，说明外资企业与内资企业国内外市场结构的配置变化基本保持一致。

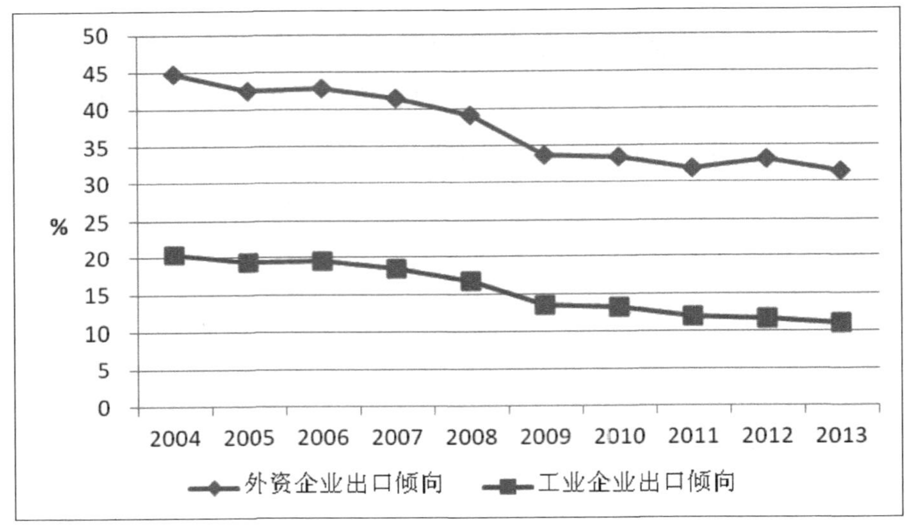


图 14　外资企业出口倾向

注：2004—2012 年数据来源于国家统计局国家统计数据库；2013 年数据根据普查中心提供的数据计算而得。

## （四）外资企业对内资企业的影响效应

1. 外资企业 R&D 人员投入快速增加，份额不断扩大

2013 年，规模以上工业外商和港澳台商投资企业 R&D 人员有 81.2 万人，2008—2013 年间年平均增长率达 18.4%。外资在规模以上工业企业 R&D 人员投入的比重达到 24%，比 2008 年增长了 1 个百分点。

**表 9　规模以上工业外资企业 R&D 人员投入**

| 年份 | 外资企业 R&D 人员折合全时当量 | | 外资企业 R&D 人员合计 | |
|---|---|---|---|---|
| | 万人年 | % | 万人 | % |
| 2004 | 9.7 | 18.0 | 14.7 | 18.2 |
| 2008 | 29.3 | 23.8 | 34.9 | 23.0 |
| 2013 | 62.9 | 25.2 | 81.2 | 24.0 |

注：2004、2008 年数据分别来源于国家统计局《中国经济普查年鉴 2004》和《中国经济普查年鉴 2008》；2013 年数据来自国家统计局国家统计数据库第三次经济普查主要数据。

### 2. 外资企业 R&D 经费支出向内部倾斜，占比略有下降

2013 年，规模以上工业外商和港澳台商投资企业科技活动经费外部支出为 102.6 亿元，比 2008 年略有减小，外资在规模以上工业企业中的占比缩小到 24.2%。而 2013 年内部支出高达 2015.1 亿元，远远高于外部支出，比 2008 年增长了 478 亿元，尽管如此，内部经费支出中，外资的份额仍然比 2008 年下降了 1.7 个百分点。

**表 10　规模以上工业外资企业 R&D 经费投入**

| 年份 | 科技活动经费外部支出 | | 科技活动经费内部支出 | |
|---|---|---|---|---|
| | 亿元 | % | 亿元 | % |
| 2004 | 74.5 | 34.9 | 608.4 | 25.3 |
| 2008 | 118.5 | 25.5 | 1537.1 | 25.9 |
| 2013 | 102.6 | 24.2 | 2015.1 | 24.2 |

注：2004、2008 年数据分别来源于国家统计局《中国经济普查年鉴 2004》和《中国经济普查年鉴 2008》；2013 年数据来自国家统计局国家统计数据库第三次经济普查主要数据。

### 3. 外资企业拥有发明专利数增长较快，增速小于内资企业

2013 年规模以上工业外资企业拥有发明专利数为 745763 件，是 2008 年的 3.5 倍，外资企业在规模以上工业企业中的占比为 22.23%，与 2008

年相比占比有所下降。而2013年规模以上工业内资企业拥有发明专利数为260828件，是2008年的4.4倍，占比比2008年有所上升。内资企业拥有发明专利数的增速大于外资企业，占比不断扩大。

表11　规模以上工业外资企业拥有发明专利数

| 年份 | 外资企业拥有发明专利数（件） | 外资企业拥有发明专利数占比（%） |
|---|---|---|
| 2004 | 6581 | 21.71 |
| 2008 | 21270 | 26.50 |
| 2013 | 74573 | 22.23 |

注：2004、2008年数据分别来源于国家统计局《中国经济普查年鉴2004》和《中国经济普查年鉴2008》；2013年数据来自国家统计局国家统计数据库第三次经济普查主要数据。

4. 外资企业工业销售产值和新产品销售收入增速放缓，占比不断下降

2013年规模以上工业外资企业工业销售产值为241273.2亿元，占比为23.67%；新产品销售收入为4471.85亿元，占比为34.81%。与2004年和2008年相比，2013年外资企业的工业销售产值占比和新产品销售收入占比均呈现下降的趋势，并且外资企业的工业销售产值和新产品销售收入增速放缓。

表12　规模以上工业外资企业工业销售产值和新产品销售收入

| 年份 | 工业销售产值 | | 新产品销售收入 | |
|---|---|---|---|---|
| | 外资企业（亿元） | 外资企业占比（%） | 外资企业（亿元） | 外资企业占比（%） |
| 2004 | 64736.34 | 32.73 | 929.07 | 40.73 |
| 2008 | 146172.2 | 29.55 | 2238.46 | 39.25 |
| 2013 | 241273.2 | 23.67 | 4471.85 | 34.81 |

注：2004、2008年数据分别来源于国家统计局《中国经济普查年鉴2004》和《中国经济普查年鉴2008》；2013年数据来自国家统计局国家统计数据库第三次经济普查主要数据。

5. 外资企业建立研发中心对本土企业产生了溢出效应

2013 年中国二、三产业中，以外商投资企业形式存在的研发机构 5741 家，以港澳台商投资企业形式存在的研发机构 4627 家，合计占中国研发机构的 20%。课题组以北京市 403 家研发中心申报数据为基础，从创新强度、创新效率、生产率三个方面讨论了外资研发中心通过竞争、示范或人员流动效应等方式产生的产业内溢出效应，以及通过上下游产业关联等方式产生的产业间溢出效应。研究显示，外资企业研发中心对本土企业研发中心的影响是多方面的，外资研发中心创新强度的提升能够通过竞争效应促使本土研发中心提升其创新强度。外资研发机构创新效率的提升可以加快本土研发中心创新效率的追赶，外资的参与在一定程度上可以通过模仿效应、竞争效应等水平溢出效应促进本土研发机构创新效率的增长。外资研发中心的生产率越高，本土研发中心的生产率增长越快。课题组发现了外资企业研发中心通过竞争对本土企业产生正向技术溢出效应的证据，与此同时，也发现产业间（上下游产业）存在挤出效应。

## 参考文献

[1] 高敏雪、李静萍、何静等：《对外直接投资统计基础读本》，经济科学出版社，2005 年版。

[2] 高敏雪、何静、刘晓静：《中国外资经济发展现状报告——基于第一次经济普查资料的截面分析》，经济科学出版社，2008 年版。

[3] 高敏雪、许晓娟、李静萍、张芳：《追寻中国经济与世界的联系——对外经济统计数据估算与计量分析》，经济科学出版社，2010 年版。

[4] 许晓娟：《中国外资经济发展状况及其影响的统计研究》，中国人民大学出版社，2013 年版。

# 拉动经济的第三匹马：经济学视角与统计学视角①

吴珍倩　贾怀勤　杨贵中

**摘　要：**传统的“三驾马车”说，从经济学视角，确认拉动 GDP 的三项因素是国内消费、国内投资和净出口。但是从经济统计视角，以其为基础测度净出口对 GDP 的拉动贡献却导致负效应悖论。本文将全球价值链概念融入经济统计测度，将 GDP 恒等式重新解释为国内最终消费需求、国内投资需求和国外需求，并使用国际投入产出表数据对新释三因素的拉动贡献进行测算，从而提出经济新常态下开发国外需求的建议。

长期以来，国内经济学界一直把国内消费、国内投资和有关外贸的因素作为拉动国内生产总值的“三驾马车”。细说起来，关于前两项拉动因素似乎完全确定，但对于究竟谁是这第三匹马存有着不同理解，有的指国外需求，有的指净出口，还有的指出口。搞清楚这个问题，对于新常态下更好地发展对外贸易有重要的现实意义，也具有理论价值。

① 本文发表在《国际经济评论》2017 年第 11 期，于 2020 年获商务部商务发展研究成果奖（2019 年）论文类优秀奖。

## 一、文献回顾

国内学术文献最早提出“三驾马车”概念是在1997年，樊启祥等在其论文中用“三驾马车”指投资需求、消费需求和国外需求。同年，李一水也提出此概念，用来指消费、投资、出口。接着在1998年，施发启提出投资、消费和净出口构成“三驾马车”。直到2015年，陈勇鸣再次提出拉动中国经济增长的“新三驾马车”说，指投资、消费和净出口。总之，大家对“前两匹马”是国内投资和消费没有歧义，但是对“第三匹马”有不同的表述，一说指国外需求，再说指出口。出口是从中国角度说的，其原因是国外需求，若国外无需求，则有商品也卖不出国境。然而又存在着进口，从贸易额上看，进出口相抵的净额，才是“纯粹的”出口，因而就出现了“净出口”说。“净出口”说影响较大，沈纳、陈勇鸣（2008）等的文献中都采用了“净出口”说。

“三驾马车”说有无经济学理论来源，洪平凡（2012）认为此说与凯恩斯无关，而吴敬琏（2013）则认为“三驾马车”是凯恩斯分析短期经济问题提出的。然而他们的观点只见于网上，未在期刊上载出。

从宏观经济学出发，国内生产总值的支出法由最终消费、资本形成和净出口三个分项组成，这个模型被形象地比喻为拉动经济发展的“三驾马车”说。用$GDP$代表国内生产总值，$C$代表最终消费，$I$代表资本形成，$X$代表出口，$M$代表进口，$NX$代表净出口，国内生产总值（支出法）的恒等式可以表示成

$$\begin{aligned} GDP &= C + I + NX \\ &= C + I + (X - M) \end{aligned} \quad \text{（式 1）}$$

邱东和杨仲山（2004）、高敏雪（2007）等人的著作都对此恒等式进行了阐述。

## 二、净出口拉动贡献的悖论

经济统计研究基于经济学理论，它的任务是进行测度和实证。实证模型运行的条件是：①变量（指标）的选择须有经济学理论支撑；②必须有数据支持，即变量（指标）须是可测的。如果运行结果出现难以解释的表征，就需要对构成模型的变量（指标）做出调整或变通，并使用匹配的数据。

### （一）“三驾马车”拉动贡献的传统测度

式 1 中各项都是一国统计当局可以直接测度获取数据的；反之，国外需求的数据不能直接获取。因此在传统上，经济统计学者往往从数据可获性出发直接测度最终消费、资本形成和净出口三项因素对国内生产总值的增长的贡献和拉动作用，国内学者通常使用贡献率和拉动系数来刻画。这方面具有代表性的文献《数字中国三十年——改革开放 30 年统计资料汇编》（2008），该书第 1-2-13 表列出 1978—2007 年 “三大需求对国内生产总值增长的贡献率和拉动率”数据，并注明了计算方法：“贡献率指三大需求增量与支出法国内生产总值增量之比。拉动率指国内生产总值增长速度与三大需求贡献率的乘积。”笔者根据该书表 1-2-11 和表 1-2-13 的数据，综合整理出下表，为节省篇幅，只选取 30 年中若干个年份的数据。

**表 1　中国支出法国内生产总值中“三驾马车”的拉动作用**

| 年份 | | | 1978 | 1985 | 1990 | 2000 | 2005 | 2007 |
|---|---|---|---|---|---|---|---|---|
| 国内生产总值 | | （亿元） | 3605.6 | 9076.7 | 19347.8 | 98749 | 188692.1 | 263242.5 |
| 最终消费支出 | 总额 | （亿元） | 2239.1 | 5986.3 | 12090.5 | 61516 | 97822.7 | 128444.6 |
| | 贡献率 | （%） | 39.4 | 85.5 | 47.8 | 65.1 | 38.2 | 39.4 |
| | 拉动率 | （%） | 4.6 | 11.5 | 1.8 | 5.5 | 4 | 4.7 |
| 资本形成总额 | 总额 | （亿元） | 1377.9 | 3457.5 | 47.8 | 22.4 | 80646.3 | 111417.4 |
| | 贡献率 | （%） | 66 | 80.9 | 1.8 | 1.9 | 37.7 | 40.9 |
| | 拉动率 | （%） | 7.7 | 10.9 | 0.1 | 22.4 | 3.9 | 4.9 |

续　表

| | 年份 | | 1978 | 1985 | 1990 | 2000 | 2005 | 2007 |
|---|---|---|---|---|---|---|---|---|
| 净出口 | 总额 | （亿元） | -11.4 | -367.1 | 510.3 | 2390.2 | 10233.1 | 23380.5 |
| | 贡献率 | （%） | -5.4 | -66.4 | 50.4 | 12.5 | 24.1 | 19.7 |
| | 拉动率 | （%） | -0.6 | -8.9 | 1.9 | 1 | 2.5 | 2.3 |

资料来源：《数字中国三十年——改革开放 30 年统计资料汇编》，2008 年。

## （二）传统测度引出的悖论

表 1 显示，1978 年和 1985 年的净出口贡献率和拉动系数均为负数，这能解释为净出口对国内生产总值增长起反面作用吗？如果说这两年分别是改革开放初期特殊情况，再审视 2008 年以来的情况。

**表 2　2008—2015 年净出口贡献率和拉动系数**

| 年份 | GDP 增率（%） | 净出口贡献率（%） | 拉动系数（%） |
|---|---|---|---|
| 2008 | 18.2 | 1.2 | 0.2 |
| 2009 | 9.1 | -25.8 | -2.4 |
| 2010 | 18.3 | -1.7 | -0.3 |
| 2011 | 18.4 | -3.0 | -0.5 |
| 2012 | 10.1 | 9.2 | 0.9 |
| 2013 | 9.4 | 3.1 | 0.3 |
| 2014 | 8.7 | 14.6 | 1.3 |
| 2015 | 6.7 | 31.3 | 2.1 |

资料来源：除 2015 年数据取自新浪网之外，其余各年数据出自历年《中国统计年鉴》。

自 2008 年发生国际金融危机，中国的宏观数据就出现了一种奇特的现象，一方面是国内生产总值继续保持高速增长，另一方面是净出口的贡献率和拉动系数连续 3 年呈现为负数。2013 年 3 月 18 日，《人民日报》发表记者杜海涛、王珂的文章《外贸拖没拖经济后腿》，意在引导读者正确地认识外贸在国民经济中的作用。文章引用专家的话，解释“净出口对

GDP 的贡献率为负，并不表明对外贸易拖了经济增长的后腿”。“净出口对经济增长的贡献率这一概念只有统计意义，没有经济意义”（余淼杰，北京大学国家发展研究院副教授）。净出口贡献率反映了消费、投资、净出口之间的数字变化关系，并不是指某类别经济增长含义上的实际贡献。实际上，消费、投资与出口、进口有密切的联系，出口固然直接增加国外对本国货物和服务的需求，进口也往往不是替代国内生产，而是提供了国内生产不了的或性价比更佳的商品和服务，与国内生产形成互补和竞争，促进国内产业发展（霍建国，时任商务部国际贸易经济合作研究院院长）。

2015 年，在世界经济普遍不景气和国内经济“三期叠加”的特殊情况下，中国货物贸易取得令国人欣慰的成绩。尽管货物出口额 14.14 万亿元（人民币，下同），进口额 10.45 万亿元，进出口总额 24.59 万亿元，分别比 2014 年下降了 1.8%、13.2% 和 7%，但是“货物贸易进出口和出口额仍居于世界第一位，自 2013 年以来连续三年保持这一位置”。“从进出口来看，在去年全球贸易出现两位数负增长的背景下，中国的降幅远远低于我们主要的贸易伙伴和全球的贸易降幅速度。在全球贸易中的份额预计由 12.2% 提高一个百分点，超过 13%，是我们在全球份额当中提升最快的一年。去年全年货物贸易顺差达到 5930 亿美元，为维护国家金融安全发挥了积极的作用。”（高虎城，商务部长）。

2015 年中国外贸数据从另一个角度引出了净出口拉动贡献的悖论：国内生产总值增长率 6.9%，虽然略有下降，但是仍处于中高速；进、出口都下降了，但是净出口的贡献率 31.3%，拉动作用 9.4 个百分点，反倒处于历史高位。

### （三）悖论发生的症结所在

净出口贡献率实际是净出口增速与 GDP 增速的比值。在分母为正数（即 GDP 正增长）的情况下，整个分数值（即贡献率）的正或负取决于分子——净出口增量的正或负。但是净出口增量是一个合成指标，它取决于出口增量和进口增量的相对关系，如下式表示：

净出口增量 = 本年份净出口 — 前一年净出口
=（本年份出口—前一年出口）—（本年份进口—前一年进口）
=（本年份出口—本年份进口）—（前一年出口—前一年进口）
= 出口增量—进口增量

图 1 列明贡献率呈现正数或负数的几种情况，这些都可能发生在一个经济体的对外贸易中。像中国这样的经济高速发展的经济体，在某些年份进口增幅可能大于出口增幅，于是进出口贡献率就呈现为负数。1985 年净出口贡献率 –66.4%，2010 年和 2011 年净出口贡献率分别为 –3.0% 和 –1.7%，其背景都属于这种情况。在这些年份里，出口和进口分别为经济发展做出了贡献，其中进口除了用来满足国内最终需求和投资外，也为出口提供了原材料和零部件。仅以净出口为负就说外贸对经济发展做了“负贡献”，在理论和实践上都说不过去，只能说净出口贡献率这个测度指标的解读不科学。

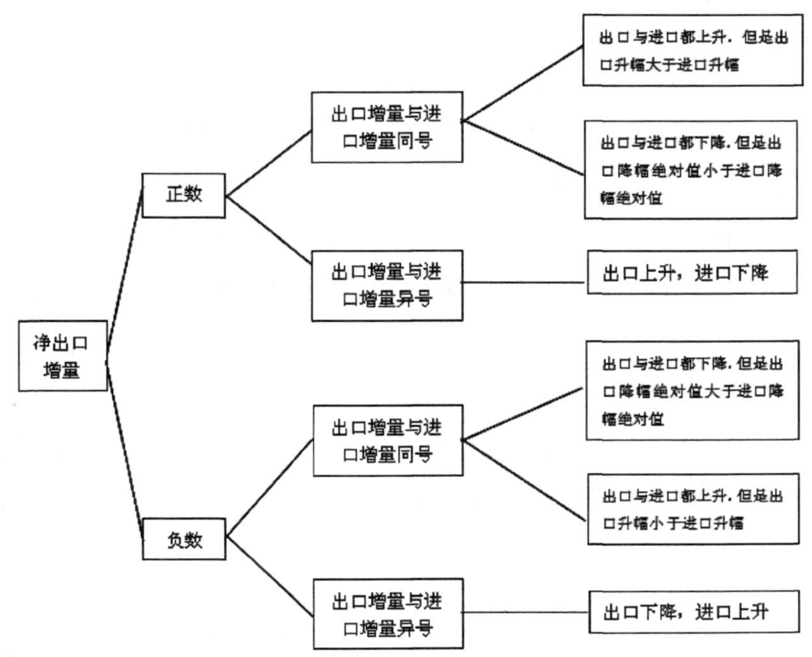


**图 1　出现正贡献率或负贡献率的几种情况**

净出口作为出口与进口的差量，它的增长率与国内生产总值的增长率却不存在相关关系，笔者计算出 2008—2015 年期间中国国内生产总值增长率和净出口增长率的相关系数 $r=-0.3$。按照应用统计学的经验尺度，$r$ 的绝对值达到 0.8，视作两变量高度相关；$r$ 的绝对值在 0.5 与 0.8 之间，视作两变量中度相关；$r$ 的绝对值在 0.3 与 0.5 之间，视作两变量低度相关；$r$ 的绝对值在 0.3 以内，视作两变量无相关。鉴于国内生产总值增长率和净出口增长率的相关系数 $r=-0.3$，两者之间不能视为存有相关关系。

从净出口贡献率的计算公式看，净出口贡献率为负，只是说明当年的净出口增量（即贸易顺差）少于上年。这与经济增长的相关性十分微弱。

由上面分析可知：式 1 准确地刻画了支出法国内生产总值与国内消费、国内投资和净出口的恒等关系；但是按净出口测度其对国内生产总值的贡献导致负贡献悖论。

## 三、“三驾马车”说的重新诠释

### （一）国内增加值的需求恒等式

式 1 是从国内生产总值成果的去向开立的。它可以进一步转化为国内增加值（三个产业的增加值总和即是国内生产总值）的需求恒等式。这里的关键是将进口按其用途分解成 3 个子项：用于国内最终消费的国外成分 $CF$，用于国内资本形成的国外成分 $IF$ 和作为生产出口的投入品的国外成分 $XF$，即

$$M = CF + IF + XF \quad \text{（式 2）}$$

相对于以上 3 个国外成分，有 3 个国内成分子项：用于国内最终消费的国内成分 $CD$，用于国内资本形成的国内成分 $ID$ 和作为生产出口的投入品的国内成分 $XD$。从而有下列各式成立：

$$C = CD + CF \quad \text{（式 3）}$$

$$I = ID + IF \quad \text{（式 4）}$$

$$X = XD + XF \quad \text{（式 5）}$$

将式 2–5 代入式 1，有

$$GDP = C + I + [X - (CF + IF + XF)]$$
$$= (C - CF) + (I - IF) + (X - XF)$$
$$= CD + ID + XD \quad \text{（式 6）}$$

由式 6 知，国内生产总值可以分解为 3 部分：国内最终消费的本国成分，国内资本形成中的本国成分和出口中的本国成分。从价值链的角度看，本国成分即本国增加值。式 6 用文字表述为：

国内生产总值 = 国内最终消费的本国增加值 + 国内资本形成中的本国增加值 + 出口增加值

增加值只有通过需求才能实现，因此上式又可以表述为：

国内生产总值 = 国内消费对本国生产的需求 + 国内投资对本国生产的需求 + 国外对本国生产的需求

= 内需 + 外需

由以上系列公式的导出和最终表述可知：

①进口作为减数，按其用途分别抵扣最终需求、资本形成和出口三大项，构成由国内产品的最终消费，使用国内产品的资本形成和出口中的国内成分构成的国内增加值需求恒等式。

②式 6 等号右边的 3 项均为正数，由此计算的拉动贡献不存在负效应问题。

至此，传统意义上的由国内最终消费、国内资本形成和净出口构成的“三驾马车”，就被重新诠释为国内消费对本国生产的需求 ，国内投资对本国生产的需求和国外对本国生产的需求三项因素。

### （二）全球价值链背景下内需和外需的贸易实现途径

在全球价值链背景下，制成品的制造呈碎片化，其贸易和最终使用也较为复杂。中国的出口，可用于国外的最终需求，也可以用于国外的中间生产需求；国外以中国出口为中间投入的产品，还是要落实到满足国外最终需求或者中国最终需求上。

出口对中国经济的拉动作用由国内外最终需求实现。首先，出口直接用于满足国外最终需求的部分，其对中国经济的拉动作用是国外最终需求对中国经济的直接拉动作用；其次，出口用于满足国外中间需求并最终仅用于满足国外最终需求的部分，其对中国经济的拉动作用包含在国外最终需求对中国经济的间接拉动作用中；最后，出口用于满足国外中间需求并最终用于满足国内最终需求的部分，其对中国经济的拉动作用包含在国内最终需求对中国经济的间接拉动作用中。

中国产品最终用于满足的要么是国内的最终消费或资本形成需求，要么是国外的最终消费或资本形成需求。伴随经济全球化加深，在全球价值链背景下，中国最终消费或者资本形成的产品，可能是中国原材料出口到国外经过深加工，然后进口到国内的产品；也可能是中国原材料出口到国外加工成关键零部件，进口到国内再进行组装而成的产成品。这两种情况下，中国的出口“内生于”国内最终消费和资本形成需求。由于中国部分出口的内生性，与中国最终消费和资本形成并列的应该是国外的最终消费和资本形成，而非中国的出口。

测度新释三项因素拉动贡献的数据问题。本文主张测度国内最终消费、国内资本形成和国外最终需求（国外最终消费和资本形成之和）对中国经济的拉动作用。然而正如上面所指出的，按支出法三项支出测度其拉动贡献有现成的国内生产和对外贸易数据可用。而现行统计不能直接提供一个经济体的分别用于国内最终消费、资本形成和生产出口品的进口分项数据，使得按式 6 测度新释三项因素的拉动贡献很难由模型进入实证层面。

### （三）基于国际投入产出数据库的拉动贡献实证

进入 21 世纪第二个十年以来，世贸组织（WTO）大力倡导全球价值链研究应用，一些国际组织和国家开展了增加值贸易的核算。在这方面比较有代表性的数据库是国际投入产出项目主要是增加值贸易（TiVA）数据库和世界投入产出数据库（WIOD），有代表性的研究成果有世贸组织与日本亚洲经济研究院联合成果《东亚的贸易模型和全球价值链——从货品的贸易到任务的贸易》和中国全球价值链课题组系列研究。这为测度新释三项因素拉动贡献的数据问题提供了较好的解决方案。

使用世界投入产出数据库(WIOD)中的世界投入产出表(WIOT)的数据对新释三项因素拉动贡献进行实证。该表中有40个国家(地区)以及其他国家和地区(用ROW表示)，每个国家(地区)有35个行业。截至2016年1月，该数据库中投入产出最新数据年份是2011年，最早数据年份是1995年。每一个年份世界投入产出表的中间流量矩阵是一个1435维(41*35)的方阵，因为除了40个国家(地区)，还有一个ROW。测算结果见表3。

**表3　1995—2011年间新释三项因素对中国经济增长拉动贡献**

| | 单位 | GDP | 国内最终消费 | 国内资本形成 | 国外需求 |
|---|---|---|---|---|---|
| 1995年 | 亿美元 | 7280 | 3564 | 2329 | 1387 |
| 2011年 | 亿美元 | 32619 | 13590 | 12116 | 6912 |
| 1995—2011年的增量 | 亿美元 | 25339 | 10026 | 9787 | 5525 |
| 贡献率（增量占比） | % | 100 | 39.6 | 38.6 | 21.8 |
| 拉动效果 | % | 348.1 | 137.7 | 134.4 | 75.9 |

注：表中2—4行的金额按1995年可比价。
资料来源：世界投入产出表(WIOT)。

如表3所示，1995—2011年，中国GDP实际增长25339亿美元(1995年可比价)，其中国内最终消费、国内资本形成和国外最终需求对中国经济增长的拉动贡献分别为10026、9787和5525亿美元，三种需求对中国经济增长的贡献率分别为39.6%、38.6%和21.8%。根据《中国统计年鉴·2014》中的数据，1995—2011年中国GDP实际增长348.1%。将中国GDP实际增长进行分解，国内最终消费、国内资本形成和国外最终需求拉动中国经济增长的比例分别为137.7%、134.4%和75.9%。可见，1995—2011年，对中国经济增长贡献最大的是国内最终消费，国内资本形成居中，国外最终需求的贡献最小。

应该指出新释三项因素对一经济体的经济增长拉动贡献研究的局限

性：这种分析方法依托国际组织和课题组连续研究的数据发布，这些数据的测算基于非竞争性投入产出表，而投入产出表的数据基于各国的经济核算数据和贸易数据，并附以必要的测算和推算。非竞争性投入产出表的编制造成了数据发布的时间滞后，因而使得新释三项因素拉动贡献研究不得不具有滞后性。传统的“三驾马车”拉动贡献仅依靠一国的统计数据作简单计算，可以在某一年度统计数据产生后实现。再者，由于所使用的国际数据库不同，测算的方法有异，具体计算结果就不同。总之，本文主张的测算更具有研究性质，可以为经济管理决策提供参考。

## 四、结论与建议

当前中国经济新常态下的经济发展战略是，在着重搞好供给侧结构性改革的同时，要适度扩大总需求。在扩大总需求问题上，要着重扩大最终消费，调控好投资总规模，优化投资方向，同时还要努力扩大出口。

1. 需求侧“三驾马车”由国内最终消费、国内资本形成和国外需求构成。进入新常态后，尽管国外需求不是经济发展的最主要因素，但是仍需要给予充分重视。

2. 净出口是构成（支出法）国内生产总值的三项因素之一，但不能将之视为拉动贡献因素，因此中国对外贸易追求动态的进出口平衡，而非片面追求顺差（净出口）。

3. 中国经济增长需要外国需求，反过来外国的经济增长也需要中国对其产品的需求。中国的对外开放要增强命运共同体观念，实行共赢发展战略。

4. 外国需求是客观存在的，但是只有通过中国外贸的开展，才能使中国产品切实成为外国的需求。中国外贸拓展，既要注重地理意义上的市场拓展，更要注重提升贸易质量和做好相关服务。

5. 经济发展创造新的需求。中国“走出去”战略和“一带一路”倡议，要有助于增强对方的发展能力和提升对方居民的生活品质，如此方能使对方对中国产品的需求增长，进而拉动中国经济。反之，中国经济的增长，是其他国家发展的机遇，中国对外国需求的增长，是中国对世界经济的贡献。

## 参考文献

[1] 樊启祥等："新一轮经济周期启动的基本特点"，《学习与实践》1997 年第 1 期。

[2] 李一水："增加有效需求是启动经济的关键"，《中国改革》1997 年第 3 期。

[3] 施发启："宏观调控松紧有度 结构调整任重道远——1997 年经济运行回顾和 1998 年经济展望"，《预测》1998 年第 2 期。

[4] 沈纳："三驾马车"，《宏观经济管理》2008 年第 2 期。

[5] 陈勇鸣：中国经济增长的"新三驾马车"[EB/OL]，2015。

[6] 邱东、杨仲山：《当代国民经济统计学主流》，东北财经大学出版社，2004 年版。

[7] 高敏雪、李静萍、许健：《国民经济核算原理与中国实践》，中国人民大学出版社，2007 年版。

[8] 中国景气月报杂志社：数字中国三十年，中国景气月报杂志社，2008 年。

[9] 杨宝明：《论内外需的概念与计算》，对"第八次全国商务统计论文评选"的投稿，2011 年 11 月。

[10] 翟志宏：《全面测量出口对我国经济的作用和影响》，内部讨论稿，2011 年 9 月。

# 关于数字贸易及其测度研究的回顾与建议

## ——基于国内外文献资料的综述①

贾怀勤　刘楠

**摘　要：** 本文在对国外和国内关于数字贸易及其测度的文献检索基础上，归纳它们的主要观点，梳理出该领域的研究现状和进展路径，进而对我国学界深入开展此领域研究和政府参与数字贸易测度国际规范的开发提出建议。

从 20 世纪 90 年代始，人类社会悄然进入了信息时代。尽管美国克林顿政府发起的“信息高速公路”计划受到挫折，但各国信息基础建设和应用开发的步伐都没有停下来。2008 年国际金融危机爆发后，经济数字化更是成为支撑经济全球化发展的首要驱动力。数字贸易作为数字经济的跨境运营业态，近年来有了快速发展。2017 年 11 月 11 日发表的《亚太经合组织第二十五次领导人非正式会议宣言》的第二部分“打造区域经济一体化的新动力”中明确提出：“我们致力于共同挖掘互联网和数字经济潜力”“将考虑采取电子商务、数字贸易等促进互联网和数字经济的行动。”这是多边首脑会议第一次将数字贸易写入会议成果文件。

在这样的背景下，世贸组织在《世界贸易统计评论·2017》书中指出

① 本文发表在《经济统计学》2018 年第 1 期。

国际贸易圈面临“数字贸易测度新挑战”。这个新挑战在于：如何测度数字贸易的总量规模和特征。

笔者对国外和国内关于数字贸易及其测度的文献做了不完全检索，整理主要发现，旨在为我国学界深入开展此领域研究和政府参与数字贸易测度国际规范的研制提供参考。

## 一、国外关于数字贸易及测度的研究

在“数字”领域，国外文献集中在大数据和云计算及其应用的较多，涉及数字经济的很少，直接探讨数字贸易的则更少。美国国际贸易委员会（U.S. International Trade Commission）是唯一对此问题做系统研究的机构。其他机构和个人仅对此有零星表述。由世贸组织和经合组织等国际组织专家共同组成“国际贸易统计机构间工作团队”(The Inter-Agency Task Force on International Trade Statistics — TFITS)，刚启动这方面的研究工作不久。

美国国际贸易委员会于 2013 年 6 月和 2014 年 8 月先后发布研究报告《美国和全球经济中的数字贸易》第一部分和第二部分。第一部分第一章为引言，此后 5 章的题目分别是“美国经济中的数字贸易：数字可提交内容、社交媒体、搜索引擎和其他数字产品与服务”“美国经济中的数字贸易：广义经济中的数字技术使用”“数字贸易相关产业中的国际贸易和投资”“对数字贸易的显著壁垒和障碍”“估算数字贸易对美国经济贡献的可用方法”。第二部分第一章也是引言，此后 6 章的题目分别是“数字贸易与美国商务：国内运营和国际贸易”“数字贸易对美国经济的广义联系和贡献”“国际数字贸易壁垒及其经济影响”“案例研究：数字贸易如何为企业和消费者创造新机会”“案例研究：大数据的兴起”“案例研究：互联网如何为国际贸易提供便利”。第一部分旨在回答概念性问题和方法性问题。第二部分侧重实证研究，对不同问题分别使用统计方法和案例分析法。

值得注意的是，美国贸易委员会也承认当前对数字贸易并不存在一个标准的或者说各方面统一认识的定义。事实上它的两份报告就提出了两个宽窄不同的定义。报告第一部分给数字贸易下的定义是："数字贸易指通过互联网提交产品和服务的美国国内商务和国际贸易。"报告第二部分将数字贸易定义为"在订货、生产或提交产品和服务环节，互联网和基于互联网的技术起到显著作用的美国的国内商务和国际贸易"。报告对数字贸易做出基本分类（见表 1）。

**表 1　美国数字贸易分类**

| 数字内容 | 社会媒介 | 搜索引擎 | 其他产品和服务 |
|---|---|---|---|
| 数字音乐 | 社交网站 | 通用搜索引擎 | 软件服务 |
| 数字游戏 | 用户评论网站 | 专业搜索引擎 | 云计算提供的数据服务 |
| 数字视频 | | | 互联网提供的通信服务 |
| 数字书籍 | | | 云计算的计算平台服务 |

资料来源：美国国际贸易委员会《美国和全球经济中的数字贸易》（第一部分），2013 年 6 月。

美国贸易委员会认识到，对数字贸易之于经济贡献的描述和测度存在着以下几方面的挑战：数字贸易不存在标准定义；互联网技术的广泛使用导致不易对数字贸易与各种经济活动加以区分；现行统计不能提供对数字贸易的良好测度；许多网上服务是免费的，对其服务价值只能大概估算。尽管如此，该委员会还是在数字贸易之于经济贡献的描述和测度方面进行了深入的方法研究和实证研究，尽其所能满足官方（主要是美国参议院）和公众这方面的需求。

美国商务部的立场和主张不同于作为咨询机构的美国国际贸易委员会，它尚未使用数字贸易这个概念。其一，它更关注的是全球信息自由流动（the global free flow of information online）。其二，它使用的是数字可提交服务（digitally-deliverable services）这样的提法，即可以使用数字技术提交的服务。在这个项下，数据涵盖了完全使用数字技术、部分使用数字技术和不使用数字技术提交的服务。它也使用另一个与之同义的提法——数字赋能服务（digitally-enabled services），指在技术上具备了网上提交可能的服务。按此口径，美国 2011 年数字可提交服务出口 3574 万亿美元，占服务出口的 60%，占货物和服务总出口的 17%。同期美国数字可提交服务进口 2219 万亿美元，占服务进口的 56%，占货物和服务总进口的 8%。

乔舒亚·梅尔特泽尔（Joshua Meltzer，2013）[1] 建议“政府应用现有国际贸易规则和规范，辨明何处需要新贸易规则，以便进一步支持互联网和跨境数据流动使之作为国际商务和贸易的驱动力”。

乔斯林·玛德琳（Joscelyn Magdeleine）和安德里亚斯·马瑞尔（Andreas Maurer）（2013）[2] 关注创意设计和文化产品等新型贸易品的贸易方式，既有传统的以货物为载体的贸易，也有通过线上交易的无载体贸易。他们指出“货物与服务的界限越来越模糊，现有的划分方式不足以详细分类相应的新型贸易，有必要更进一步审视怎么运用和完善现有的统计分类”。

2016 年 5 月，英国政府发布了一份关于数字经济的报告。该报告提出的问题是：新技术使得电子商务或更一般的数字贸易影响到生产、国内贸易和国际贸易。国际统计面临的挑战是，找到在国际贸易统计乃至宏观经济核算中刻画这些交易的方法。例如，对数字产品而言，货品和服务的边界何在？关税贸易总协定（GATT）和服务贸易总协定（GATS）是否适用？怎样划分其统计类别？互联网接入技术给国际贸易测度带来了一个新增加的复杂夹层。当测度数字贸易时，对其分类有助于决定对此类活动的统计测度如何开发。

2017 年 3 月，经合组织的一个统计工作小组提交了一份阶段性研究成果《测度数字贸易：走向概念性架构》。该成果并没有给数字贸易下定义，只是定位于讨论国际数字贸易或跨境的数字贸易。正如标题所示，该研究认为要实现对数字贸易的测度，需要先开发出一个关于数字贸易的概念性架构。

这个架构首先是关于跨境电子商务的，将跨境数字贸易视为跨境电子商务的子集。货物贸易久已有之，其分类是根据商品形态、原料和加工工艺，其架构较单纯。服务贸易到 20 世纪 90 年代初才取得与货物贸易并列的地位，2002年《国际服务贸易统计手册》根据1995年生效的《服务贸易总协定》所确立的4种提供方式建立起服务贸易的统计架构。由于电子商务的复杂性，该研究创设了一个包括特质、产品和交易方的三维架构，特质指交易过程中是否为数字订货、是否通过第三方平台、是否数字提交；产品划分为货品、服务和信息三类；交易方分为企业、消费者和政府三方。这三维分别回答如何交易、交易什么和如何提交三个问题。电子商务三维空间中的某些立体模块被视为数字贸易，另一些则不被视为数字贸易。

如果这个概念性架构得到国际组织的认可，则将以此为基础探讨下一步的数据测度方法问题。

## 二、国内对数字贸易及其测度的研究

何其生（2012）[3] 在国内较早地引入了“数字产品贸易”的概念。何文指出：“美国通过自由贸易协定的形式推行其政策立场，设立‘电子商务章’以有别于货物贸易和服务贸易；在跨境服务章采用限制性清单的方法，力争为数字产品贸易提供较大程度的自由化。”何文建议中国“制定完善的数字贸易法律规范，再通过国家谈判的形式承诺对外开放的程度，为我国数字产品的国际贸易创造良好的法律环境”。

李忠民、周维颖（2014）[4] 根据美国国际贸易委员会研究报告《美国和全球经济中的数字贸易》第一部分的内容，较为详细地介绍了美国数字贸易发展态势。他们指出：“从数字贸易概念、特征及其全球发展态势来看，数字贸易不仅是一种新的贸易方式，也是一种新的经济业态，事关经济增长和发展的问题。”他们注意到“数字贸易是在技术进步与制度变迁的互动过程中得到长足发展的”。相对于发达国家，中国面临如下突出问题和挑战：“数字贸易水平低，综合竞争力较弱”“数字贸易规制发展落后、监管不到位，潜在风险不容忽视”“数字贸易支持性要素供给不足，未能形成良好发展环境”。作者针对这些问题提出了对策和建议。

陈靓（2015）[5] 在使用“数字产品”基础上，引入了美国国际贸易委员会“数字贸易”的新概念。陈文重点归纳国际间关于降低数字贸易壁垒实现数字贸易自由化的谈判内容和进展情况，指出这些对中国未来参与数字产品谈判的启示。

王晶（2016）[6] 指出：“发达国家作为数字贸易的先行者和领军者，为走出后危机时代经济长期停滞不前的困境和谋求新动力，在突破数字贸易壁垒，优化数字贸易治理方面持续进行尝试和努力，它们主张从开放、公平、安全以及发展四个方面采取措施对数字贸易进行治理。”王文建议：“我国在数字贸易治理中要处理好两大关系，即开放与安全的关系，发展与公平的关系。既要看到数字贸易发展的潜力，提供数字贸易的自由度，又要结合我国发展中国家的现实，重视数字贸易带来的网络安全、信息安全问题；既要鼓励将数字贸易发展作为政策方向，又要注重发展中营造公平竞争的环境，激发市场主体的活力，确保发展的可持续性。”

李杨、陈寰宇、周念利 (2016)[7] 指出，“美国一直尝试为数字贸易设定一个具有约束力的全球标准”。他们在剖析“美版”规则要点和中美在数字贸易领域主要分歧之后，给中国提出应对建议。

李墨丝 (2017)[8] 注意到“美国在规则制订上占据主导地位”，但其“主张遭到了来自欧盟的巨大阻力，双方就数据本地化和数据跨境流动等相关问题展开了激烈交锋”。李文指出：“中国目前的数字贸易立法和发达国家主导的超大型自由贸易协定的新规则存在很大差距。”李文建议，“中国应当抓住全球贸易规则处于起步阶段的机遇，积极参与双边、区域和多边数字贸易规则的谈判和制订，有效利用国际规则保护网络信息安全，并推动数字贸易快速发展”。

沈玉良、金晓梅 (2017)[9] 使用了“数字产品交易”的提法。他们提出：“随着信息和通信技术的发展，数字产品发展迅猛，国际贸易交易出现了不同于货物贸易和服务贸易的第三种贸易方式，即数字产品交易方式。数字产品对全球价值链的影响是颠覆性的，数字产品通过替代和嵌入两种手段直接导致了国际贸易利益的创新分配。”他们认为：“以数字产品交易为核心的国际贸易规则将成为21世纪的主要贸易规则。因此中国参与数字产品贸易规则的制订不仅是规则权争夺问题，更重要的是能否实现全球价值链的跃升战略。”

于立新、何梦婷(2017)[10]提出数字贸易的三要素：首先是以数字交换技术为手段，通过互联网传输；其次是以数字化数据信息为贸易标的；最后是数字贸易提供的内容既包括数字产品，也包括数字服务。他们指出：当下，互联网正在与零售、娱乐、出版、休闲、金融、卫生、教育等越来越多的行业深度融合，诸如云计算正在改变信息通信服务的提供方式，改变经济中大多数商品和服务的生产和支付方式，这种深度融合不仅丰富了数字贸易的内涵，而且扩展了数字贸易的范围。他们建议国家加快数字经济发展，促进服务产业数字化均衡发展，加快数字经济相关立法进程，加大数字信息化人才培养力度，积极参与数字贸易国际规则构建。

中国政府对“文化贸易”有单独的分类和政策，文化贸易既包括货物贸易，也包括服务贸易，其中蕴含着数字贸易。商务部将文化贸易分为4大类29项。

**表2　中国文化贸易的分类**

| 新闻出版类 | 广播影视类 | 文化艺术类 | 综合服务 |
|---|---|---|---|
| 期刊数据库服务 | 电影 | 演艺及相关服务 | 游戏 |
| 电子书籍 | 电视 | 商业艺术展览 | 动漫 |
| 传统出版物 | 中外合作制作电影、电视节目服务 | 艺术品创作及相关服务 | 境外文化机构的设立、并购和合作 |
| 出版单位版权交易 | 广播电视节目境外落地的集成和播出服务 | 工艺美术品创意设计及相关服务 | 网络文化服务 |
| 出版单位境外合作出版 | 广播影视对外工程承包服务 | 文化休闲娱乐服务 | 专业文化产品的设计、调试等相关服务 |

续　表

| 新闻出版类 | 广播影视类 | 文化艺术类 | 综合服务 |
|---|---|---|---|
| 版权输出入代理服务 | 广播影视对外设计、咨询、勘察、监理服务 | | 文化产品数字制作及相关服务 |
| 新闻传播产品营销服务 | | | 创意设计服务 |
| 印刷服务 | | | 节目模式出口 |
| | | | 文化产品的对外翻译制作服务 |
| | | | 文化相关会展服务 |

资料来源：中华人民共和国商务部：《中国文化贸易统计 2012》，中国商务出版社，2012 年版。

## 三、关于国内外对数字贸易文献的概括和评论

### （一）关于数字贸易的定义和概念

各文献一致认为尚未有关于普遍接受的数字贸易的标准定义。

美国国际贸易委员会先后拿出两个定义。2013 年报告的关键表述有三个：一是关于提交方式，须通过互联网提交；二是关于交易标的，包括产品和服务；三是关于交易境域：既指美国国内商务，也指国际贸易。该委员会 2014 年报告将数字贸易的概念加宽，使之包含网上订货而实体生产的有形货品，有数字对应形态的纸印书籍和硬拷贝的软件、音乐、电影和光盘。

几乎所有国内文献都援引美国国际贸易委员会 2013 年报告所下的定义。经合组织并未给数字贸易下定义，也未对美国国际贸易委员会的定义进行评论。但是从其统计工作小组提交文件的文字内容可以判定：首先，它只关注跨境的数字贸易；其次，它强调必须是数字提交，实质上是遵循美国国际贸易委员会的 2013 年定义。

本文作者支持以美国国际贸易委员会的 2013 年定义为研究出发点，

研究目的是对跨境数字贸易的测度方法，并且支持经合组织方面的概念性架构研究路径。

### （二）国际数字贸易还是数据的国际流动？

如果说作为咨询机构的美国国际贸易委员会在数字贸易问题上开展了较为全面的研究的话，商务部更偏重于关注数据的跨境自由流动。它代表美国政府，在对外谈判中力促数据流动自由化。而欧盟则更多地关注网络和数据安全问题。中国政府应该采用数字贸易的提法，一方面积极推进数字贸易，另一方面也要维护网络安全和数据安全。

### （三）文化创意与数字贸易

乔斯林·玛德琳和安德里亚斯·马瑞尔文章所讨论的贸易标的只相当于美国国际贸易委员会报告的第一类数字内容。这类贸易较早兴起，但后三类发展态势迅猛，绝不可忽视。中国在统计上尚无数字贸易分类，其文化贸易包括了传统的实体货物（例如纸版书籍和广电设施建筑服务），也含有数字产品和服务。且其在分类上带有明显的行政部门烙印（原来的广电总局、新闻出版总局和文化部烙印），这是因为数据的采集基于行政管理系统。

### （四）国内文献的内容分析、研究者背景分析和发表期刊分析

从文献内容看，没有任何国内文献讨论数字贸易的测度方法，它们关注的都是数字贸易的规则及其国际治理。从文献作者工作地看，以上海为主，北京和其他地方很少。背后的原因可能是：上海自贸区建立较早，服务贸易包括数字贸易相对发达，因此站在开放前沿地带的上海学者对此问题感受深、认识早、迫切性强。作者的学术背景多为法学，他们自然是从法律和贸易规制方面切入开展研究。学者鲜有经济统计学背景，因此对数字贸易测度问题不敏感。

从文献的发表期刊等次看，多属非核心类。这是因为近些年来经济类核心期刊越来越强调数据型实证研究，没有模型和数据实证的研究成果很

少见诸其上。而数字贸易的研究仅是开始，连测度方法都尚未解决，要对之使用系统的数据进行实证研究根本不具备条件。

测度与数据是制约数字贸易发展及其研究的瓶颈。总体来看，在这个问题上，无论是从商务主管部门还是学术界来说，国内的认识还没跟上去。

## 四、开展深入研究数字贸易及其测度的建议

十九大报告提出建设“数字中国”和“拓展对外贸易，培育贸易新业态新模式，推进贸易强国建设”。数字贸易为我们建设数字中国和拓展对外贸易提供了极好的机遇，必须紧紧抓住，实现我国对外贸易品类拓展和质的提升。

推进数字贸易，关键在于业界和政界对此有明确的认识和迫切的企望。为此，需要深入开展对数字贸易的学术研究和对策研究。

### （一）对学术研究的建议

从数字贸易规则和数字贸易测度两个角度开展研究，特别是要改变目前规则（相对）热、测度（绝对）冷的研究状态。

测度方法是对事物状况进行定量描述和实证的前提。就数字贸易而言，当下重要的是开发测度方法。学术刊物应该对这方面的研究成果的发表给予重视。

### （二）对政府有关方面的建议

政府主管部门要组织数字贸易对策研究小组开展研究。一方面是对国际组织和美国就数字贸易测度方法和制度的开发进行跟踪研究；另一方面是整合国内对电子商务统计、服务贸易统计等商务统计资源开展中国自己的数字贸易统计方法和制度研究。

鉴于问题的复杂性，对策研究小组的组成应该是跨部门的（跨部委和跨部内各司），并吸收高校和研究机构的专家。

政府主管部门应与开展此项研究的国际组织保持专门联系，使中国在数字贸易测度方法和制度的国际开发行动中保有参与权和影响力。

## 参考文献

[1] Joshua Meltzer：互联网、跨境数据流动与国际贸易，《技术创新问题 (Issues in Technology Innovation)》2013 年 2 月。作者是美国布鲁金斯学会全球经济与发展会员。

[2] 乔斯林·玛德琳（Joscelyn Magdeleine）、安德里亚斯·马瑞尔（Andreas Maurer）：数字创意中的贸易带来的挑战（Understanding trade in digital ideas —— what are the statistical challenges?）。作者在世贸组织秘书处工作。

[3] 何其生："美国自由贸易协定中数字产品贸易的规制研究"，《河南财经政法大学学报》2012 年第 5 期。作者工作单位是武汉大学法学院。

[4] 李忠民、周维颖："美国数字贸易发展态势及我国的对策思考"，《全球化》2014 年第 11 期。作者工作单位是海关总署。

[5] 陈靓："数字贸易自由化的国际谈判进展及其对中国的启示"，《上海对外经贸大学学报》2015 年第 5 期。作者工作单位是上海 WTO 事务咨询中心。

[6] 王晶："发达国家数字贸易治理经验及启示"，《开放导报》2016 年第 2 期。作者就读于中国社会科学院研究生院。

[7] 李杨、陈寰宇、周念利："数字贸易规则'美式模板'对中国的挑战及应对"，《国际贸易》2016 年第 10 期。作者工作单位是对外经济贸易大学 WTO 研究院。

[8] 李墨丝："超大型自由贸易协定中数字贸易规则及谈判的新趋势"，《上海对外经贸大学学报》2017 年第 1 期。作者工作单位是上海对外经贸大学国际经贸研究所。

[9] 沈玉良、金晓梅："数字产品、全球价值链与国际贸易规则"，《上

海师范大学学报（哲学社会科学版）》2017 年第 1 期。作者工作单位是上海社会科学院世界经济研究所。

[10] 于立新、何梦婷："数字贸易发展与中国面临的挑战"，《世界知识》2017 年第 16 期。作者工作单位分别是中国服务贸易协会和武夷学院。

[11] 中华人民共和国商务部：《中国文化贸易统计 2012》，中国商务出版社，2012 年版。

# 引入存量调查改进外商直接投资统计的思路①

许晓娟　刘立新

**提　要：**在借鉴国际上相关的统计标准、结合中国利用外资实践、梳理中国外商投资统计体系的基础上，本文提出了引入存量调查改进中国外商直接投资统计的思路——与《中国国际投资头寸表》按资产负债原则编制的直接投资负债形成互补，依托存量调查，采用方向原则，提供按境外投资者和实际控制人分别统计的中国双边内向直接投资存量。按照该思路实施的“中国外商投资存量调查”将丰富中国外商直接投资统计的数据资料。

## 一、引言

外商直接投资（FDI）建立了境外资本与境内生产之间的长期联系，因此，其对东道国经济的影响不能仅用当期的流量来衡量[1]（高敏雪，刘晓静，2009）。随着引进外资历史的延长，当期流量状况与存量状况的差异会越来越大，这不仅仅是因为历次外商直接投资流量不断累积。国际货币基金组织（IMF）（2009）发布的《国际收支与国际投资头寸手册（第

① 本文发表在《统计研究》2018 年第 1 期，于 2020 年获商务部商务发展研究成果奖（2019 年）论文类优秀奖。本文是商务部委托课题“我国外资存量年度专项调查方案研究”的研究成果，并获得教育部人文社会科学研究项目“中国海外上市公司 VIE 结构的统计测度问题研究”（16YJC910006）资助。作者感谢商务部外资司和匿名评审人提供的意见。

六版）》（BPM6）和经济合作与发展组织（OECD）（2008）发布的《外国直接投资基准定义（第 4 版）》（BD4）指出，由于股份估值、汇率、分类变化等非交易因素的影响，外商直接投资存量有着外商直接投资流量累计值不能反映的丰富内涵（IMF，2009[2]；OECD，2008[3]）。正因为如此，外国直接投资存量统计是外国直接投资统计的重要组成部分。

国家统计局出版的历年《中国统计年鉴》所发布的外国直接投资有多个指标，合同利用外资和实际使用外资由商务部提供；外商投资企业年底注册登记的企业数、投资总额和注册资本由国家工商行政管理总局提供；工业、建筑业等行业外商投资和港澳台商投资企业的资产、负债和所有者权益由国家统计局提供；中国国际收支平衡表由国家外汇管理局提供[4]。此外，国家外汇管理局网站还公布了中国国际投资头寸表，其中包含直接投资负债头寸[5]。为了提供这些数据，各部门内部又涉及错综复杂的统计制度和数据采集方法，包括商务部牵头的《外商投资统计制度》① 和“全国外商投资企业年度投资经营信息联合报告”② 等；国家外汇管理局牵头的《国际收支统计申报办法》③ 等；国家统计局的工业企业调查、建筑业企业调查、经济普查等[1]。尽管这些政府部门都采集或者发布相关统计数，但是，这些数据都无法就外商直接投资存量提供完整的认识。

首先，投资总额和注册资本不能代表外商直接投资存量，而外商投资企业的所有者权益不足以估算外商直接投资存量总量，更无法用于计算按投资者来源地分组的外商直接投资存量。高敏雪和刘晓静（2009）曾讨论

① 《外商投资统计制度》是经国家统计局批准，商务部编制的政府部门统计调查项目。1984 年发布了中国《利用外资统计制度》，并于 1987、1996、2003、2005 年分别对该制度进行了修订；2005 年商务部和国家统计局以 IMF《国际收支手册（第五版）》BOP5 为依据，建立了《外商投资统计制度》，替代了原有的《利用外资统计制度》。此后，陆续修订形成了 2008、2011、2013、2015、2016、2017 年版本。

② 外商投资企业年度经营信息联合报告，是由商务部、财政部、国家税务总局、国家统计局和国家外汇管理局共同参与，从 2011 年起利用互联网系统，使企业报送年检资料，年检机关在网上对企业报送的年检数据进行审核，并通过网络告知企业年检结果。目前公开发布了 2013 年以来的数据。

③ 《国际收支统计申报办法》和《国际收支统计申报办法实施细则》由国家外汇管理局发布，有 1995 版和 2013 版。

了统计外商直接投资存量的方法，并指出按投资总额估算的结果与国家外汇管理局公布的直接投资负债之间存在较大差别，而利用第一次经济普查数据测算的中国外商直接投资存量则与国家外汇管理局直接投资负债存量差别不大[1]。由于国家工商行政管理局和国家统计局的相关调查并不以外商直接投资为目标，因而无法为此提供充足的基础数据。

其次，历年实际使用外资的累计值不能代表外商直接投资存量，OECD（2008）指出，直接投资流量的累计值是一个关于外商直接投资存量的糟糕的代理变量[3]。

最后，中国国际投资头寸表提供的“直接投资负债”是目前关于中国外商直接投资存量最具有国际可比性的统计指标。但是，中国国际投资头寸表仅提供总量数据，没有按来源国和行业分组。不仅如此，IMF（2009）制定的 BPM6 强调以资产负债原则为基础编制外商直接投资[2]（IMF，2009），而资产负债原则并不是外商直接投资统计的唯一方法，经济合作与发展组织（OECD）（2008）发布的《外国直接投资基准定义（第4版）》（简称 BD4）特别强调以方向原则为基础，编制外商直接投资的分组统计数据，作为资产负债原则外商直接投资总量统计数据的补充[3]。

如何改进中国外商直接投资统计体系中外商直接投资存量统计不系统不完整的问题？一方面，外商直接投资存量不是杂乱无章的调查指标，而是一系列具有系统性的统计核算指标，需要对国际通行的外商直接投资统计规范文件进行梳理，确立符合国际规范的外商直接投资存量统计框架，提高外商直接投资存量数据的国际可比性，并能够说明与相关指标的区别和联系，确保外商直接投资存量统计的系统性。另一方面，需要明确现有的调查指标在哪些方面无法满足外商直接投资存量统计框架的要求，如何从调查表进行改进，获得可供外商直接投资存量核算使用的基础数据，确保完整计算外商直接投资存量的可行性。本文的研究目标，正是在完成上述两方面工作的基础上，设计引入存量调查，对外商直接投资存量进行统计核算的方法。

## 二、外商直接投资存量统计的关键问题

改进外商直接投资统计需要理解其中的几个关键问题。首先，中国国际投资头寸表已经提供了直接投资负债存量的数据，为什么说外商直接投资存量数据不够完整？其次，实际使用外资的历年累计值为什么不能代表外商直接投资存量？最后，应该如何对外商直接投资存量的来源地进行分组？回答这些问题，需要了解现行国际统计规范对这些关键问题提供的解决方案。

### （一）资产负债原则与方向原则下外商直接投资统计框架的不同设计

外商直接投资的测度是政府统计所面临的全球化挑战之一。联合国欧洲经济委员会“全球化对国民经济核算的影响”工作组（2011）将外商直接投资与进出口等指标一起列为最受全球化影响的核算指标[6]。目前国际上用来指导各国进行直接投资统计，影响力较高的统计规范有两个：一是 IMF（2009）制定的 BPM6，各国通常按照 BPM6 所规定的资产负债原则编制《中国国际投资头寸表》，其中包括直接投资负债和资产[2]。二是 OECD（2008）制定的 BD4。BD4 明确指出，复杂的投融资关系使得以资产负债原则为基础的 FDI 统计数据高估了一国 FDI 的实际规模，并歪曲了一国 FDI 的实际伙伴国[3]。为此，BD4 中设计了一套 FDI 概念体系和方法框架，按资产负债原则编制 FDI 资产和负债总量，作为直接投资统计的主要数据，与此同时，按方向原则，编制内向 FDI（IFDI，也称外商直接投资）和外向 FDI（OFDI，也称对外直接投资），提供按行业和来源国编制的直接投资分组统计数据，作为直接投资统计的补充[3]。

资产负债原则与方向原则采用相同的概念体系，所不同的是，核算外商直接投资时，对反向投资的处理不同。从相同的方面来看，第一，直接投资统计中包括股权和债权两种金融工具；第二，直接投资统计中考虑直

接投资者与直接投资企业、直接投资企业与直接投资者以及成员企业三种直接投资关系；第三，考虑所调查的直接投资企业或者直接投资者应当记录的项目或者交易是资产方还是负债方[3]（OECD，2008）。这样，三个维度为直接投资统计设计了12(即: 2×3×2)个统计项目,其中资产方6个(参见表1中的A1–A6)，负债方6个（参见表1中的L1–L6）。

**表1 外商直接投资与直接投资资产和负债的关系**

<table>
<tr><th>直接投资资产</th><th>直接投资负债</th><th>外商直接投资</th></tr>
<tr><td>A1：境内直接投资者在境外直接投资企业的股权</td><td>L1：境外直接投资者在境内直接投资企业的股权</td><td rowspan="3">股权<br>L1：境外直接投资者在境内直接投资企业的股权<br>– A3：境内直接投资企业对境外直接投资者的反向（股权）投资<br>L5.1：对国外成员企业的股权负债(如果最终控制人是居民)</td></tr>
<tr><td>A2：境内直接投资者在境外直接投资企业的债权</td><td>L2：境外直接投资者在境内直接投资企业的债权</td></tr>
<tr><td>A3：境内直接投资企业对境外直接投资者的反向（股权）投资</td><td>L3：境外直接投资企业对境内直接投资者的反向（股权）投资</td></tr>
<tr><td>A4：境内直接投资企业对境外直接投资者的债权</td><td>L4：境外直接投资企业对境内直接投资者的债权</td><td rowspan="3">股权<br>– A5.2：在国外成员企业的股权资产(如果最终控制人是非居民)<br>债权<br>L2：境外直接投资者在境内直接投资企业的债权<br>– A4：境内直接投资企业对境外直接投资者的债权<br>L6.1：对国外成员企业的债权负债(如果最终控制人是居民)<br>– A6.2：在国外成员企业的债权资产(如果最终控制人是非居民)</td></tr>
<tr><td>A5：在国外成员企业的股权资产<br>A5.1：如果最终控制人是居民<br>A5.2：如果最终控制人是非居民</td><td>L5：对国外成员企业的股权负债<br>L5.1：如果最终控制人是居民<br>L5.2：如果最终控制人是非居民</td></tr>
<tr><td>A6：在国外成员企业的债权资产<br>A6.1：如果最终控制人是居民<br>A6.2：如果最终控制人是非居民</td><td>L6：对国外成员企业的债权负债<br>L6.1：如果最终控制人是居民<br>L6.2：如果最终控制人是非居民</td></tr>
</table>

注：根据OECD（2008）[3]表4.1和表4.2整理形成。

从不同的方面来看，核算直接投资负债与核算内向直接投资（或者外商直接投资）的方法是不同。资产负债原则下，直接投资负债不仅包括境外直接投资者在境内直接投资企业的股权和债权，还包括境外直接投资企业对境内直接投资者的反向股权投资和债权[3]（OECD，2008）。

直接投资负债 =L1+L2+L3+L4+L5+L6　　　（1）

方向原则下，外商直接投资不但不包括境外直接投资企业对境内直接投资者的反向股权投资和债权，还要将境内直接投资企业对境外直接投资者的反向股权投资和债权进行扣除[3]（OECD，2008）。

外商直接投资 =L1–A3+L5.1–A5.2+L2–A4+L6.1–A6.2　　　（2）

按照 BD4，直接投资负债存量与内向直接投资存量是两个存在内在一致性的 FDI 指标，但是二者并不相等。在方向原则下，由于观察的对象聚焦在境内的外商直接投资企业，因此，既涉及资产方，也涉及负债方，直接投资负债存量高于内向直接投资存量，高出的主要部分是境内直接投资企业对境外直接投资者的反向股权投资和债权，以及境外直接投资企业对境内直接投资者的反向股权投资和债权[3]（OECD，2008）。具体关系如表 1 所示。

直接投资负债 – 外商直接投资

=A3+A4+A5.2+A6.2+L3+L4+L5.2+L6.2　　　（3）

中国国际投资头寸表依据 BPM6，以资产负债原则为基础，提供中国直接投资负债和资产。而没有机构提供按方向原则编制的外商直接投资存量。正是因为外商直接投资统计核算的两种方法既有联系又有区别，使得人们可以更全面地认识外商直接投资现象。鉴于此，改进中国外商直接投资统计，可以考虑编制按方向原则的外商直接投资。

### （二）外商直接投资存量与流量的关系

外商直接投资流量仅仅是产生存量变动的一部分原因，如果其他因素影响较大，流量的累加与存量就会产生较大的差别。美国商务部经济分析局（BEA）公布的《国际经济账户：概念与方法》指出，两个不同的参考日期之间外商直接投资存量的差异来源是多方面的，包括交易因素和非交易因素，其中，交易因素包括股权资本的获得或处置、未分配红利形成的收益再投资、公司间债务；非交易因素包括价格变化或汇率变化引起的持有资产损益、罚没和分类变化等引起的物量变化[7]（Pritzker，Doms，Moyer，2014）。外商直接投资流量一般仅仅反映了股权资本的获得、收益再投资和公司间债务等交易因素引起的外商直接投资存量变化，不能反映非交易因素引起的存量变化。

BD4 为 FDI 统计设计了三类账户：FDI 存量、FDI 金融交易和 FDI 收入。根据 BD4 的定义，直接投资存量是指某个给定的参考日期，按照股权或债权工具分类，一个经济体从境外获得直接投资的总存量信息或者对境外直接投资的总存量信息；直接投资金融交易是指在给定的参考期内，按照股权或债权工具分类，一个经济体常住单位与非常住单位之间发生的直接投资交易；直接投资收入提供有关直接投资者和直接投资企业收益的信息，包括因股权所产生的红利，以及因债权所产生的利息（OECD，2008[3]；许晓娟和智冬晓，2014[8]）。因此，与直接投资存量不同，直接投资金融交易和收入属于直接投资流量。

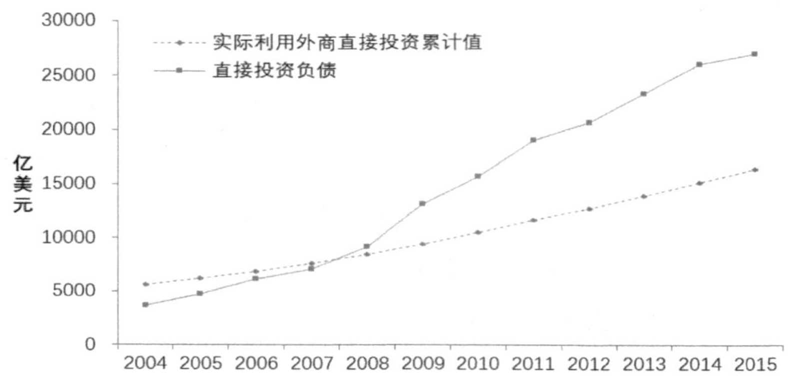


**图 1　2004—2015 年直接投资负债与流量累计值**

注：累计值利用 1983—2015 年的数据累加得到，数据来源于国家统计局数据库，负债数据来源于《中国国际投资头寸表》。

从中国外商直接投资的总量上看，商务部编制的实际利用外商直接投资属于流量指标，仅涉及股权资本的获得，国家外汇管理局编制的直接投资负债为观察外商直接投资存量提供了一个参照，实际利用外商直接投资累计值与直接投资负债之间的差异来源不仅包括价格和汇率等非交易因素，还包括收益再投资、公司间债权债务和撤资等交易因素。2004—2007年之间，实际利用外商直接投资累计值高于直接投资负债，而2008年之后，实际利用外商直接投资累计值低于直接投资负债，并且缺口越来越大（如图1所示）。可以看出，随着中国利用外资历史的推移，外资企业收益再投资、并购重组、破产清算、撤资、借贷、价格变化、汇率变化、分类等因素对我国外商直接投资存量的变化影响程度在加深，影响FDI存量变化的诸多角力因素在2008年后发生了较大的变化，新增股权资本的比重逐渐降低。鉴于此，要反映中国外商直接投资的规模，需要对外商直接投资存量进行统计。

### （三）直接投资者与实际控制人的来源地

BD4、BPM6和联合国的《国民账户体系2008》（SNA2008）都提到，如果投资者采用多重所有权链条进行直接投资，那么直接投资者和实际控制人就会不同，直接投资者很可能被其他法律实体控制，并不是直接投资企业的实际控制人。如果直接投资者与实际控制人分别为不同国家的常住单位，那么，按照境外投资者统计的双边内向FDI就不能反映实际的双边关系（IMF，2009[2]；OECD，2008[3]；联合国等，2012[9]）。

按照方向原则，针对内向直接投资，美国商务部经济分析局统计了按实际控制人和按境外投资者国别分组的直接投资存量，而针对外向直接投资，仅统计了按境外投资者国别分组的直接投资存量，没有按实际控制人国别分组[10]（Quijano，1990）。从美国的经验来看，2010—2016年，中国对美国的直接投资存量，按实际控制人的FDI存量远远高于按境外投资者统计的FDI存量，按实际控制人的FDI存量，仅在2013年出现了短暂的下滑（如图2所示）。香港对美国的直接投资存量也有类似的规律，仅在 2012 年发生短暂的变化。这说明按实际控制人与按直接投资者来源地观察双边的外商直接投资，结果存在较大的差别。中国由于缺乏相应数据，不仅按实际控制人国别分组的直接投资存量的情况未知，按境外投资者国别分组的直接投资存量情况也未知。

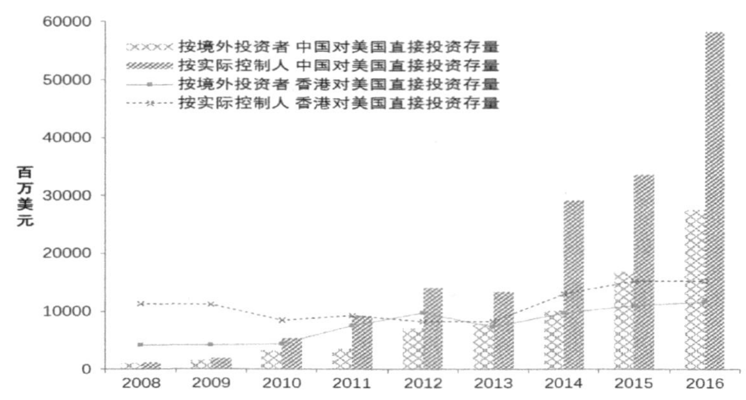


**图 2　不同方法下中国对美国与香港对美国直接投资存量**

注：数据来源于美国商务部经济分析局网站。

正是因为直接投资者与实际控制人可能不同，BD4 提出了按照直接投资者和按照实际控制人两种分组方法进行的外商直接投资统计。那么如何计算实际控制人对外商直接投资企业的投票权比例？为此，BD4 提出了“直接投资关系架构”。首先，与 SNA2008 和 BPM6 保持一致，根据直接投资者在直接投资企业的投票权比例，将直接投资关系区分为两类：一类是控制关系，涵盖直接投资者在直接投资企业的投票权比例超过 50%，这类外商直接投资企业被称为“子公司”；一类是影响关系，涵盖直接投资者在直接投资企业的投票权比例在 10% ~ 50% 之间的直接投资关系，这类外商直接投资企业被称为“联营公司”。其次，提出了识别实际控制人的原则。如果境外投资者没有被另一个个人或实体控制 50% 以上股权，那么这个境外投资者就是实际控制人；如果境外投资者由另一个个人或实体控制 50% 以上股权，那么它不是最终实际控制人，需要进一步追溯该投资者的实际控制人。最后，设计了直接控制、直接影响、间接控制、间接影响、联合控制和联合影响以及成员企业七类直接投资关系（OECD，2008[3]；许晓娟和智冬晓，2014[8]）。“直接投资关系架构”制定了所有权传导的认定方法，解决了实际控制人对外商直接投资企业投票权比例的测度操作化问题。

考虑到资产负债原则适用于统计直接投资的总量，而方向原则适用于统计按直接投资者来源国和按实际控制人来源国分组的直接投资，因此，改进中国外商直接投资统计，需要补充编制按直接投资者来源国和按实际控制人来源国分组的内向直接投资存量，包括股权和债权。

## 三、引入存量调查解决中国外商投资统计所遇到的问题

以往商务部“全国外商投资企业年度经营信息联合报告”（简称联合年报）没有要求填报外商投资企业与其每个境外投资者的股权和债权关系，因而无法获得按境外投资者或实际控制人国别分组的外商直接投资存量的基础数据。2015 年，商务部开始启动我国外资存量年度专项调查的准备工作，从可行性的角度考虑，商务部决定将存量调查追加到联合年报系统，调查的企业名录由企业登记注册前在商务部审批或备案，以及变更等行政登记记录所形成的企业名录库进行整体调入，企业通过登录联合年报的网络平台进行填报，调查问题以统计报表的形式追加在联合年报申报表后面，在进行联合年报的同时，填报存量调查表。按照商务部所确定的调查方法，将方向原则设计的外商直接投资存量统计框架落实到中国，还需要解决如下问题：第一，依法设立的法律实体是否符合外商直接投资企业的范畴，也就是从调查对象到统计对象的问题；第二，如何设计调查表，使得所采集的数据经过后期的加工，可以计算出按行业、按地区、按直接投资者来源地和实际控制人来源地分组的直接投资存量？这就需要将调查的统计概念与调查表所采用的企业财务报表科目等变量进行对接。

### （一）从调查对象到统计对象

#### 1. 作为法律实体的调查对象是否属于统计对象

经商务部或各级商务主管部门审批或备案的外商投资企业是依法设立的法律实体，这些法律实体的定义可以从相应的法律条款中找到具体的表述。从统计对象的角度，国家统计局（2011）制定的《关于划分企业登记注册类型的规定》[11]，商务部和国家统计局（2017）制定的《外商投资统计制度》[12]都设计了外商投资企业的类型。这些概念与 BPM6 和 BD4 等国际规范所定义的外商直接投资企业存在一定的差别，BPM6 和 BD4 均规定直接投资者持有外商直接投资企业 10% 及以上投票权，是判断直接投资关系的依据（IMF，2009[2]；OECD，2008[3]）。依法设立的法律实体、相关统计制度规定的中国外商投资企业与国际统计规范规定的外商直接投资企业，是三个不同层次的概念。为了使外商直接投资存量具有国际可比性，引入存量调查，就需要辨析这些作为调查对象的法律实体是否属于统计对象。

①作为法律实体的调查对象。从相关法律的梳理来看，外商投资企业作为法律实体，可以是法人或非法人，可以是公司制或非公司制，可以是公司、分公司、子公司或者代表机构①，BD4 规定外商直接投资企业可以是公司制法人、非公司制法人，也可以是非法人（OECD，2008）[3]。可见，上述类型的企业法律形式并不影响其是否属于统计对象。相关统计制度正是以这些调查对象为统计口径，形成了外商投资企业的统计口径。

②从法律实体到统计对象。有的法律实体全部属于外商直接投资企业的范畴，但有的则不符合，比如独资企业、合作企业、股份公司应该都属

① 合资企业、独资企业和股份公司都是公司制法人，合作企业可以是公司制法人，也可以是非法人，合伙企业是非公司制企业，合作开发可以是分公司、子公司或者代表机构。这些法律实体的定义和形式可以从如下法律文件中找到具体表述：《中外合资经营企业法》《中外合资经营企业法实施条例》《中外合作经营企业法》《中外合作经营企业法实施细则》《外资企业法》《外资企业法实施细则》《关于设立外商投资股份有限公司若干问题的暂行规定》《外国企业或者个人在中国境内设立合伙企业管理办法》《对外合作开采陆上石油资源条例》《外国企业或者个人在中国境内设立合伙企业管理办法》。

于外商直接投企业的范畴。因为相关的股权比例都超过了 10% 的阈值，而合资企业在 2014 年之后，取消了股权比例的规定，所以，有可能包含股权比例低于 10% 的外商投资企业，需要在后续核算中进行剔除。

另外，对于投资者来自香港、澳门和台湾的情况①，统计上将这些投资者作为境外投资者处理，正因为如此，一般将港澳台投资企业归为外商投资企业。

2. 境内再投资

外商投资企业境内再投资有三类法律实体是专门从事境内投资的外商投资企业②，2015 年商务部发布的《自由贸易试验区外商投资备案管理办法（试行）》中规定，外商投资的投资性公司、创业投资企业、股权投资企业等在自贸试验区投资，视同境外投资者（商务部，2015）[13]。这样，这三类企业既是外商投资企业，也可以作为境外投资者，具有双重身份。

由于外商投资企业可以在中国境内再投资，因此，经商务部批准或备案的外商投资企业名录不仅包含了直接由境外投资者在中国境内设立的各类企业，还包括一部分中国境内外商投资企业在中国境内再投资所设立的各类企业，需要在调查内容的设计和后续的存量统计核算中进行处理。

### （二）从调查项目到统计项目

正是因为资产负债原则和方向原则统计目标不同，按照 BD4 方向原则进行内向直接投资分组统计[3]，与国家外管局 (2015)《直接投资外汇业务操作指引》中的“境内直接投资外方权益统计表”[14] 存在一定的差异。需要按照境外投资者进行调查，特别是对多个境外投资者的情况，调查内容

① 依据 1990 年《国务院关于鼓励华侨和香港、澳门同胞投资的规定》、1999 年颁布的《中华人民共和国台湾同胞投资保护法实施细则》，香港、澳门和台湾投资者在中国大陆境内投资基本参照境外投资者的相关法律。

② 参见 1995 年《关于外商投资举办投资性公司的规定》，2003 年《外商投资创业企业管理规定》，以及各级地方政府部门发布的《关于支持股权投资企业发展的若干意见》和《股权投资业发展实施办法》等文件的具体定义。

将随境外投资者个数增加而增加①。

1. 境外投资者与实际控制人的国别

境外投资者可以是机构或者个人，因此，境外投资者的来源地可以用注册地或国籍进行调查。境外投资者是否是实际控制人，需要了解境外投资者是否被另一个法律实体控制，如果境外投资者没有被另一个个人或实体控制 50% 以上股权，那么这个境外投资者就是实际控制人。如果境外投资者由另一个个人或实体控制 50% 以上股权，那么它不是最终实际控制人，需要进一步追溯该投资者的实际控制人，据此调查实际控制人的注册地或国籍（OECD，2008）[3]。

2. 境外投资者在外商直接投资企业的股权投资

如何度量境外投资者在外商直接投资企业的股权投资？第一，注册资本不能代表境外投资者在外商直接投资企业的股权投资。《公司法（2005 年修订版）》对有限责任公司和股份有限公司注册资本的认缴额和认缴期限进行了规定；《公司法（2013 年修订版）》则进一步将注册资本的实缴制改为了认缴制，取消了注册资本缴纳比例和时间等内容[15]。因此，注册资本的认缴额与投资者的实际出资并不必然保持一致，注册资本相当于实收资本的上限值。第二，由于我国《公司法》同股同权的规定[15]，投资者认缴注册资本的比例、在实收资本中的比例、所有者权益中的比例，应该是相同的。因此，通过调查某个境外投资者在外商投资企业中的股权比例，就可以获得分配所有者权益的权重。第三，根据财政部制定的企业会计准则，实收资本、资本公积、盈余公积、未分配利润和其他权益是所有者权益的构成项，都是企业资产负债表中的科目[16]。归属于境外投资者的所有者权益比较全面地代表境外投资者在外商直接投资企业的股权投资金额，可以用所有者权益与境外投资者的股权比例相乘而得。

① 由于调查表设计过程中对成员企业处理的争议较大，最后调查中舍弃了关于成员企业的调查内容。

#### 3. 外商直接投资企业对境外投资者的反向股权投资

按照 BD4，反向（股权）投资是指外商直接投资企业对境外投资者的股权投资，并且股权比例不足 10%（OECD，2008）[3]。为了获得反向投资的统计数据，需要对外商投资企业在境外投资者的股权投资金额和股权投资比例进行统计，两者的乘积代表了外商直接投资企业对境外投资者的反向投资。方向原则下，反向投资应该从内向直接投资中进行扣除。

#### 4. 债权债务

BD4 提出与直接投资相关的金融工具包括股权、存款、债权证券、贷款、关联企业的商业信贷和其他应收应付账款，其中，存款包括储蓄存款、定期存款、本币和外币可转让存款和不可转让存款；债权证券包括非参与优先股、债券、公司债券、商业票据、本票和其他非股本证券；贷款是当某个债权人通过某种不打算交易的工具直接借资金给某个债务人时创造的金融资产，包括所有的贷款和预付款、融资租赁和回购协议；商业信贷反映日常商业过程中由货物和服务的供应商或购买者进行的短期信贷，也就是应收应付款；其他应收应付账款，包括涉及非生产资产交换的预付款和延期付款（OECD，2008）[3]。以 BD4 的规定为基础，结合我国的会计制度，外商投资企业对境外投资者的债务包括应付债券、短期借款、应付票据、应付账款、预收款项、应付利息、应付股利、其他应付款、长期借款、长期应付款、其他债务[16]。外商投资企业对境外投资者的债权包括存款、债券投资、应收票据、应收账款、预付款项、应收利息、应收股利、其他应收款、长期应收款和其他债权[16]。

### （三）外商投资存量统计核算方法

#### 1. 外商投资存量核算的构成项

不考虑成员企业关系，外商投资存量统计核算的方法就简化为：

$$外商投资存量=L1-A3+L2-A4 \tag{4}$$

根据调查表的项目，其中，L1 代表境外投资者在外商投资企业股权投资，或称归属外方投资者的所有者权益，由股权比例乘以所有者权益计算而得[3,15,16]。A3 代表外商直接投资企业对境外投资者的反向投资，由外商直接投资企业对境外投资者的股权投资金额与股权比例相乘而得，其中股权比例在 0 ~ 10% 之间有效[3,15,16]。L2 代表境外投资者在外商投资企业的债权投资，包括应付债券等[3,15,16]。A4 代表外商投资企业在境外投资者的债权投资，包括存款、债券投资等[3,15,16]。

2. 对股权比例的分组

考虑到调查对象的覆盖范围与统计对象的差别，在外商投资存量统计中，按照境外投资者的股权比例，将调查对象分为四种统计类型：第一种是外商投资企业，涵盖所有有效样本；第二种是外商直接投资企业，涵盖股权比例等于或大于 10% 的外商投资企业；第三种是外商直接投资企业中的子公司，涵盖股权比例大于 50% 的外商投资企业；第四种是外商直接投资企业中的联营公司，涵盖股权比例大于或等于 10% 并且小于或等于 50% 的外商投资企业[2,3,9]。

3. 按境外投资者来源地的分组

对境外投资者来源国进行分组时，将外商投资企业分为两种类别：第一种，境外投资者来自中国大陆境外，这种类型的样本境外投资者来源地按填报的境外投资者国籍或注册地进行统计。第二种，投资者是中国境内设立的投资性公司等三类从事境内再投资的外商投资企业，按照所填报的境外投资者名称与名录库中的名称进行匹配，将匹配的外商直接投资企业境外投资者国籍或注册地赋值给这类样本，作为其境外投资者来源地。

4. 按实际控制人来源地的分组

按实际控制人来源地分组，考虑直接、间接和联合控股三种情况，需要按实际控制人合并每个外商直接投资企业的外方投资者股权比例，实际控制人合计持有外商投资企业股权比例大于 50% 并且小于或等于 100% 的外商投资关系，都将计入按实际控制人来源地分组的外商直接投资存量。考虑到境内再投资的现象，如果实际控制人注册在中国，核算中通过二者名称进行匹配，其来源地记为其作为中国境内实际控制人的实际控制人来源地。

## 四、总结

引入存量调查改进中国外商投资统计是完善我国外商投资统计体系的重要工作。一方面，国际上关于外商直接投资的统计标准提供了重要的概念框架指导；另一方面，我国外商投资统计已经建立起规范的数据采集渠道。因此，弥合国际标准与中国统计实务之间的差距，就可以推进中国外商投资统计发展的步伐。对外经济贸易大学“我国外资存量年度专项调查方案研究”课题组与商务部合作完成的“中国外商投资存量调查表”已经被正式采用，相关单位于2016年通过商务部“全国外商投资企业年度运营情况网上联合申报”系统填报调查表。本文为如何建立包含存量的FDI统计，如何设计“中国外商投资存量调查表”，以及如何从存量调查数据核算外商直接投资存量提供了思路和方法论指导。

外商直接投资统计是政府统计面对的全球化挑战之一，从企业层面改进数据采集的方法，以期改进外商直接投资统计，是应对全球化挑战的一种尝试。从方法设计的角度，中国外商直接投资统计方法还有可以改进的方面，比如：还需要针对存在债权关系而没有股权关系的成员企业进行调查；对企业集团，需要对集团成员的财务报表和集团的合并报表分别进行调查，设计相应的统计核算方法；等等。从实践效果的角度，引入存量调查后，中国外商直接投资统计的数据质量尚需观察。中国外商投资统计体系的完善仍然是一个需要进一步研究和实践的重要议题。

## 参考文献

[1] 高敏雪、刘晓静：“官方统计不同来源的验证与衔接——以中国FDI统计为例”，《统计研究》2009年第9期。

[2] IMF. Balance of Payments and International Investment Position Manual[M]. Sixth Edition(BPM6). Washington，D.C.： International Monetary Fund，2009，77、108.

[3] OECD. OECD Benchmark Definition of Foreign Direct Investment[M]. Fourth Edition. OECD，2008：28、56、63、210.

[4] 国家统计局：《中国统计年鉴2015》，中国统计出版社，2015年版。

[5] 国家外汇管理局，中国国际投资头寸表 .

http：//www.safe.gov.cn/wps/portal/sy/tjsj_tzctb，2017-09-28.

[6] United Nations Economic Commission for Europe. The Impact of Globalization on National Accounts. New York and Geneva： United Nations，2011：2.

[7] Penny Pritzker，Mark Doms，Brian C. Moyer. U.S. International Economic Accounts： Concepts and Methods. BEA ，2014，11-7.

[8] 许晓娟、智冬晓："中国IFDI统计现状分析与评价"，《统计研究》2014年第1期。

[9] 联合国等：《2008国民账户体系》，中国国家统计局国民经济核算司和中国人民大学国民经济核算研究所译，中国统计出版社，2012年版。

[10] Alicia M. Quijano，A Guide to BEA Statistics on Foreign Direct Investment in the United States. Survey of current business，1990(2)：29-37.

[11] 国家统计局：关于划分企业登记注册类型的规定 .

http：//www.stats.gov.cn/tjsj/tjbz/200610/t20061018_8657.html ,2011-11.

[12] 商务部和国家统计局：外商投资统计制度 .

http：//wzs.mofcom.gov.cn/article/n/201707/20170702618035.shtml，2017-06.

[13] 商务部：自由贸易试验区外商投资备案管理办法（试行）.

http：//wzs.mofcom.gov.cn/article/n/201504/20150400946303.shtml，2015-04-20.

[14] 国家外汇管理局：直接投资外汇业务操作指引 .

http：//www.safe.gov.cn/resources/image/661cc080477822c6853fa73b4795588d/1425109812370.pdf?MOD=AJPERES&name= 直接投资外汇业务操作指引 .pdf，2015-2-28.

[15] 全国人民代表大会常务委员会：中华人民共和国公司法 .

http：//www.scio.gov.cn/ztk/xwfb/2014/31596/tjsj31607/Document/1450774/1450774.htm，2014-03-01.

[16] 财政部会计司：企业会计准则第 30 号——财务报表列报 .

http：//kjs.mof.gov.cn/zhuantilanmu/kuaijizhuanzeshishi/200806/t20080618_46218.html，2014-07.

# 数字贸易指数研究与电子商务多边规则谈判的导向吻合①

贾怀勤

**摘　要：** 本文主要分析了欧洲国际政治经济中心编制的数字贸易指数与中国上海研发团队编制的数字贸易指数的异同，提出了完善相关指数的具体建议。本文还分析了两套指数与世贸组织有关成员电子商务营商环境测试的关系。

本文所说电子商务多边规则谈判指 2019 年 1 月 25 日 28 个世贸组织成员联合声明（一・二五声明），提出的将要开展的关于电子商务国际规则的谈判。预期谈判中美国将以非实体货物的电子商务规则为导向，并力图凭借其在数字贸易方面的优势，订立以数字自由流动为主诉求的，高标准的规则。中国等发展中国家将首要关注实体货物的电子商务规则订立，在非实体货物的电子商务规则上强调发展与有差别的原则。

本文所说数字贸易指数研究指由欧洲一家机构和中国一家机构分别研究开发的测度数字贸易营商环境的综合指数。此欧洲机构的测度是对各经济体数字贸易营商环境的静态描述，凸显发达经济体数字贸易的自由程度和中国等发展中经济体数字贸易的不自由程度。而中国机构从发展的角度对各经济体的数字贸易的基础条件和营商环境进行测度，主张通过国际合

① 本文写于 2019 年 5 月。

作促进发展中国家的数字贸易。

上述这两套指数的研究导向与电子商务多边规则的谈判导向高度吻合。因此，对这两套指数给予更多的关注，有助于中国谈判者对谈判议题及其背景的更深入把握。

## 一、两套数字贸易指数

这两套不同的刻画全球各经济体数字贸易技术、市场和法制环境的综合指数分别是：《数字贸易限制指数》（Digital Trade Restrictiveness Index — DTRI）和《全球数字贸易促进指数》。前者体现以美国为首的西方国家高标准、整齐划一的理念，由一家名为“欧洲国际政治经济中心”的非官方机构编制，于 2018 年 4 月发布。后者体现共同发展理念，由上海“国际贸易投资新规则与自贸实验区建设团队”开发[①] 。

### （一）数字贸易限制指数

《数字贸易限制指数》（简称“限制指数 /CI”）基于 64 个经济体的 100 多项指标，包括 4 大领域：(A) 财政限制和市场准入；(B) 企业开办限制；(C) 数字限制；(D) 贸易限制。每个领域由若干个章组成，总共 13 章。该指数作为逆指标，从 0 到 100，100 代表限制性最强，0 代表限制性最弱即开放性最强。根据这套指数测度结果，中国、俄罗斯、印度、印尼和越南属于限制性最强的经济体，而在这 5 国当中，中国尤为突出，限制性指数高达 0.7，远高于得分在 0.4—0.5 之间的其余 4 个经济体。在测度尺的另一端，是限制性最低的 5 个经济体：新西兰、冰岛、挪威、爱尔兰和香港，其指数值在 0.1 左右。其他发达经济体和部分发展中经济体则居两者之间。

限制指数采用的数据大多来自机构合作方的问卷调研数据和内部渠道获取的指标数据，并未公开其数据采集方式和原始数据，部分数据的来源

① 国际贸易投资新规则与自贸实验区建设团队：《全球数字贸易促进指数》，立信会计出版社，2019 年版。

和透明度存在疑问。譬如税收和补贴数据部分源自较大的专业服务和咨询公司，公共采购数据部分源自企业联合会、网站搜索，对外投资数据部分源自咨询报告和持股人反馈，竞争政策数据来源私人方面的评论。还有一些数据直接来自美国贸易代表办公室对各经济体的评估。数据政策数据部分源自公司博客和商务报告，对云计算和社交媒体管理数据主要来源于产业专家。这不能不使人对它的可靠性产生疑问。

需要指出，除了指数编制方法和数据来源问题外，限制指数编制者公开挑战中国的主权和领土完整，将中国领土不可分割部分的香港和台湾地区，与其他经济体并列，统称为 64 个“国家”。

### （二）全球数字贸易促进指数

《全球数字贸易促进指数》分为三部分，第一部分“数字贸易：基本特征和发展趋势”，包括第一章“数字技术是否影响国际贸易”和第二章“全球数字贸易与跨境数字传输”。第二部分“全球数字贸易发展指数（2018）”，包括第三章“全球数字贸易发展指数框架和权重设计”，第四章“全球数字贸易发展指数排名及分析”及附录一“指标说明与数据来源”。第三部分“推进全球数字贸易发展”，包括第五章“数字基础设施的全球合作”，第六章“促进数字贸易的多边合作”和第七章“促进全球贸易的能力合作”。第一部分是认识问题的基础，第二部分是该报告的核心，第三部分是在第二部分之上提出的主张和建议。

#### 1. 研究方法的科学性

《全球数字贸易促进指数》（简称“促进指数 /PI”）从促进全球数字贸易的目标出发，在研究的侧重点上强调发展的正面导向，在研究的设计和执行上严格遵循科学的研究方法。

在研究导向上，限制指数只是聚焦于各经济体的数字贸易管制政策，将之量化；而促进指数着眼和立足于数字贸易的发展，对各经济体的内外环境、基础和发展潜力进行刻画和比较，并提出建设性意见。诚然发展中经济体存在对数字贸易诸多政策限制，但也可能有其他基础条件的优势。

这样一方面有助于为开展数字贸易的微观主体提供更为全面的参考，另一方面也有利于这些经济体意识到不足，有利于选择改进路径。

在研究方法上，限制指数大量采用机构合作方的调研问卷数据和内部渠道数据，而促进指数全部采用权威国际组织公开发表的数据，并根据经济学和政策含义赋权。

2. 研究的发现

报告披露，全球数字贸易发展水平按总指数排列，居前三位是芬兰（0.93）、卢森堡（0.9）和瑞士（0.93），后面跟着挪威、荷兰、美国、丹麦、韩国、英国和日本。以上构成前十名。其他发达国家也较为靠前。主要新兴经济体中，俄罗斯表现最佳（0.54），位列 39 名，其次是南非（0.49）和中国（0.49），并列第 51 位。印度相对较差（0.35），位列第 64 名。少数非洲国家表现不俗，如肯尼亚（0.55）列第 38 位，摩洛哥（0.53）列第 44 位，塞内加尔（0.51）列第 46 位。

3. 政策性建议

报告指出，推动全球数字贸易的发展，需要从数字基础设施国际合作、数字贸易的多边合作以及加快各国在数字贸易方面的能力建设等方面展开。数字贸易设施是数字贸易的基础，但数字基础设施投资周期长，特别是欠发达地区的数字基础设施还存在投资收益低的特点。这就需要通过各国之间的投资合作，进一步扩大投资开发等措施，加快推进与数字贸易相关的基础设施建设。 数字贸易的性质决定了多边层面合作更有利于数字贸易的发展。现有 WTO 服务贸易总协定已经难以适应现代数字技术下企业特别是中小企业对数字贸易规则的需求，各成员方需要通过谈判取得早期收获。

报告指出，各国在数字贸易方面存在着国际竞争力和国内规则上的明显不同，体现在适用范围、个人信息保护的程度和跨境数据传输的限制程度等方面的差异。各成员方需要在数字贸易自由化、数字保护和国家跨境数据流动安全之间寻找平衡。

报告主张：更多反映发展中国家的诉求。应寻求开放和保护之间的平衡，特别是考虑发展中国家数字贸易相关的国内监管制度薄弱等问题，给予发展中国家更长的过渡期并设置专门适用于发展中国家的例外条款。

报告具体建议：允许数据跨境自由流动受制于服务贸易总协定第14条例外条款，以及服从严格限制的国家安全例外规定。数字管制包括三个方面：一是不允许跨境数据传输，二是允许跨境数据传输但要求数据在当地存储，三是计算设备的位置要求。这些问题不是简单的解除管制那么简单，会涉及敏感行业，因而需要通过谈判形成跨境流动新规则。各成员在政治制度、经济发展阶段、互联网基础设施和互联网技术等领域有巨大的差异，因而涉及数字贸易领域应该有一般例外，在服务贸易总协定的一般例外和安全例外的基础上根据数字贸易的特点进行细化，使规则具有可执行性。

## 二、两套指数对世贸组织有关成员电子商务营商环境的测度

本文的分析要使用三份名单：一是“一·二五声明”签署方的名单，共28个世贸组织成员（其中欧盟代表现有28个联盟成员）；二是《数字贸易限制指数》所针对经济体的名单；三是《全球数字贸易促进指数》所针对经济体的名单。

经查对，三者之间的覆盖关系是：

签署“一·二五声明”的28个世贸组织成员（其中欧盟代表现有28个联盟成员）都在《数字贸易限制指数》的名单内，因此可以找到这些经济体的限制指数；

《全球数字贸易促进指数》不以欧盟为经济体进行研究，也不针对巴西、阿根廷、尼日利亚、巴拉圭、哥斯达黎加、奥地利、马耳他、中国台湾和中国香港。因此上述10个经济体的促进指数不具备（not available，缩写成n.a.）。

如果要分析两套指数的关联，只能针对名单的交集。

《全球数字贸易促进指数》所涵盖的巴林王国、文莱达鲁萨兰国、萨尔瓦多、格鲁吉亚、洪都拉斯、冰岛、哈萨克斯坦、科威特国、老挝人民民主共和国、列支敦士登、摩尔多瓦共和国、蒙古国、黑山、缅甸、尼加拉瓜、卡塔尔、前南马其顿、乌克兰、阿拉伯联合酋长国、阿尔巴尼亚、乌拉圭21个成员不属于“一・二五声明”签字方。

### （一）限制指数的分析

签署“一・二五声明”的28个世贸组织成员的CP指数列于表1。

中国CI高达0.70，在统计学上是一个极端值，应该单独讨论。其余27个，在0.11和0.46之间，极差是0.35，以0.23为中位数。本文参照原报告精神将28个声明签署方分为4个层次：中国、俄罗斯和巴西指数CI ≥ 0.40，属于强限制层次；阿根廷、土耳其、泰国、马来西亚和韩国指数0.40<CI ≤ 0.30，属于次强限制层次；尼日利亚、墨西哥、美国、中国台湾、澳大利亚、加拿大、瑞士、欧盟、巴拉圭和哥伦比亚指数0.30<CI ≤ 0.20，属于比较自由层次；日本、智利、秘鲁、新加坡、哥斯达黎加、中国香港、挪威、巴拿马和以色列指数CI<0.20，属于自由层次。

欧盟的28个成员（英国尚未完成退欧法律程序，仍然是其成员）的限制指数在0.13和0.36之间，极差是0.23，以0.21为中位数。仍然按着对表1数据的划分标准，欧盟三大国德国、意大利和法国属于次强限制层次，芬兰、丹麦、比利时、波兰、斯洛伐克、匈牙利、希腊、西班牙和罗马尼亚属于比较自由层次，其余属于自由层次。

**表1　签署联合声明28个成员的限制指数**

| 成员 | CI 指数 | 成员 | CI 指数 |
|---|---|---|---|
| 中国 | 0.70 | 瑞士 | 0.22 |
| 俄罗斯联邦 | 0.46 | 欧盟 | 0.21 |
| 巴西 | 0.40 | 巴拉圭 | 0.21 |
| 阿根廷 | 0.38 | 哥伦比亚 | 0.20 |

续　表

| 成员 | CI 指数 | 成员 | CI 指数 |
|---|---|---|---|
| 土耳其 | 0.38 | 日本 | 0.18 |
| 泰国 | 0.35 | 新西兰 | 0.17 |
| 马来西亚 | 0.34 | 智利 | 0.15 |
| 韩国 | 0.31 | 秘鲁 | 0.15 |
| 尼日利亚 | 0.29 | 新加坡 | 0.15 |
| 墨西哥 | 0.27 | 哥斯达黎加 | 0.14 |
| 美国 | 0.26 | 中国香港 | 0.13 |
| 中国台湾 | 0.25 | 挪威 | 0.13 |
| 澳大利亚 | 0.23 | 巴拿马 | 0.13 |
| 加拿大 | 0.23 | 以色列 | 0.11 |

**表 2　欧盟 28 个成员的限制指数**

| 成员 | CI 指数 | 成员 | CI 指数 |
|---|---|---|---|
| 法国 | 0.36 | 马耳他 | 0.16 |
| 德国 | 0.33 | 塞浦路斯 | 0.18 |
| 意大利 | 0.34 | 波兰 | 0.22 |
| 荷兰 | 0.17 | 匈牙利 | 0.23 |
| 比利时 | 0.22 | 捷克 | 0.18 |
| 卢森堡 | 0.17 | 斯洛伐克 | 0.23 |
| 丹麦 | 0.22 | 斯洛文尼亚 | 0.18 |
| 爱尔兰 | 0.13 | 爱沙尼亚 | 0.18 |
| 希腊 | 0.24 | 拉脱维亚 | 0.17 |
| 葡萄牙 | 0.19 | 立陶宛 | 0.17 |
| 西班牙 | 0.26 | 罗马尼亚 | 0.27 |
| 奥地利 | 0.19 | 保加利亚 | 0.2 |

续 表

| 成员 | CI 指数 | 成员 | CI 指数 |
|---|---|---|---|
| 瑞典 | 0.2 | 克罗地亚 | 0.19 |
| 芬兰 | 0.22 | 英国 | 0.19 |

## （二）促进指数的分析

因为《全球数字贸易促进指数》不针对欧盟进行研究；也没有对巴西、阿根廷、尼日利亚、巴拉圭、哥斯达黎加、奥地利、马耳他、中国台湾和中国香港采集数据；也不针对马耳他和奥地利，因此表 3 和表 4 中上述经济体的 CP 指数处于 n.a. 状态。

**表 3　签署联合声明 28 个成员的促进指数**

| 成员 | CP 指数 | 成员 | CP 指数 |
|---|---|---|---|
| 中国 | 0.49 | 瑞士 | 0.93 |
| 俄罗斯联邦 | 0.54 | 欧盟 | n.a. |
| 巴西 | n.a. | 巴拉圭 | n.a. |
| 阿根廷 | n.a. | 哥伦比亚 | 0.26 |
| 土耳其 | 0.51 | 日本 | 0.88 |
| 泰国 | 0.63 | 新西兰 | 0.85 |
| 马来西亚 | 0.60 | 智利 | 0.51 |
| 韩国 | 0.89 | 秘鲁 | 0.42 |
| 尼日利亚 | n.a. | 新加坡 | 0.77 |
| 墨西哥 | 0.48 | 哥斯达黎加 | n.a. |
| 美国 | 0.90 | 中国香港 | n.a. |
| 中国台湾 | n.a. | 挪威 | 0.92 |
| 澳大利亚 | 0.71 | 巴拿马 | 0.27 |
| 加拿大 | 0.66 | 以色列 | 0.63 |

表 4　欧盟 28 个成员的促进指数

| 成员 | CP 指数 | 成员 | CP 指数 |
| --- | --- | --- | --- |
| 法国 | 0.81 | 马耳他 | — |
| 德国 | 0.87 | 塞浦路斯 | 0.39 |
| 意大利 | 0.67 | 波兰 | 0.57 |
| 荷兰 | 0.92 | 匈牙利 | 0.38 |
| 比利时 | 0.83 | 捷克 | 0.75 |
| 卢森堡 | 0.94 | 斯洛伐克 | 0.71 |
| 丹麦 | 0.90 | 斯洛文尼亚 | 0.61 |
| 爱尔兰 | 0.81 | 爱沙尼亚 | 0.73 |
| 希腊 | 0.61 | 拉脱维亚 | 0.63 |
| 葡萄牙 | 0.73 | 立陶宛 | 0.72 |
| 西班牙 | 0.73 | 罗马尼亚 | 0.61 |
| 奥地利 | — | 保加利亚 | 0.48 |
| 瑞典 | 0.80 | 克罗地亚 | 0.52 |
| 芬兰 | 0.94 | 英国 | 0.89 |

《全球数字贸易促进指数》不是简单地根据促进指数排序，而是用促进指数的 4 个分指数数据对其研究的 74 个经济体进行聚类分析，得到 4 类：处于领先阶段的有 12 个，处于成熟阶段的有 12 个，处于发展阶段的有 39 个，处于起步阶段的有 11 个。签署联合声明 28 个成员中日本、新西兰、挪威、韩国、瑞士和美国处于领先阶段，澳大利亚和新加坡处于成熟阶段，加拿大、智利、中国、以色列、墨西哥、秘鲁、俄罗斯、泰国、马来西亚和土耳其处于发展阶段，哥伦比亚和巴拿马处于起步阶段。欧盟 28 个成员中丹麦、芬兰、德国、卢森堡、荷兰和英国处于领先阶段，比利时、捷克、爱沙尼亚、法国、爱尔兰、立陶宛、葡萄牙、斯洛伐克、西班牙和瑞典处于成熟阶段，保加利亚、罗马尼亚、克罗地亚、塞浦路斯、希腊、匈牙利、意大利、拉

脱维亚、波兰和斯洛文尼亚处于发展阶段，马耳他和奥地利不在促进指数名单上。

### （三）两指数的关联分析

将表 1 和表 3 数据合并，去除不具数据匹配的成员，得到一组限制指数和促进指数完全匹配的联合声明签字成员数据。对之做散点图（见图 1），发现两者无有关联关系。通过计算发现，两个指数的相关系数和秩相关系数，都不具统计显著意义。对欧盟成员的两个指数进行图形分析和相关分析，也有同样的结论。这表明两份报告产生的指数是相互独立的，不具关联性。

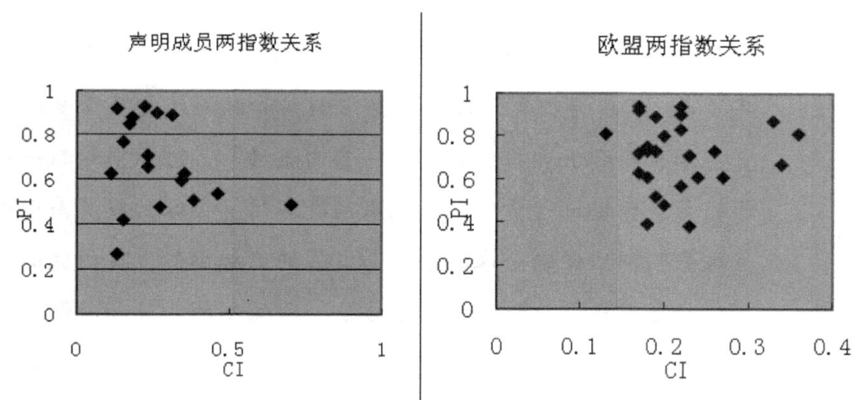


**图 1　联合声明签字成员两指数散点图　图 2　欧盟 28 成员两指数散点图**

限制指数和促进指数之间不具关联性，是由于它们的开发方法所决定的，这方面的差别本文第一节已经交代清楚。见于促进指数的发展导向和研究方法更具科学性，本文更为推崇《全球数字贸易促进指数》所做的各经济体数字贸易营商环境测度和它提出的政策性建议。

# 数字贸易的概念、营商环境评估与规则[①]

贾怀勤

**摘　要**：本文首先厘清数字贸易的定义，然后对评估数字贸易营商环境的中外三份报告给予介评：美国国际贸易委员会 2017 年《全球数字贸易 1：市场机会与外国贸易限制》和欧洲某智库《全球数字贸易限制指数》力推所谓“数字自由流动”，对中国等新兴经济体的营商环境进行责难；而上海某智库的《全球数字贸易促进指数报告》则从促进全球数字贸易发展的目标出发，在研究的设计和执行上严格遵循科学的研究方法，所编制的指数和所做分析更能客观地描述发展中国家数字贸易的发展状况。文章最后对中国参与数字贸易国际规则制定博弈提出四点建议。

近年来，国内对数字贸易的关注逐渐多了起来，提出了一些有价值的看法，但也存在一些有歧义的认识。笔者认为要评说数字贸易的有关问题，就得厘清其概念，概念的宽窄直接影响对相关问题的认识；对各国数字贸易营商环境的评估又是与各国参与国际规则制定的博弈直接有关。本文试图把这三方面串起来理出一个比较清晰的认识，进而对我国参与数字贸易国际规则的制定提出建议。

---

① 本文发表在《国际贸易》2019 年第 9 期。

## 一、数字贸易概念的界定

### （一）数字贸易概念：本初定义与扩延定义

美国国际贸易委员会（USITC）最先提出数字贸易概念并为之定义。中国国内关于数字贸易的研究，往往都引述 USITC 研究报告的定义。而 USITC 在 2013 年、2014 年和 2017 年先后提出了三份研究报告，其关于数字贸易定义经历了窄—宽—窄的两度变化。这是我们开展数字贸易研究所必须要注意的。

2013 年 7 月，USITC 发布《美国和全球经济中的数字贸易，第一部分》（简称“13 版报告”），第一次提出了数字贸易的定义，称“数字贸易指通过互联网提交产品和服务的美国国内商务和国际贸易”。它强调必须具备网上提交这一要件，从而排除了实体货品。此为数字贸易的本初定义。

2014 年 8 月，USITC 发布《美国和全球经济中的数字贸易，第二部分》（简称“14 版报告”），将数字贸易定义为“在订货、生产或提交产品和服务环节互联网和基于互联网的技术起到显著作用的美国的国内商务和国际贸易”。这一定义对“订货”“生产”和“提交”使用“或”连接，这就意味着只要具备网上订货这一要件，就属于数字贸易范畴。相较于 13 版报告确立的本初定义，这是一条扩延的数字贸易定义。

2017 年 8 月，USITC 发布的《全球数字贸易 1：市场机会与外国贸易限制》（简称“17 版报告”）将数字贸易定义为“任何产业内公司通过互联网提交的产品和服务”。这意味着 USITC 从扩延的数字贸易定义退回到其本初定义。

如何看待 USITC 关于数字贸易涵盖范畴的窄—宽—窄变化？首先可以理解为随着时间的演进，其认识经历了反复。更重要的是，USITC 所要对待的问题不同。前面两份报告主要讲的是数字贸易在美国经济中的地位和作用，美国对全球数字贸易的参与，当然也有一定的篇幅讲到国际市场竞争，比如 2013 版报告有一章（第五章）专题讲述“值得注意的壁垒和对数字贸易的障碍”，2014 版报告有一章（第四章）专题讲述“国际数字贸易壁垒及其经济影响”，但都是一般论述，不是针对具体国家的指责。17 版报告全面地描述了美国在数字贸易全球市场上各个子领域面临的竞争态势，并列举了它认为应该重点关注的竞争对手的种种作为，它直接为美国数字贸易的全球竞争提供态势分析和应对建议。美国对数字内容和数字服务的跨境流动重视程度远甚于跨境电商货物交易，它的竞争优势和重点在于前者而非后者。因此，它还是采纳了数字贸易的本初定义，即排除了跨境电商货物交易。

### （二）数字贸易概念的宽与窄及其与电子商务的关系

数字贸易的概念与电子商务有所交叉，因此也可以从两者关系来看数字贸易概念的界定。

电子商务概念可以参考两个国际组织文献。2011 年联合国经社理事会《全球化对国民核算的影响》第 13 章“电子商务”阐发了跨境电子商务统计概念，并提出了电子商务产品与电子商务服务的分类建议。基本内容是，将电子商务活动分为两大类：①线上提交订单，线上交付；②线上提交订单，线下交付。2010 年《国际服务贸易统计手册》第三章 M. 电子商务一节指出：电子商务是通过因特网或其他中介网络等电子途径订购 / 或提供产品的一种方法。原则上讲，通过电子方式提供产品的属于服务类别，通过电子方式订购货物以及跨境供应货物，基本上属于货物类别（属于服务范畴的产品除外，例如，通过固定期限使用许可证而非改变经济所有权方式获取的软件产品）。以上两个文件关于跨境电商的概念，其内涵是一致的，这代表着国际社会的统一意见。它们明确指出了两点。首先是划分了电子商务与传统商务的分野，通过线上订货的交易属于前者，否则属于后者；然后是明确指出电子商务的交易标的既可以是货物，也可以是服务。

中国商务部颁行的《电子商务统计指标体系》，在其“第 1 部分总体”将电子商务定义为：通过电子形式进行的商务活动，具体指经济活动主体之间利用现代信息技术基于计算机网络（含互联网、移动网络和其他信息网络）开展商务活动，实现网上接洽、签约、交易等关键商务活动环节的部分或全部电子化，包括货物交易、服务交易等。但是在实际执行和业务报告中，往往只针对跨境电子商务的货物交易。

若依照扩延定义，数字贸易涵盖了电子商务；若依照本初定义，数字贸易仅涵盖电子商务的在线提供服务。

尽管国内对数字贸易的定义有诸多不同，但是可以依赞同 USITC 的本初定义或其扩延定义划分为两组。持后一种观念的学者，以马述忠（2018）① 和来有为（2019）② 为代表。只不过马述忠赋予数字贸易更高的时代价值，称“数字贸易是（跨境）电子商务未来发展的更高目标”。前一种观念的代表者如周念利（2017）③ 。

### （三）用经合组织跨境电商概念性架构诠释数字贸易概念之宽窄

关于数字贸易概念的范畴，还可以从经合组织方面得到启发。2017 年 3 月，经合组织的一个课题组提交了一份阶段性研究成果《测度数字贸易：走向概念性架构》④ 。该成果并没有直接给数字贸易下定义，而是通过一个三维框架来探讨跨境电子商务中哪些交易属于数字贸易。

这个框架的第一维是交易标的划分，即课题组所说的商品类别，它在第一稿中将交易标的分为货品（G）、服务（S）和信息（I）。第二维是交易环节，课题组称为特质（nature），分为是否数字订货（digitally ordered），是否通过第三方平台（platform enabled）和是否数字交付（digitally delivered），这三者是“或”的关系。第三维是买方和卖方的身份关系，即 B2B、B2C 和 C2C 等。

① 马述忠、房超、梁银峰：“数字贸易及其时代价值与研究展望”，《国际贸易问题》2018 年第 10 期。

② 来有为、宋秀芳：“数字贸易国际规则制定：现状与建议”，《国际贸易》2018 年第 12 期。

③ 周念利、陈寰琦：“数字贸易规则的谈判与制订：中国 vs 美国”，《世界知识》2017 年第 16 期。

④ OECD Statistical team. Measuring digitalTrade：Towards a Conceptual Framework，2017 年 3 月，自 WTO 官网下载。

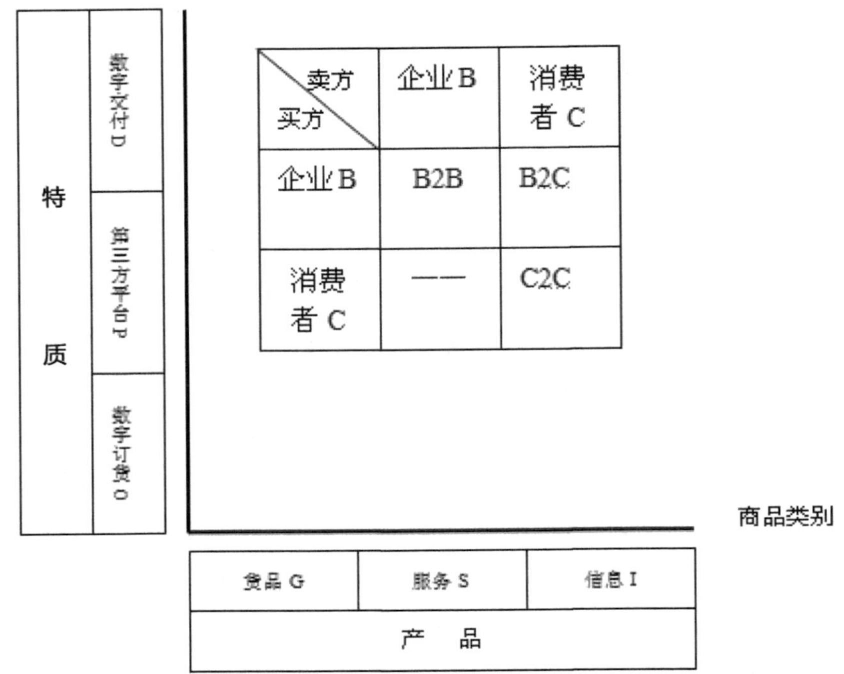


**图 1　经合组织课题组对跨境电子商务的三维分类**

该课题组还提供了跨境电商三维示例。

例一：A 国企业通过网店或 EDI 线上购买 B 国供应商的货品，例如产品组件。

例二：A 国消费者通过网店或 EDI 线上购买 B 国供应商的货品用于最终消费，例如衣服。

例三：A 国企业通过设在 A 或 B 或其他国家的第三方平台（例如 eBay）购买 B 国供应商的货品，例如办公家具。

例四：A 国消费者通过设在 A 或 B 或其他国家的第三方平台（例如亚马逊）购买 B 国供应商的货品作最终消费用，例如书籍。

例五：A 国消费者通过设在 A 或 B 或其他国家的在线平台从 B 国消费

者手里购买二手货。

例六：A 国企业在线购买 B 国供应商的服务，实态提交，例如运输服务。

例七：A 国消费者在线购买 B 国供应商的服务，实态提交，例如预定旅馆。

例八：A 国企业通过设在 A 或 B 或其他国家的第三方平台（例如 eBay）购买 B 国供应商的服务，实态提交，例如标准化保养和维修服务。

例九：A 国消费者提供第三方平台（优步）购买 B 国供应商的服务，实态提交，例如出游共享汽车。

例十：A 国企业在线购买 B 国供应商的服务，数字提交，例如标准化保养和维修服务。

例十一：A 国消费者（用户）在线购买 B 国供应商（数据公司）的服务，数字提交，例如用户在线付费、查询数据。

例十二：A 国企业通过设在 A 或 B 或其他国家的第三方平台购买 B 国供应商的服务，数字提交，例如公司 LOGO 设计。

例十三：A 国消费者通过设在 A 或 B 或其他国家的第三方平台购买 B 国供应商的服务，数字提交，例如音乐流。

例十四：A 国企业线下订购 B 国供应商的服务，数字提交，例如特定咨询服务，BPO 服务。

例十五：A 国消费者线下订购 B 国供应商的服务，数字提交，例如在线讲课。

例十六：A 国消费者通过设在 A 或 B 或其他国家的第三方平台（AirBnB）购买 B 国供应商提供的服务，实态提交，例如共享食宿。

以上 16 例，其订购都是线上实现或通过第三方平台，都属于数字贸易扩延定义的范畴。但是按本初定义，需要审视其交易标的和提交方式，可以归纳为 3 种情况：例一至例五，交易标的是实体货物，不能在线提交，不属于数字贸易；例六至例九和例十六，虽然交易标的是服务，但却是实态提交，也不属于数字贸易；只有例十至例十五属于数字贸易。该课题组的第二稿将信息和服务合并统称服务，但这并不能改变只有例十至例十五属于数字贸易的结论。

因为数字贸易的两组概念各有其道理，不能判定孰对孰错。只能根据具体情况选择采用哪种概念。首先是数字贸易适用于现有何种国际贸易规则。如果取扩延定义，交易标的包括货物和服务，货物部分适用关税贸易总协定（GATT），服务贸易部分适用服务贸易总协定（GATS），处理起来比较复杂；如果取本初定义，则只适用服务贸易总协定（GATS）。数字贸易具有虚拟化和可复制性等特点，贸易方式隐蔽复杂，监管难度大，使得现有世贸的货物贸易关税规则难以对其产生效力，而如果将其列入服务领域，又将面临各国严苛的市场准入壁垒。

## 二、以发展的眼光对待和评估各国数字贸易营商环境

### （一）17 版报告尤为关注砖隘异的数字贸易营商环境

17 版报告将巴西、中国、印度、印度尼西亚、俄罗斯和欧盟称为美国数字贸易的主要市场（major markets），对它们极为关注，把很大精力放在盯住这些国家和超国家联盟实行阻碍数字贸易的规章和政策措施的“劣迹”上，几乎每章最后对它们的“不良表现”都有记述。全书还专门辟有第八章集中“揭露”它们“影响数字贸易的规章和政策措施”，其篇幅占到附录以外的 327 页的 18%。

17 版报告还专门给巴西、中国、印度、印度尼西亚、俄罗斯和欧盟冠以 BRICIE 的称呼，它与其他数十个缩写和首字母缩略词在 17 版报告的最前面。但是绝大多数缩写和首字母缩略词都是专业术语，如“人工智能”（artificial intelligence，AI）和“可下载内容”（downloadable content，DLC）等；少数是机构名，如“欧洲中央银行”（European Central Bank，ECB）和“美国农业部”（US Department of Agriculture，USDA），而这些词也都是其他出版物使用过的。唯独这个缩略词是该报告创制的新词，可见作者用意之深。为了使读者不忽视 17 版报告的“美意”，本文将之译

为砖隘异[①]。

17 版报告把砖隘异称为它在国际市场上需要认真对待的关键国家（key countries）。该报告把砖隘异所实行的阻碍数字贸易的规章和政策措施分为 6 种：数据保护和隐私（包括数据本地化）、电脑网络安全、知识产权、审查、市场准入和投资。前 4 种是数字贸易独有的，后 2 种是国际贸易共有的。17 版报告说美国企业的代表，应美国贸易代表办公室的要求，观察和搜集贸易伙伴国和投资东道国的“不良表现”材料，向其报告。

对砖隘异之外的国家，美国不遗余力地在双边和多（诸）边场合推动减缓乃至完全排斥上述规章和政策措施。近些年来，美国与一些国家签订的自由贸易协定（FTA），不同程度写入了跨境数据自由流动，数据存储非强制当地化，数字传输永久免关税待遇，推崇“网络开放”和“技术中立”原则，禁止以“开放源代码”作为市场准入的前提条件，明确传统贸易投资规则对数字服务的适用性等条款。

**（二）数字贸易限制指数量化 17 版报告对“关键国家”营商环境的评价**

如果说 17 版报告只是使用基于企业代表的文字资料抨击美国数字贸易的关键国家通过实施规章和政策措施“阻碍”数字贸易的话，欧洲某研究机构于 2018 年 4 月搞出来的一个数字贸易限制指数（Digital Trade Restrictiveness Index，DTRI，简称“限制指数”）则是主要使用美国贸易代表办公室搜集到的资料，对各经济体数字贸易营商环境进行多指标综合评价，以突出上述关键国家的“劣行”和营商环境之“不佳”。

限制指数采集到 64 个经济体的 100 多项指标，包括 4 大领域：(A) 财政限制和市场准入；(B) 企业开办限制；(C) 数字限制；(D) 贸易限制。每

① 美国—约旦 FTA（2001）、美国—秘鲁 FTA（2004，2009）、美国—新加坡 FTA（2003，2004）美国—哥伦比亚 FTA（2006，2012）、美国—智利 FTA（2003，2004）、美国—巴拿马 FTA（2007，2012）、美国—澳大利亚 FTA（2004，2005）、美国—韩国 FTA（2007，2012）、美国—摩洛哥 FTA（2004，2006）、美国—多米尼加 FTA（2004，2006）、美国—巴林 FTA（2005，2006）和美国—阿曼 FTA（2006，2009）。

个领域由若干个章组成，总共 13 个章。该指数作为逆指标，从 0 到 100，100 代表限制性最强，0 代表限制性最弱即开放性最强。根据这套指数测度结果，中国、俄罗斯、印度、印尼和越南属于限制性最强的经济体，而在这 5 国当中，中国尤为突出，限制性指数高达 0.7，远高于得分在 0.4—0.5 之间的其余 4 个经济体。在测度尺的另一端，是限制性最低的 5 个经济体：新西兰、冰岛、挪威、爱尔兰和香港，其指数值在 0.1 左右。其他发达经济体和部分发展中经济体则居两者之间。这个指数与 17 版报告有异曲同工之“妙”。

限制指数采用的数据大多来自机构合作方的问卷调研数据和内部渠道获取的指标数据，并未公开其数据采集方式和原始数据，部分数据的来源和透明度存在疑问。譬如税收和补贴数据部分源自较大的专业服务和咨询公司，公共采购数据部分源自企业联合会、网站搜索，对外投资数据部分源自咨询报告和持股人反馈，竞争政策数据来源私人方面的评论。还有一些数据直接来自美国贸易代表办公室对各经济体的评估。数据政策数据部分源自公司博客和商务报告，对云计算和社交媒体管理数据主要来源于产业专家。这不能不使人对它的可靠性产生疑问。

本文是学术论文，对于限制指数本来只应该批评它的研究方法问题，但也不能对其政治立场问题视而不见：它公开挑战中国的主权和领土完整，将中国领土不可分割部分的香港和台湾地区，与其他经济体并列，统称为 64 个“国家”。

### （三）全球贸易发展指数对营商环境的评价重在“发展”

上海“国际贸易投资新规则与自贸实验区建设团队”开发了“全球数字贸易促进指数”（下简称“促进指数”），即将公开发布。这项成果，基于他们多年来的跟踪研究，或许也不排除受限制指数的“启发”。由于该研究成果尚未正式发布，本文不能具体披露其指标合成结构和各层指数数值，只能归纳出它的研究特色和重要发现与读者分享。

促进指数从促进全球数字贸易发展的目标出发，在研究的侧重点上强调发展的正面导向，在结论中为发展中经济体发展数字贸易提供务实可行的建议；在研究的设计和执行上严格遵循科学的研究方法。

在研究导向上，限制指数只是聚焦于各经济体的数字贸易管制政策，将之量化；而促进指数着眼和立足于数字贸易的发展，对各经济体的内外环境、基础和发展潜力进行刻画和比较，并提出建设性意见。诚然发展中经济体存在对数字贸易诸多政策限制，但也可能有其他基础条件的优势。这样一方面有助于为开展数字贸易的微观主体提供更为全面的参考，另一方面也有利于这些经济体意识到不足，有利于选择改进路径。

在研究方法上，限制指数大量采用机构合作方的调研问卷数据和内部渠道数据，而促进指数全部采用权威国际组织公开发表的数据，并根据经济学和政策含义赋权。

促进指数研究成果特色在于：

1. **发展视角，合作导向**

推动全球数字贸易的发展，需要从数字基础设施国际合作、数字贸易的多边合作以及加快各国在数字贸易方面的能力建设等方面展开。数字贸易的性质决定了多边层面合作更有利于数字贸易的发展。

2. **安全与自由流动相平衡**

各国在数字贸易方面存在着国际竞争力和国内规则上的明显不同，体现在适用范围、个人信息保护的程度和跨境数据传输的限制程度等方面有差异。各成员方需要在数字贸易自由化、数字保护和国家跨境数据流动安全之间寻找平衡。

3. **差别对待与例外条款**

世贸成员在政治制度、经济发展阶段、互联网基础设施和互联网技术等领域有巨大的差异，因而涉及数字贸易领域应该有一般情况和例外。考虑到发展中国家数字贸易相关的国内监管制度薄弱等问题，给予发展中国家更长的过渡期并设置专门适用于发展中国家例外条款。在服务贸易总协定的一般例外和安全例外的基础上根据数字贸易的特点进行细化，使规则具有可执行性。

## 三、数字贸易国际规则制定中的博弈

基于数字贸易的概念认识和中外三份对各国数字贸易营商环境的评估报告的观点主张，这里提出笔者对中国参与数字贸易国际规则制订博弈的建议。

笔者主张优先采用数字贸易的本初定义，在适当的场合可以照顾到扩延定义，这主要从两方面考虑：

首先是考虑与美国在数字贸易规则制定上的博弈，这是本文第三部分行将展开的。

其次是考虑到数字贸易的统计：跨境电商的货物贸易的原始数据采集从根本上说应该是各国海关当局的职责，尽管当下有研究采用其他测算方式；而数字贸易本初定义规定的是服务贸易统计范畴，应该使用服务贸易统计的方法。如果采用扩延定义，数字贸易统计就是一个二元分立的架构，海关当局和服务贸易统计机构分别负责电商跨境货物流动统计和跨境数字服务统计，互不交叉，海关统计是相对定型的，重点仍是如何测度数字服务的跨境流动。

按本初定义来理解数字贸易，使我们可以聚焦于数字跨境服务流动领域中国与美国等发达国家的发展差距和利益差异，由此出发开展学术研究和商务对策研究。中国需要关注和跟踪研究美国和其他发达国家主导的双边、诸边贸易协定和发展战略有关数字贸易的内容，如美国曾一度主导、后又退出谈判的《跨太平洋伙伴贸易协定》(TPP)、《跨大西洋贸易与投资伙伴关系协定》（TTIP）、《服务贸易协定》(TISA) 谈判和“欧洲数字单一市场战略”（the Digital Single Market Strategy）。这样就能为将来与美国等发达国家就数字贸易规则的双边磋商和诸边 / 多边磋商做好准备。

即将启动的世贸成员与贸易有关的电子商务规则谈判[①]，是磋商和制订电子商务国际规则的最重要平台。该谈判究竟如何进行，现在还不明确，但是肯定是要涵盖跨境电商的货物流动与数字信息和服务流动两个领域，它们分别基于 GATT 和 GATS 两个现有协定。这正好契合扩延定义的数字贸易。可以设想到，中国的比较优势在“卖全球，买全球”的跨境电商货物流动，美国的比较优势在可数字化的服务领域，诉求各不相同。

中国作为最大的发展中国家，代表发展中国家诉求，与广大发展中国家站在一起，将海关征税、跨境物流、跨境支付、电子认证、在线交易信用体系和消费者保护等列为优先磋商的议题；在电子商务的服务贸易领域，将主张寻求开放和保护之间的平衡。

美国的主要诉求是：信息自由流动；数字产品的公平待遇；保护所有制信息，包括不分享源代码；商业秘密和算法不得列为市场准入条件，不得强制技术转让；数字安全；促进互联网服务；竞争性电信市场；贸易便利化。

欧盟虽与美国、日本等一样，主张将数字的跨境自由流动纳入多边贸易规则，但是在保持欧盟国家自身文化的独立性和保护个人信息方面与美国有不同的诉求。

美国一定会把它与其他国家的双边或三边贸易协定中关于电子商务乃至数字贸易的条款作为多边谈判导向。美墨加自贸协定（USMCA）首次以“数字贸易”取代“电子商务”作为数字贸易相关章节的标题，进一步明确了数字贸易的内涵，新增“网络安全”“交互式计算服务”以及“公开政府数据”条款，新增“提供增值服务条件”条款，在跨境服务贸易章的定义中，以脚注的形式明确了跨境服务贸易章的纪律也适用于“采用电子手段”生产、分销、营销、销售或交付的服务，实现已有规则的数字化升级。这是第一次以文字的形式在协定中予以明确。同时，以数字贸易为核心，在

① 2019 年 1 月 25 日，在达沃斯的电子商务非正式部长级会议上，中国、美国、日本、俄罗斯和欧盟（含 28 个盟员）等签署了《关于电子商务的联合声明》，确认有意在世贸现有协定和框架基础上，启动与贸易有关的电子商务议题谈判。

与服务贸易相关章节中设定纪律或条款，改善了原有规则无法适应数字贸易的现状。日本也将把 CCTPP 的有关条款作为世贸成员多边谈判的内容。

面对这样的形势，笔者提出以下几点建议：

第一，高度重视数字贸易领域的竞争。全球已经进入数字经济时代，数字技术是推动新一轮全球化的主要动力，因此各国围绕数字经济、数字技术和数字贸易的竞争将以不同于以往的形式展开，而且定将比以往的竞争更为激烈。

无论当前中美贸易战何时、以什么方式结束，美国都会寻求新的契机在数字贸易领域制约中国。中国必须未雨绸缪，以免仓促应对。

第二，着力推进国内数字经济和国际数字贸易的发展。发展是硬道理，只有站到数字贸易发展的前沿，才能获得更多的话语权。在数字产业化和产业数字化两个方面，都要加强科技投入和政策支持，开发具有竞争力的新产品，挺进国际市场，将数字贸易做大做强。尽管中国不将某些数字内容的跨境流动纳入数字贸易范畴，但是从国际文化交流的角度，也应该致力于改进和创新，讲好中国故事。

第三，运用法律武器捍卫国家利益。要理直气壮地坚持运用《中华人民共和国网络安全法》的法律条文，特别是第十二条“任何个人和组织使用网络应当遵守宪法法律，遵守公共秩序，尊重社会公德，不得危害网络安全，不得利用网络从事危害国家安全、荣誉和利益，煽动颠覆国家政权、推翻社会主义制度，煽动分裂国家、破坏国家统一，宣扬恐怖主义、极端主义，宣扬民族仇恨、民族歧视，传播暴力、淫秽色情信息，编造、传播虚假信息扰乱经济秩序和社会秩序，以及侵害他人名誉、隐私、知识产权和其他合法权益等活动”来“保障网络安全，维护网络空间主权和国家安全、社会公共利益，保护公民、法人和其他组织的合法权益，促进经济社会信息化健康发展”。

针对“2017 版报告”所提市场准入和投资问题，中国 2019 年 3 月已经通过了《中华人民共和国外商投资法》，给外商以准入前国民待遇，取消了股权比例限制，展示了中国进一步对外开放的胸襟。此法与外商投资负面清单相挂钩。根据2018年的负面清单，“禁止投资互联网新闻信息服务、网络出版服务、网络视听节目服务、互联网文化经营（音乐除外）、互联网公众发布信息服务（上述服务中，中国入世承诺中已开放的内容除外）”。与“三法合一”的《外商投资法》相匹配的负面清单，应该坚持2018年负面清单的精神。

第四，在数字贸易国际规则制定中与相关方开展合作。鉴于各国所处的发展阶段和发展水平各不相同，发展的目标和任务也不尽相同，国际规则的制定应该符合各国的发展要求。适宜的规则应该能够促进全球发展和繁荣，有助于实现包容普惠、互利共赢。片面追求规则的高标准和整齐划一的表面平等，反而会造成事实上的不平等。

中国可以在探讨制定数字贸易国际规则中与俄罗斯、印度、印度尼西亚等新兴经济体和欧盟及其成员开展不同程度和不同形式的协同，共同抗御美国的霸凌，争取制定对新兴经济体和其他发达经济体较为有利的数字贸易规则。

## 参考文献

[1] 来有为、宋芳秀：“数字贸易国际规则制定：现状与建议”，《国际贸易》2018年第12期。

[2] 马述忠、房超、梁银峰：“数字贸易及其时代价值与研究展望”，《国际贸易问题》2018年第10期。

[3] 周念利、陈寰琦：“数字贸易规则的谈判与制订：中国VS美国"，《世界知识》2017年第16期。

[4] 李俊：《全球服务贸易发展指数报告（2018）——数字贸易兴起的机遇与挑战》，社会科学文献出版社，2018年版。

[5] 李墨丝：“超大型自由贸易协定中数字贸易规则及谈判的新趋势”，

《上海对外经贸大学学报》2017 年第 1 期。

[6] 沈玉良、金晓梅："数字产品、全球价值链与国际贸易规则"，《上海师范大学学报（哲学社会科学版）》2017 年第 1 期。

[7] International Trade Commission of the United States. Digital Trade in the U.S. and global Economies，Part One. July 2013.

[8] International Trade Commission of the United States. Digital Trade in the U.S. and global Economies，Part Two. August 2014.

[9] International Trade Commission of the United States. Digital Trade 1：Market Opportunities and Key Foreign Trade Restriction.August 2017.

[10] OECD. Measuring Digital Trade： Towards A conceptualframework. OECD Headquarters，2017.

[11] Martina Francesca Ferracane，Hosuk Lee-Makiyama,Erik van der Marel. Digital Trade Restrictiveness Index. European Centre International Political Economy 官网，2018.4.